瞪羚图书
Gazelle Book

—— 重 新 定 义 思 想 之 美 ——

股权合伙实战一本通

企业从 0 到 1 经营与成长

梁 慧 邓颂凯 著

中国商业出版社

图书在版编目（CIP）数据

股权合伙实战一本通 ：企业从 0 到 1 经营与成长 / 梁慧，邓颂凯著. -- 北京 ：中国商业出版社，2025. 7.
ISBN 978-7-5208-3487-2

Ⅰ. F276.6

中国国家版本馆 CIP 数据核字第 202509J2N8 号

责任编辑：黄世嘉

中国商业出版社出版发行

（www.zgsycb.com 100053 北京广安门内报国寺 1 号）

总编室：010-63180647 编辑室：010-63033100

发行部：010-83120835/8286

新华书店经销

深圳市福圣印刷有限公司印刷

*

710 毫米 ×1000 毫米 32 开 14.25 印张 342 千字

2025 年 7 月第 1 版 2025 年 7 月第 1 次印刷

定价：88.00 元

* * * *

（如有印装质量问题可更换）

前言 | PREFACES

蝴蝶幼虫由蛹，经过蜕皮，变化为蝶的过程，称为“化茧成蝶”。企业也是如此，终会经历蜕去“人合”[1]的有限公司外表，变成“资合”[2]的公众股份制公司的过程。在二级市场研究上市公司多年后，笔者发现，上市公司在战略规划、商业模式、股权架构、组织系统、财务规范、资本运作、内外部合伙模式等方面都比较成形。但是，任何一家上市公司都是个性化的，不管是上市前的股权架构、股权激励，上市的题材概念、估值依据，还是公司的成长曲线，公司之间总是千差万别的。这样的差异性，到底是企业顺其自然发展形成的，还是人为设计的呢？企业是如何从中小型公司向上市公司成长与突破的呢？

带着这样的困惑，笔者从二级市场的股权研究转向了一级市场的私募股权投资，又从私募股权投资转向了股权咨询。二级市场只能看到企业公开披露的信息，私募股权投资可以看到企业想展现的信息，股权咨询能够看到企业的方方面面。

股权咨询就像是老中医，需要通过望、闻、问、切，真实全面地对企业进行诊断，为企业提供个性化的定制方案，助力企业的快速成长与突破。在十多年的股权咨询生涯里，笔者辅

1　人合公司是指以股东的个人信用为公司信用基础的公司。

2　资合公司是指以公司资本和资产条件作为其信用基础的公司。

导了上百家中小型企业，案例涉及企业借助股权合伙模式快速扭亏为盈、夫妻股东借助股权合伙模式实现家庭与企业经营相分离、企业家借助股权合伙模式完成企业传承机制设计、大型连锁企业上万名合伙人落地实施股权合伙模式、拟上市公司上市前的股权激励落地、同行企业并购整合打包上市的外部股权合伙、上市公司旗下创新项目的创客合伙模式等。

随着辅导的企业增多，笔者发现，中国企业家对股权合伙认知仍处于“刀耕火种”时期，习惯简单地将股权与分红权画上等号，忽略了股权的增值权与表决权，甚至不知道股权对应的权利与义务。为了让中国企业家们能够充分了解股权合伙，并能够根据自身企业特点顶层设计股权架构与合伙人制度，满足企业在不同发展时期借助股权合伙模式快速成长与突破，笔者总结了十多年的咨询实操经验，将专业的知识转化为通俗易懂的语言，结合实操演练，写成本书，为读者讲透股权合伙的本质与方法。

“股权”强调利益与权利，“合伙”强调团队与创造。“股权”与“合伙”是相辅相成的，借助股权的价值吸引优秀合伙人共同创造，最终通过股权价值兑现收益。因此，准确地说，本书阐述的是“股权架构与合伙人制”模式。

股权合伙涉及许多的专业知识领域，比如公司战略、人力资源、资本运作、公司治理、薪酬绩效、财务核算、企业节税、企业文化等内容。企业要想快速成长，股权合伙绝对是一门必修课，能够帮助企业看到从初创到成熟的许多问题。

因此，本书以公司的成长路径（初创期—扩张期—成长期—成熟期）为主线，以股权合伙的设计与运用为出发点，为读者讲解公司成长的各个时期，需要面临的股权合伙问题，同时帮助读者认识到设计股权合伙方案的逻辑点和思考点。

希望读者阅读完本书，能够成为一名合格的股权合伙设计师，无论是为自身企业设计股权合伙方案，还是为其他企业提供咨询与服务建议，都能够做到心中有数，遇事不慌。

1 第一部分 志同道合篇

第 1 章　合伙人的选择
1.1　合伙人的品质 / 2
1.2　合伙人的类型 / 6
1.3　合格的合伙人 / 10
1.4　实例分析：合伙人画像 / 12
第 2 章　股权合伙的方式
2.1　资金合伙型 / 18
2.2　资源合伙型 / 20
2.3　资金与资产合伙型 / 22
2.4　资金与资源合伙型 / 28
2.5　明股实债型 / 35
2.6　实战演练：合伙方式选择 / 40
第 3 章　股权合伙的企业类型
3.1　个体工商户 / 43
3.2　个人独资企业 / 49
3.3　合伙企业 / 54
3.4　有限责任公司 / 60
3.5　股份有限公司 / 67

第4章 股权架构的顶层设计

4.1 持股比例与话语权 / 74

4.2 三种持股形式 / 80

4.3 股权战略与股权架构 / 94

第5章 股权架构的重组

5.1 股权架构调整成本 / 113

5.2 股权架构调整方式 / 121

2 第二部分 开疆拓土篇

第6章 股权动力模型

6.1 股权合伙顶层思维 / 135

6.2 股权合伙模式 / 147

6.3 股权合伙方案 / 156

第7章 多层次股权合伙体系

7.1 股权合伙体系分层 / 176

7.2 子公司股权合伙 / 178

7.3 主体公司股权合伙 / 182

7.4 集团公司股权合伙 / 185

7.5 股权合伙治理体系 / 187

7.6 合伙人评估体系 / 191

7.7 案例分析：某房产公司多层次股权合伙体系 / 196

第 8 章　股权合伙的裂变

8.1　有限股权无限分配 / 210

8.2　合伙团队的裂变 / 212

8.3　创客合伙裂变 / 214

8.4　师带徒合伙裂变 / 221

8.5　电商扁平化合伙裂变 / 223

第 9 章　资金裂变

9.1　股权众筹模式 / 228

9.2　资产对标模式 / 234

9.3　分红对标模式 / 236

9.4　企业债 / 237

9.5　债权转股权模式 / 240

9.6　股权融资模式 / 242

9.7　产业金融模式 / 253

3

第三部分

励精图治篇

第 10 章　价值评估

10.1　市盈率评估法 / 259

10.2　市净率评估法 / 261

10.3　市销率评估法 / 262

10.4　市梦率评估法 / 264

10.5　现金流折现评估法 / 265

10.6 累计投资评估法 / 265
10.7 同行对比评估法 / 267
10.8 混合评估法 / 269

第11章 塑造企业的股权价值
11.1 产业链定位 / 273
11.2 股权价值定位 / 280
11.3 战略目标制定 / 292
11.4 公司市值预测 / 294
11.5 合伙人规划 / 295
11.6 资本运作 / 298

第12章 股权合伙落地实施
12.1 有信心、有决心 / 302
12.2 懂分配、要合理 / 308
12.3 知动态、看未来 / 313
12.4 能实施、会运用 / 320

第13章 股改上市
13.1 上市筹备阶段 / 326
13.2 聘请中介机构 / 330
13.3 股份制改造（券商辅导） / 334
13.4 上市核准申报材料制作

及申报阶段 / 339

13.5 股票发行上市阶段 / 340

4

第四部分

论功行赏篇

第 14 章 上市后股权激励

14.1 激励方式 / 346

14.2 激励对象 / 349

14.3 激励周期 / 350

14.4 激励价格 / 354

14.5 激励总量与个量 / 355

14.6 考核机制 / 357

14.7 退出机制 / 359

14.8 资本化与股权激励 / 361

第 15 章 企业传承

15.1 股权继承规则 / 371

15.2 立遗嘱的方式和效力 / 374

15.3 股权传承架构设计 / 376

15.4 家族企业传承机制 / 379

第 16 章 股权套现

16.1 解除限售流通股 / 385

16.2 减持套现 / 388

16.3 股权质押 / 392

16.4 信托计划 / 394

16.5 大宗交易 / 395

16.6 集中竞价交易 / 397

16.7 资本运作套现 / 397

第 17 章 股权退出

17.1 上市前的退出 / 406

17.2 上市后的退出 / 417

17.3 案例分析：股权纷争，始于退出漏洞 / 425

附录

股询询操作指南 / 437

1 第一部分

志同道合篇

《三国演义》中刘备、关羽和张飞三人在花开正盛的桃园，备下乌牛白马[1]，祭告天地，焚香再拜，结为异姓兄弟，不求同年同月同日生，只愿同年同月同日死。志同道合的刘、关、张三人为共谋大业，共同设立“刘关张公司”。其中，刘备作为实际控制人按“刘氏品牌”+“政府资源”无形资产，关羽和张飞按“武力值”+“金钱”有形加无形资产出资。三人在股权合伙期间签署的一致行动人协议，统一由刘备作为刘关张公司的实际控制人，保障了刘关张公司在初创期战略方向、经营管理、利益分配的一致性，最终“刘关张公司”取得荆州。

上面这一案例给了我们在企业合伙上的启发。因此，在本书的第一部分，我们将参考这一案例，从合伙人的选择、股权合伙的方式、股权合伙的企业类型、股权架构的顶层设计、股权架构的重组五个维度着手，阐述创业者如何从人力资源的角度寻找到正确的合伙人，如何从商业行为上设计股权合伙的范围和形式，又如何从财税角度选择最优的股权架构或股权重组方案。

1　古时候祭祀时的祭品。白马、乌牛在古人眼里是很受尊崇的，用它们来祭天地，以示结盟设誓的神圣与庄重。

第1章 合伙人的选择

公司初创期，缺资金、缺资源、缺合伙人，资金和资源可以在创业过程中不断地寻找和挖掘，而合伙人的选择则直接决定创业公司初期的发展高度。优秀的合伙人必须具备怎样的品质？我们又该如何从众多人才中选择出优秀的合伙人呢？在本章中，我们将教你学会利用“合伙人画像”法，来选择自己心目中的合伙人。

1.1 合伙人的品质

选择一个对的合伙人，往往意味着股权合伙项目的成功率将至少提升50%。就像《三国演义》中关羽、张飞对刘备的不离不弃一样，关羽具备“千里走单骑”的忠、“华容道放走曹操”的义；张飞具备“厚葬夏侯渊”的情、“出兵伐吴为兄报仇”的义。刘备就是在忠义两全、有情有义的合伙人的支持下，成功创建了属于自己的帝国——蜀国。

股权合伙也是如此，它可以理解为用股权的方式将合伙人联结在一起，合伙人成为公司的股东。股权是方式和手段，重点还是在于合伙人的选择上（跟谁合伙、怎么合伙）。

选择一个对的合伙人，首先要看合伙人对企业的忠诚度。合伙人必须认同企业的价值观、企业文化及企业发展战略，有与企业共同发展成长的强烈意愿。同时，要考察合伙人是否具备七个品质，即志向、应变能力、见识、勇气、品性、清廉、诚信。只有如此，才能选出真正的人才。

针对合伙人应该具备的七个品质的具体考察，以下进行了详细的解说。

1. 探讨企业的大是大非问题，看这个人的志向

合伙人由于家庭背景、教育背景、从业背景的不同，拥有不同的世界观、人生观和价值观，对于企业中的大是大非问题自然有不同的认识和看法。所以，与合伙人探讨一些企业原则性、根本性的是非问题，能够看出他的志向、眼界与心智。有志向的人对待是非问题，会有更长远、更积极的看法；没有志向的人则只看眼前不顾未来，或者含混不清、模棱两可。

比如，我们可以探讨“企业是赚快钱，还是赚长久的钱”，观察其是否为短期利己主义者；或者探讨“是跟公司整体合伙，还是与局部子公司合伙”，观察其是否只着眼于眼前。有志向的合伙人，首先，会选择与企业整体合伙，关注整体利益；其次，不计较一时得失，关注长远利益；最后，会将企业长远规划与个人规划结合在一起，描述清晰的奋斗方向和想法。

2. 在极端环境下，看这个人的应变能力

应变能力强的合伙人，一定是头脑灵活、心智完善，能够应对各种复杂多变的情形，抓住重点精点打击；应变能力弱的合伙人，会仓促无措，虽然想法或办法很多，但总是抓不住重点，理不清头绪，属于全面覆盖、多点打击。在极端环境下，更能看出合伙人的应变能力，是处事不惊、有条不紊，还是犹如无头苍蝇到处乱撞。

企业内部的极端环境，可以是账上资金不足以支付员工工资、交货期设备故障、中层干部集体辞职、客户集中投诉产品质量问题等；企业外部极端环境，可以是行业周期下产品需求暴增、政策环境对行业的限制或禁止、环境原因导致的停产停业等。

3. 咨询企业经营管理问题，看这个人的见识

有见识、谋略和水平的合伙人，一定是能够为促进企业发展、提升企业经营管理水平、加强企业行业竞争力出谋划策的。向合伙人提出企业方方面面的问题，让其献计献策，就能看出这个合伙人的谋略是否深远、见识是否独特。有德无才的合伙人，遇到事情束手无策、毫无计谋，即使想尽一切办法，也无法为企业发展作出应有的贡献。

我们要将有德有才的合伙人放在主体公司重要的岗位上；将有德无才的合伙人作为企业价值观的宣导者；无德有才的合伙人可以单独给他一个打拼的平台，独立于公司整体，不因为其个人的行为影响企业整体发展。

4. 告知之股权合伙的风险，看这个人的勇气

股权合伙不是永远一帆风顺的，有顺境亦有逆境，在顺境中能乘风破浪，在逆境中也能翻江倒海，方是真正的合伙人。

告知股权合伙最差的结果，比如破产清算时可能需要承担的债务，甚至可能要承担无限连带责任。勇于面对可能面临的失败，敢于迎难而上，千方百计解决困难的合伙人，才是企业最看重的合伙人。试问，在逆境中具备足够的勇气，敢于蹚地雷阵、越险滩，关键时刻还有什么是他不敢承担的重任呢？

5. 走进内心世界，看这个人的品性

哪怕是同卵双胞胎，性格迥异，一动一静的也大有人在。那么，在茫茫人海中寻找到合伙人，可想是一件多难的事情了。往往人的本性都隐藏得比较深，不会轻易暴露。只有在最得意或最失意的情形下，他们才会卸下伪装，展现出真实的自我，此时，真性情的合伙人，则会堂堂正正、直爽正直，和以往的行为没有差别；而表里不一的合伙人，将会露出自私自利的嘴脸，做出卑鄙无耻的行为。

6. 以利诱之，看这个人是否清廉

2021 年，“X 只松鼠”的某“90 后”高管因倒卖“废旧纸箱”锒铛入狱。此高管本是一名农村娃，一路摸爬滚打到华北区高级经理兼天津配送仓经理的职位。这本是一个经典的奋斗逆袭故事，最后怎么会变成这样呢？其实，他是被人类最大的敌人——对权钱名利的“贪欲”——打败了。清廉之人，不贪不义之财，不得不仁之利，不取不当之钱，能兼顾公司和个人的利益。贪财之人，会轻易被小恩小惠收买，当个人利益与公司利益相冲突时，只会为个人利益而危害公司利益、损害合伙人的利益与情义，不可能与公司共担风险，共存亡。

7. 委托其办事，看这个人的诚信

股权合伙的本质是共同创业、共担风险、共享利益。所以，合伙人应以诚信为本，这样企业才不会因为钩心斗角而耽误发展。那么怎么看合伙人是否能以诚信为本呢？

我们可以委托合伙人办一件事，看其是否能够如约办到。如果其答应后无法办到，但诚恳道歉并协助我们最终完成了，那么即使他失信，他的品行也值得赞扬。而如果对方满口答应我们却久无音信，那么这个合伙人就是靠不住的。

1.2 合伙人的类型

公司合伙人主要分为外部合伙人和内部合伙人两类，外部合伙人是公司引进或资源互换的合伙人，内部合伙人是持有公司股权的内部员工。

1.2.1 外部合伙人

公司除内部员工以外具有技术、营销、资源、渠道、资金优势的成员，称为外部合伙人。在创业伊始，公司任何事情都处于“缺”的状态，“缺”人、“缺”钱、“缺”技术、“缺”渠道、“缺”产品等。特别是业绩成交比较依赖资源或客户关系的行业，公司即使再有实力，也养不起太多的营销人员。在这种情况下，公司可以采用“基本薪酬 + 股权合伙”的模式深度绑定外部合伙人。对于“股权合伙”，公司可以根据外部合伙人的优势特征，采用多种不同的股权合伙模式，具体讲解可见第二章，这里我们只对部分外部合伙人的特征进行分析（见表 1-1）。

表 1-1 外部合伙人的特征分析

类型	价值衡量难易度	关系的深浅	附加兑现承诺
资金合伙人	容易	浅	否
技术合伙人	较难	深	是
营销合伙人	较容易	深	是
资源合伙人	困难	浅	是
渠道合伙人	较难	较深	是

由于外部合伙人良莠不齐，有空口说白话的，有空手套白狼的，

有骗吃骗喝的，有手握资源但说了不算的，也有真刀真枪想干事的，难以辨别，所以很难甄选出适合的合伙人。因此，在选择外部合伙人时，要根据创业公司的实际情况做好排序。

首先，要判断外部合伙人对公司的贡献是否简单且直接，是否比较好衡量其价值，比如财务投资人只关心出多少钱、占多少比例、未来有多大的投资回报率。

其次，要判断外部合伙人的岗位价值，是否可以通过过往的工作经历和成功案例进行间接衡量，并且是否能够从浅度合作发展为深度合作，比如技术研发“大拿”和营销高手，因为能称之为“大拿”和高手的，往往在各自的领域是有所建树的，而且未来他们可能成为公司的骨干，从外部合伙人转变为公司内部合伙人。

最后，对于短期内无法实现个人价值创造，也没有办法发展成为内部合伙人的，我们就需要约定好进入和退出机制了。比如，一家具有大客户资源的保险公司，想股权投资大健康科技的创业公司，并承诺会将保险公司的大客户资源共享，且大客户的健康体检都由创业公司提供服务。那么，双方就应该约定好大客户的资源对接方是谁、大客户福利的采购负责人是谁、未来与谁对接、合作期限多长等。毕竟，股权投资单位与大客户运营和采购单位分属不同部门，单一部门的承诺不能代表公司的承诺，只有把资源对接的动作和结果明晰化、责任化，才能找到真正的资源合伙人。

1.2.2 内部合伙人

选择内部合伙人的首要条件，是看合伙人对企业的忠诚度，也就是其必须认同企业的价值观、企业文化及企业发展战略，有与公司共同发展成长的强烈意愿。

1997 年是华为实现战略升级的关键时刻，当时公司新的增长点还未出现，公司内部合伙人思想不统一，企业随时会分崩离析。后来，经过公司内部合伙人的统一思考讨论，《华为基本法》正式出台。它总结了华为发展的理念，确定了华为发展的方向和原则，统一了内部合伙人的思想，为华为的长期高速发展奠定了基础。《华为基本法》第十七条指出："华为实行员工持股制度。一方面，普惠认同华为的模范员工，结成公司与员工的利益与命运共同体；另一方面，将不断地使最有责任心与才能的人进入公司的中坚层。"企业的成长与突破，必须凝聚一批思想过硬，能打硬仗和攻坚战的合伙人。

我们借鉴《三国演义》刘备蜀国称帝后，五虎上将[1]的评定标准，来总结企业内部合伙人的评定标准。

第一条：刘备在获得荆州根据地至取得益州期间，蜀国成立之初做出巨大贡献的将军。

我们可以总结为看历史贡献，即看合伙人是否参与过企业的创立，并伴随企业共同成长，为企业洒过汗、流过血。

第二条：作为蜀国上将，其武力必须是蜀国排名前五名者。

我们可以总结为看能力价值和难以替代性，这类内部合伙人主要包括那些把握核心商业机密和专有技术的特别人力资本者。

第三条：战绩排名，有成名之战，立下赫赫战功。如赵云在长坂之战，七进七出救出小主公；关羽"温酒斩华雄"和"千里走单骑"，斩杀众多名将等。

我们可以总结为看业绩贡献，即看合伙人是否在对公司过去的经营业绩增长或治理能力提升上作出了突出贡献。

第四条：看个人资质、背景以及担任的最高职务。如关羽、张

1 五虎上将分别为关羽、张飞、赵云、马超、黄忠。

飞和刘备是结义兄弟，赵云是太子的救命恩人，马超是世代为官者，具有爵位，黄忠委质于刘备而成为私兵。

我们可以总结为看身份特征和岗位级别，内部合伙人必须为专属于公司、与公司签署了正式的劳动合同，而且处于公司中流砥柱层，与企业共命运、同发展，具备牺牲精神的合伙人。

五虎上将的评选标准更像是创业成功后的论功行赏，而企业创立之初，更多的是需要从众多人才中选择和培养出一批优秀的内部合伙人，要搭建的是一整套人才筛选机制。因此，企业选择内部合伙人时不仅要从历史贡献度、岗位价值、业绩贡献、岗位级别划分标准，更要从合伙人的个人潜力和岗位绩效方面，来选择一批可重点培养的高潜力人才来进行激励。图 1-1 是一份内部合伙人评定机制。

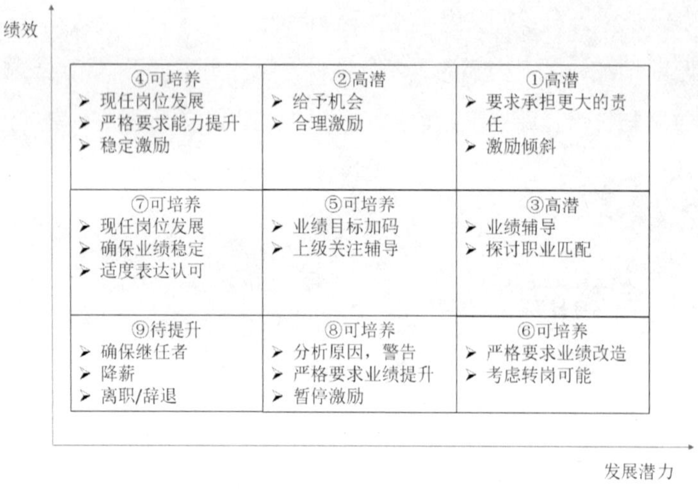

图 1-1　内部合伙人评定机制坐标图

我们将员工的发展潜力作为 X 轴，发展潜力从左至右分为初等潜力、中等潜力和高等潜力；将员工的绩效得分作为 Y 轴，绩效得分从下至上分为合格绩效、良好绩效和优秀绩效，形成“九宫格”。

根据员工个人的发展潜力和绩效表现，我们评定该员工是高潜力员工、可培养员工，还是待提升员工，企业就可以以此采取不同的培养和激励方式。比如，高等潜力和优秀绩效的员工，放在九宫格一号坐标，则该员工作为“高潜”员工（最有可能成为合伙人的员工），享受更多激励倾斜，但也相应承担更大责任；而初等潜力和合格绩效的员工，放在九宫格九号坐标，则该员工作为待提升员工，企业在确保有继任者情况下可以对其降薪或辞退。

通过这样一份评定机制，企业可以更加全面、客观地评估并筛选出具备高潜力的内部人才。这些人才不仅是企业当前运营的中坚力量，更是未来发展的重要驱动力。随后，企业根据筛选出来的人才状况，通过有效的激励机制，充分激发他们的积极性和创造力，便能共同推动企业的持续、健康发展。

此外，公司还要持续不断地进行筛选，确保人才流动，只有持续不断地加强公司内部的人才盘点，才能让员工真正看到自己所处的位置与价值，源源不断地吸纳有潜力的人才，淘汰无能力、无潜力的员工，保持公司内部人才的良性竞争与更新。

1.3 合格的合伙人

童文红[1]，曾被称为“最励志”的合伙人。2000 年，童文红进入阿里巴巴的第一个职位是公司前台，之后陆续担任集团行政、客服、人力资源等部门管理工作，最高做到阿里巴巴集团首席人力官和菜鸟网络董事长，是阿里巴巴上市后马云背后九位亿万富豪的女性合

1 童文红，现任阿里巴巴资深高级副总裁、菜鸟网络董事长。

伙人之一。大多数人只看到了童文红的成功，却没有见到她背后的努力。成为公司的合伙人之后，童文红就不再以打工者的思维做事了，而是以公司主人公和老板的思维思考公司的发展和个人的规划，通过不断学习，提升自身能力，当公司需要有能力和经验的人才来承担重担时，她便用实际行动告诉了其他合伙人，她能做到其他人做不到的事情。

从童文红的事例可以看出，一个人的思维可以决定一个人的行为，一个人的想法可以决定一个人的做法。选择一个合格的合伙人，最重要的不是看其学历、年龄、经验、身高、长相，而是看这个员工是否能够像老板一样去思考、学习和行动。如果一个合伙人能够处处为企业着想，为老板着想，那么即使这个员工只有初中学历，也一样可以成为一名好员工。

现代企业门槛越来越高，竞争越来越激烈，凭借老板一个人的力量很难获得成功，所以，我们希望通过股权激励，凝聚核心人才，打造强有力的领导团队。股权合伙人能够弥补老板某方面的不足，和老板形成优势互补，共同构筑起强大的合伙人团队。

合伙人作为公司的运营者、业务建设者及文化传承者，同时又是股东，如何使其能够像老板一样思考和行动？如何使其能坚持公司的使命和长期利益？如何使其能为客户、员工和股东创造长期价值？我们提出，合格的合伙人需具备以下四大做事标准（见图 1–2）。

第一，做事要讲品质，做任何事情前都要思考如何在现有的标准和程度下能够一次性把事情做对，而且能够提出有效的改进建议，提升工作的效率。

第二，做事要讲成本，做任何事情前要先进行成本分析，学会思考如何能够花最少的钱干最多的事，提升投入产出比，时刻以提升公司整体净利润为行为准则。

第三，做事要讲效率，发现问题要及时解决问题，今日事今日毕，拒绝拖延，提升做事效率，就是组织运行效率的保障。

第四，做事要讲责任，以工作成果为导向，关注公司整体利益，淡忘个人利益，在关键时刻需要勇于承担责任，拒绝推卸责任。

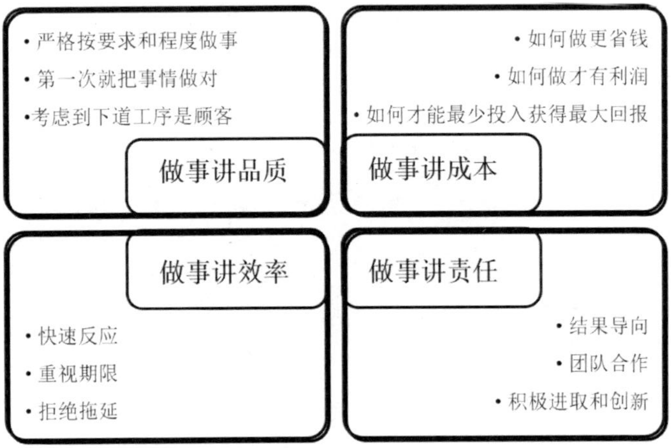

图 1-2 合伙人四大做事标准

综上所述，合格的合伙人不仅要具备与公司共同成长的视野与心态，更要在实践中践行高品质、低成本、高效率与强责任感的四大做事标准。这样的合伙人，能够像老板一样深入思考，积极行动，不仅能为公司带来直接的业绩提升，更能成为企业文化和价值观的传承者与推动者，共同推动企业持续稳健地发展，为客户、员工和股东创造长远且可持续的价值。

1.4 实例分析：合伙人画像

创业初期，企业无论是资金还是资源，都很有限。如何利用最少的资源招聘到最优的合伙人？这件事一直困扰着企业管理者。阿里巴巴的历史转折点，便在于用月薪600元招聘到了蔡崇信这位合伙人，蔡崇信加入后，完善了阿里巴巴的财务体系，解决了资金问题，还搭建起了内部合伙人体系，解决了人才的问题。

初创企业没有试错成本和试错机会，任何一次的失误都是粉身碎骨。然而，在合伙人的聘任和选择上，往往都是要在真正的合作之后才能发现问题，就像新买的鞋子，只有远行之后才能知道合不合脚。因此，我们只能在聘任合伙人前做好充分的调查了解，尽可能降低错失人才和人才不合适的风险。

那么，具体我们应该怎么做呢？

首先，要塑造一个拟招聘合伙人的人物画像模型；其次，充分地沟通了解其“志向、应变能力、见识、勇气、品性、清廉、诚信”七个品质；最后，综合评估合伙人与企业价值观的一致性，重点培养，择优录取。

设计合伙人人物画像模型时，主要包括基本信息、个人基本素质、工作经验和专业知识、个人品质四个方面。根据公司的文化和行业特性梳理出合伙人基本画像，从基本画像中提取基本信息，再对符合基本信息的合伙人进行评价打分。

比如，某IT公司招聘软件工程师合伙人，基本画像是30岁左右的已婚已育、无家庭压力，且出身农村并于高等院校毕业，中国共产党党员。表1-2是其具体画像要求，仅供参考。

在构建合伙人人物画像模型的过程中，企业可以借鉴表1-2，对任务的综合能力进行整体评估分析，通过人物画像，筛选出最适合的合伙人。

记住，招聘合伙人是一场关乎企业未来发展的慎重选择，不可急功近利，也不可盲目跟风。每一轮面试、每一次交流都是对企业未来的一次投资判断。因此，坚持原则，严谨筛选，同时在过程中不断优化和完善人物画像模型，使之更加贴合企业实际需求，是初创企业成功招募到最优合伙人的关键所在。

最终，当企业找到了那个既能独当一面，又能与企业愿景共鸣的合伙人时，这段旅程将为企业带来不可估量的价值增长与持续发展的动力。正确的合伙人选择，往往能成为企业历史转折的重要推手。

表 1–2　技术合伙人人物画像模型

<table>
<tr><th colspan="7">合伙人人物画像模型</th></tr>
<tr><td rowspan="8">基本信息</td><td>姓名</td><td>AAA</td><td>性别</td><td>女</td><td>祖籍</td><td>上海</td></tr>
<tr><td>毕业院校</td><td>复旦计算机</td><td>院校级别</td><td>985/211/双一流</td><td>是否优毕</td><td>是</td></tr>
<tr><td>户口</td><td>农村/城市</td><td>年龄</td><td>30 岁</td><td>婚姻状况</td><td>已婚/未婚/离异</td></tr>
<tr><td>子女</td><td>1 子 1 女</td><td>子女年龄</td><td>3 岁</td><td>赡养老人数</td><td>4 人</td></tr>
<tr><td>父母就业</td><td>在职/退休/无业</td><td>是否购房</td><td>是</td><td>配偶职业</td><td>律师/公务员</td></tr>
<tr><td>党派</td><td>中国共产党</td><td>党龄</td><td>10 年</td><td>是否创业过</td><td>是</td></tr>
<tr><td>管理团队人数</td><td>10 人以上</td><td>员工持股情况</td><td>参与</td><td>离职时长</td><td>1 个月</td></tr>
<tr><td>外语水平</td><td>英语八级</td><td>计算机水平</td><td>TOP、一般</td><td>财务水平</td><td>高级/中级/基础</td></tr>
</table>

续表

合伙人人物画像模型

评价方向	评价要素	评价等级				
		1（差）	3(较差）	6（一般）	8(较好）	10（好）
个人基本素质（20%）	礼貌与仪容（正式/得体/清爽）					
	言语表达沟通能力（逻辑性/条理性）					
	个人气场（激情/低沉）					
	加班态度（认可/不愿意、以前加班情况）					
	稳定性和忠诚度（跳槽频率及原因）					
	时间观念与纪律观念（准点/迟到）					
	对公司资料及程序代码的保密意识（强/弱）					
	团队合作及配合情况（单打独斗/团队意识）					
	合伙意愿（积极、诚恳）					
	自我认知(盲目自信、自信、中肯、客观）					
工作经验和专业知识（40%）	是否掌握岗位所需的专业知识和技能					

续表

合伙人人物画像模型

工作经验和专业知识（40%）	擅长的开发工具及数据库（实际运用水平）					
	软件开发学习能力（询问学习内容及看的书籍）					
	个人程序开发经验（判断项目管理经验）					
	分析问题解决问题（询问碰到技术难题时怎么做）					
	个人最得意或成功的作品（询问作品的价值）					
	项目经验中的创新亮点（如何产生和实现的）					
	降本增效能力（如何控制项目成本）					
	团队激励（项目奖金如何分配）					
	个人新岗位的工作计划及方向					
个人品质（40%）	个人志向					
	应变能力					
	见识与谋略					
	胆识					
	廉洁					
	诚信					
	承压能力					
	人际协调能力					
	敬业精神					
总得分						

02

第 2 章 股权合伙的方式

股权合伙就像两个恋人从相识、相知、相恋、订婚，到最终结婚，达成人生合伙关系一样，需要有互相了解的过程。如果股权合伙只像谈恋爱，只给对方展示最好的一面，从来不暴露缺陷和短板；或只像男女双方谈家庭资产，男方出车出房，女方貌美如花，有形与无形资产价值评估难以达成一致；或只像恋爱甜蜜期，只谈白头偕老、恩爱一辈子，从不设想婚姻破裂后的分道扬镳一样，那么，这种股权合伙也会经历四个阶段，即同心同德、同床异梦、同室操戈、同归于尽。

在第 1 章中，我们介绍了合伙人的选择，从合伙人的品质到合伙人类型划分，再到建立合伙人人物画像模型，以筛选出适合的合伙人，可以说是度过了相知、相识的阶段。如何能够让企业与合伙人达成互惠共赢的合伙人关系呢？如何能让股权合伙关系长期有效地维持下去呢？我们要先弄明白股权合伙到底有哪几种方式，再谈企业适用哪种方式，约定好合伙人的权利与义务；同时建立好合伙过程中经营管理的授权体系，并设计好利益分配、责任分担和退出方式。

2.1 资金合伙型

资金合伙型是指合伙人以货币实缴出资，共同创业、共担风险、共享收益的合伙模式。

2.1.1 资金合伙模式

根据合伙人实缴同等资金时所持有的股权占比的不同，可以划分为平价资金合伙和溢价资金合伙两种模式。在合伙创业时，通常采用“预估法”确定创业启动资金，预估固定资产投资额、无形资产投资额、原料采购成本、人员基本工资、水电费等直接支出成本。以投资三层一次性医用口罩日产 50 万个的工厂为例，初始启动资金预估为 600 万元。

按平价资金合伙计算，口罩厂平价估值 600 万元，合伙人则每 1% 股权需投资 6 万元。溢价资金合伙是平价资金合伙的 1.5 ~ 2 倍，口罩厂溢价估值 900 万元，乙方合伙人按 900 万元估值出资 441 万元持有 49% 的股权，剩余投资款 159 万元由甲方出资，甲方持有 51% 的股权。两种资金合伙模式如图 2-1 所示。

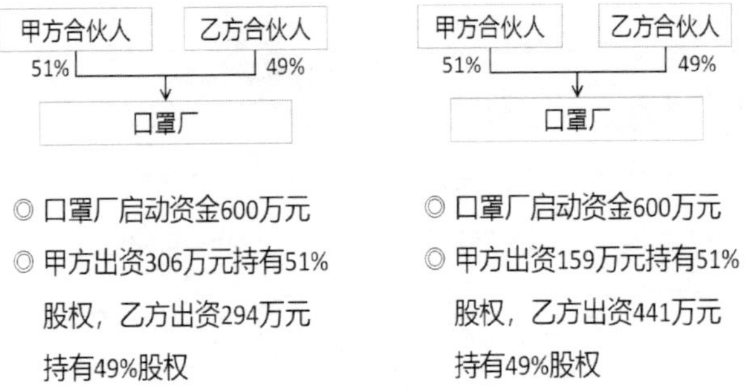

图 2-1 资金合伙模式对照

从图 2-1 可以看出，无论是哪种合伙模式，资金合伙人都享有同股同权的权利和义务，包括按各自持股比例参与项目分红；按各自持股比例享有股东会表决权；当合伙人另一方需退出时，双方均享有优先受让权；合伙人均具有同比例增资的权利；合伙人按股权比例承担亏损和责任；合伙人所持有股权均可以永久持有并可继承。

2.1.2 实操案例

某邦科技是一家集研发、生产、销售于一体的高新技术企业，公司主要生产“生物瓣膜”“补片”等系列产品，属于三类植入性医疗器械公司。公司由赵大、李二和俞三共同创办，他们都是医科专业的同学，也是朋友，各自在不同领域有不错的建树。在创办之初，三人按照平价资金合伙模式确定股权合伙关系。2010 年，公司初始注册资本 1 000 万元，赵大出资 340 万元，持有 34% 股权，李二和俞三分别出资 330 万元，均持有 33% 股权。由于公司主要产品的研发周期长、变现时间长，需要有源源不断的资金投入。

面对公司资金压力，三位合伙人有各自不同的想法和见解。赵大认为公司持续发展肯定要持续投资，三位股东应该同比例出资；李二认为自己已经投资了 330 万元，这是其最大承受范围内的出资，不愿意追加投资，股权比例被稀释也是可以接受的；俞三认可按比例出资，也想保持股权比例不变，可惜资金比较紧张，询问是否能够分期出资。

了解了另外两位合伙人的想法后，赵大的担忧越来越多。比如，他担心个人出资了，另外两位合伙人延缓出资或不出资怎么办？担心以个人名义借款给公司解决临时资金问题，若是公司投资失败了怎么办？担心按原始出资额估值进行增资，稀释了两位合伙人的股权比例，会不会侵犯小股东的权益？

后来，赵大咨询了第三方，第三方建议将他们公司后续的股权合伙模式改为溢价资金合伙。随后，公司根据产品研发的进度和市场的认可度，设计出公司内部股价模型，公司的每一轮融资都相当于对外融资，只是内部合伙人有优先认购权，内部合伙人无法解决资金问题时再考虑外部合伙人融资。

启动溢价资金合伙模式后，公司注册资本、内部估值、内部股价的估值在短短几年便发生了巨大变化，其演变过程如表 2-1 所示。

表 2-1　溢价资金合伙模式下的估值演变

年份	2010	2011	2012	2015	2016
注册资本（万元）	1 000	1 500	2 000	3 200	3 900
内部估值（万元）	1 000	1 650	2 400	4 800	6 240
内部股价（元 / 股）	1	1.1	1.2	1.5	1.6

从表 2-1 中可以看出，溢价资金合伙模式解决了公司内部估值问题，股权价值有依据；解决了小股东不同意增资，低价稀释其股权的问题；解决了原始股东出资的问题，自愿按内部股价进行增资；解决了公司内部股价的定价问题，可以按内部股价授予新合伙人，合伙人可以按内部股价退出；解决了公司股权账面价值问题，账面价值的增值让合伙人更有信心，也更愿意投资。

2.2 资源合伙型

资源合伙型是指合伙人发挥各自的资源优势，充分实现资源互补、资源变现的一种合伙模式。

2.2.1 资源合伙模式

创业圈中流传着一句话："技术和销售团队的组合，是最容易创业成功的团队配置。"第一产业农业可以合伙的资源是"产品＋渠道"；第二产业工业可以合伙的资源是"技术＋营销"；第三产业服务业可以合伙的资源是"品牌＋运营"。

资源合伙最大的障碍就是资源的定价问题，如果按"评估法"进行评估，则很难达成一致意见。这就像家长看自家闺女一样，永远觉得自家闺女最漂亮。

资源合伙模式下的合伙人又存在着相互依存、相互寄生的关系，所以可以用"正确的模糊大于错误的精确"这一方法论对资源定价进行模糊处理。合伙双方的资源均不做定价，只需要沟通好资源合伙双方各自分享经营成果的比例，各自承担各自的成本和亏损。据统计，资源合伙人能够长期稳定合作下去，双方几乎保持在五五分成。

2.2.2 实操案例

某品牌服饰有限公司是集资讯、设计、研发、生产、销售服务于一体的时尚淑女服饰品牌公司。公司在品牌经营上以市场需求为核心，以品质为基石，以文化为导向，以服务为支撑，作为品牌发展的根本。

创业初期，公司以"直营"模式为主，最大化地保障了公司品牌力。但是，对企业的资金、人才需求较高，不利于企业快速发展。一段时间内，公司采取特许经营的模式，向加盟商输出品牌和技术，加盟商门店的选址、装修、推广费用、招聘全由加盟商自己负责，公司不仅不需要对加盟商投入经营资金，还可以收取一定的加盟费和赚取商品价差。

随着市场规模的扩大，加盟模式的弊端日益突出，加盟店出现了陈列不规范、商品更新不及时、促销活动和店铺形象不统一等问题，严重影响了公司品牌知名度。

公司为了与加盟商共担风险、共享利润，双方各自发挥资源优势，使公司品牌效应和规模效应最大化，改用了资源合伙的模式。在这样的模式下，加盟商拥有门店的所有权，负责门店的装修、租赁、运营成本；品牌公司拥有商品的所有权，负责商品供货、门店陈列、人员培训、品牌宣传。这种资源合伙的模式将加盟商与公司的命运捆绑在一起，在拿货、资金、供货上都会对公司有更有力利的保障。

资源合伙的模式使品牌公司降低了门店的固定成本，原本开一家门店的钱足够开两家到三家门店，也使品牌公司在商品的分配以及样式、价格、数量的设计上，能够更加贴近市场的需求，有效地提升了品牌公司的知名度。此外，品牌公司与加盟商还可以就商品的毛利率情况，制定销售收入的分成，可谓达成了双赢。

2.3 资金与资产合伙型

资金与资产合伙型是指合伙双方以各自的资金、有形资产或无形资产进行出资，共同合作、共担风险、共享收益的合伙人模式。

2.3.1 基本概念与特征

根据合伙的非货币资产是否按公允价值估值，可以划分为公允价值合伙与非公允价值合伙。非货币资产包括存货、机器设备、土地、房产、经营性应收账款、应付账款和预付账款、商标、专利、个人技术水平和经营管理水平等。

公允价值合伙可以实现非货币资产注入公司，主要采用买卖和投资的方式。在实际操作过程中，存货、机器设备、经营性应收账款、应付账款和预付账款可以采用买卖的方式，而土地、房产采用投资的方式。为何会对不同的资产类别，采用不同的注入方式呢？主要原因是，不同的方式所产生的税负成本不同，需根据企业实际情况进行成本测算，最终选择较优的注入方式。

举例：A、B 两位合伙人，A 合伙人拟出资 100 元万现金和评估做价 500 万元的技术专利，技术专利初始投入成本 100 万元，B 合伙人计划出资 400 万元现金，合资设立注册资本 1 000 万元的口罩生产公司。

第一种方案：新注册公司购买技术专利。

A、B 合伙人分别出资 600 万元和 400 万元设立生产公司，生产公司向 A 合伙人支付 500 万元技术专利转让费。A 合伙人需缴纳个人所得税（500 – 100）×20%=80（万元）。根据税法的规定，技术转让免增值税。但考虑到生产公司抵扣进项税额的需求，可以放弃增值税免税待遇。

第二种方案：A 合伙人将技术专利投资到新设生产公司获得 50% 股权。

A 合伙人技术专利经过评估、签约，按 500 万元作为出资实缴生产公司注册资本。A 合伙人投资到新设公司，仍视同销售，仍需缴纳个人所得税 80 万元。个人以非货币性资产投资，属于个人转让非货币性资产和投资同时发生。对个人转让非货币性资产的所得，应按照“财产转让所得”项目，依法计算缴纳个人所得税。个人应在发生上述应税行为的次月 15 日内向主管税务机关申报纳税。纳税人一次性缴税有困难的，可合理确定分期缴纳计划并报主管税务机关备案后，自发生上述应税行为之日起不超过 5 个公历年度内（含）分期缴纳个人所得税。[1]

非公允价值合伙是指合伙人个人能力或者岗位价值难以评估时，合伙双方约定好“投资股”与“岗位股”的分配规则，最终达成共识的合伙方式。投资股与岗位股的分配规则有两种方法，分别是“权重法”和“约定法”。

举例：口罩生产公司新预计投资 1 000 万元，A 合伙人只出资 600 万元，B 合伙人出资 400 万元，另外作为公司的总经理负责公司整体运营管理，C 合伙人 0 元出资负责公司的技术研发。

第一种方法（权重法）：投资股和岗位股的权重按 60% ：40%，三位合伙人的股权比例分配情况如表 2-2 所示。

表 2-2 投资股与岗位股“权重法”分配表

	投资股	岗位股	股权比例
A 合伙人	60%	0%	60% × 60%=36%
B 合伙人	40%	50%	40% × 60%+50% × 40%=44%
C 合伙人	0%	50%	50% × 40%=20%
A、B、C 合伙人股权比例分别为 36% ：44% ：20%			

第二种方法（约定法）：投资股工商注册，岗位股先享有分红再购买投资股。具体股权比例的演变过程如表 2-3 所示。

1 《财政部 国家税务总局关于个人非货币性资产投资有关个人所得税政策的通知》（财税〔2015〕41 号）。

表 2-3 "约定法"股权演变表

	A 合伙人	B 合伙人	C 合伙人
第一步：工商注册比例	60%	40%	0%
第二步：股权分红比例[1] （年底岗位股分红 40%）	36%	24%+20% 岗位股分红	20% 岗位股分红
第三步：纯出资合伙人承诺 100% 回报率后按初始投资估值转让 30% 股权给出力合伙人	30%	40%+15% 股权激励	15% 股权激励
第四步：股权分红比例 （年底岗位股分红 20%）	24%	44%+10% 岗位股分红	12%+10% 岗位股分红

2.3.2 实操案例

小白持有 A 医药公司 100% 的股权，A 公司具有医药许可证，市场评估价值 290 万元。小青持有 B 医药公司 100% 的股权，擅长企业的经营管理，B 公司与 A 公司具有一定的关联交易。小白由于资金紧张，无法让医药许可证发挥作用，无法真正创造价值。所以，小白邀请小青进行股权合伙，双方约定，小青出资 145 万元持有 50% 的股权，后续根据公司运作的资金需求情况，按各自的股权比例追加投资。需要注意的是，"五五分成"这种均分式的股权结构，通常出现在兄弟间或姐妹间合伙，如果不提前约定好股权合伙的规则，往往会变成"兄弟式入伙，仇人式散伙"的情况。因此，小白和小青做了以下具体规则约定。

1. 出资规则

（1）以 2022 年 10 月 1 日为限，A 公司此前产生的债权由小白

1 优先提取岗位股分红 40%，分别给 B、C 合伙人各 20% 分红权，投资人分红则被稀释，如纯投资人 A 享有分红比例 =60%×60%=36%。

享有和追偿，债务由小白承担；此后产生的债权、债务由合伙双方共同享有和承担。

（2）小白以 A 公司的医药许可证作为出资持有 A 公司 50% 的股权，小青以现金 145 万元作为出资持有 A 公司 50% 的股权。

（3）A 公司股权工商变更采用股权转让的方式，完成工商变更后，合伙双方进行注册资本缴纳。合伙双方实缴的注册资本 145 万以内均由小青出资，超过 145 万元以上的注册资本按合伙双方股权持股比例进行实缴。A 公司运营资金不足时，合伙双方按持股比例进行追加出资，在合伙双方约定缴纳期限超过 10 个工作日后，有一方仍无法按期缴纳投资款时，其所持有的 A 公司股权比例将自动被稀释。以下为合伙双方持股比例的计算公式：

合伙双方持股比例 = 合伙双方个人实际出资额 ÷ 合伙双方共同实际出额总额 ×100%

（4）由于经营需要，A 公司的启动资金 50 万元均为小青个人实际出资。为规范企业经营管理，待 A 公司投资款到位后，偿还小青 50 万元。

（5）A 公司作为药品流通公司，需要较大的药品采购流通资金，该笔资金由合伙双方按股权持股比例进行出资，以合伙双方个人借款给 A 公司的方式进行出资。

2. 经营管理规则

（1）小青担任 A 公司总经理，主导公司整体的运营和管理，享有总经理权限。小白担任 A 公司总监，负责公司的行政、库房及外联事宜。小白薪酬工资为税前工资 8 000 元 / 月，小青薪酬工资为税前工资 8 500 元 / 月。

（2）公司品牌、许可证所有权，归属公司所有。

（3）小白聘请公司出纳人员，小青聘请公司会计人员，每个月15日合伙双方均可以查看公司财务报表。合伙双方每3个月召开一次股东会，商讨公司经营管理方向。

（4）小青招聘公司部门负责人以下人员时具有决定权，招聘公司部门负责人以上人员需由合伙双方共同商议决定。

（5）公司业务采购合同金额10万元以下由部门直接负责人决定，采购合同金额10万元以上由合伙双方共同商议决定。

（6）公司设备采购、系统采购合同金额20万元以下由小白决定，采购合同金额20万元以上由合伙双方共同商议决定。

（7）公司销售部门营销政策、营销薪酬及奖励由销售部门负责人起草，并提交合伙双方审批决定。

（8）由销售部门负责人起草公司费用管理制度（招待费、差旅费、行政费等），并提交合伙双方审批决定。

3. 收益分配规则

（1）A公司产生的收益须弥补前期亏损后再进行分配。

（2）每年度末，公司提取利润的10%～20%作为管理奖金奖励经营管理团队。具体提取比例和分配方案，由合伙双方协商确定，该笔管理奖金作为费用进行税前扣除。

（3）每年度提取净利润的20%作为公司的盈余公积，合伙双方协商净利润分配方案，原则上提取比例不低于40%，剩余部分用于公司经营发展。

（4）公司每年度进行一次净利润分配，合伙双方按所持股权比例参与净利润分配。

（5）合伙双方分配的净利润所产生的个人所得税由个人承担。

4. 亏损分担规则

（1）若在经营过程中有债务产生，则债务先由 A 公司财产偿还，A 公司财产不足清偿时，由合伙双方按所持股权比例分担项目亏损。

（2）未经合伙双方一致同意，A 公司不得对外担保、质押等。

（3）A 公司产生的亏损，由合伙双方按持股比例承担。

5. 退出规则

（1）合伙双方约定，以投资运营资金 500 万元为限，运营资金不足时，合伙双方召开股东会，决议是否追加投资款或清算。

（2）合伙双方约定，若任何一方不在 A 公司任职，另一方有权按 A 公司当期净资产加医药许可证市场价值总额作为估值，回购离职方股权。

（3）无论任何原因，若有一方自愿退出，则另一方有权按 A 公司当期净资产加医药许可证市场价值总额作为估值，回购退出方股权。

（4）若 A 公司被并购，则合伙双方股权按并购价值同比例被收购。

经过这样的规则约定，双方有效避免了“兄弟式入伙，仇人式散伙”的情况，在明晰了各自的权利和义务的前提下，共同努力将公司发展壮大。

2.4 资金与资源合伙型

资金与资源合伙型是指合伙双方既出钱又出资源的合伙模式。这种合伙模式强调的是资源整合，双方发挥各自的资源优势，将资源转化为产值，将产值转化为股权的价值。

2.4.1 资金与资源合伙模式

试想一下，如果合伙双方各自有自己的事业，那么如何才能够让双方建立真正的深度关系，又不会侵害双方已有的权益呢？

在实操中，我们采用的是双方共同出资设立新公司，共同经营管理合伙项目的方式。项目发起方在合资公司持有股权比例不低于51%，以便能够起到合并报表的作用，而实际分红则可以实施不对称分红（谁贡献大谁可以多分红）。为了弥补另一方对合资公司控制权的损失，双方可以约定拟上市公司股权激励、股权置换[1]、股权回购方案，形成合资公司的股权动力模型。新设公司经营业绩越好，股权价值越高，则其股权置换到拟上市公司的股权数量就越多，个人持有的股权回报就越高，个人越愿意将手中资源在合资公司进行变现，进而合资公司经营业绩更好，形成良性循环。

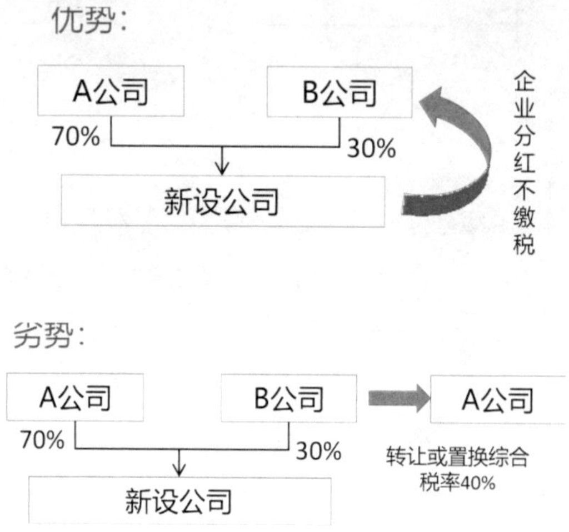

图 2–2　“法人股持股”的股权架构

1　运用小程序“股询询”可进行股权并购或股权置换演变，具体操作指南见附录“股询询操作指南”。

合资公司股东的持股形式，取决于合伙人股权是否有被收购或置换的情况。如果没有，则采用法人股的持股方式[1]；如果有，则被收购方采用自然人持股方式。图2-2与图2-3是分析“法人股持股”与“法人股+自然人持股”股权架构的优势与劣势，我们可以先做了解，在第四章将详细讲解股权架构设计时持股方式的选择。

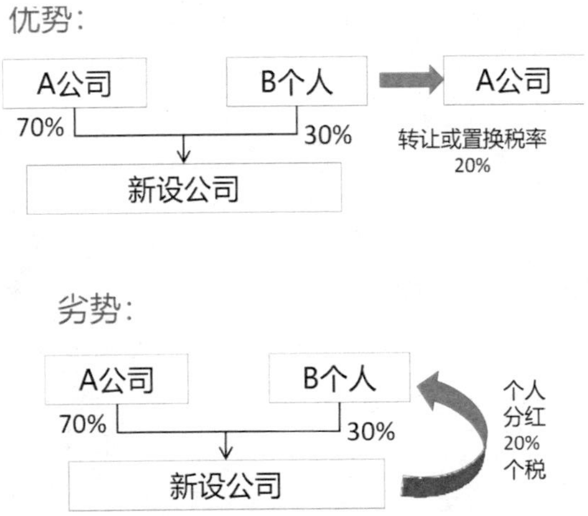

图2-3　“法人股+自然人持股”的股权架构

从图2-2可以看出，采用“法人股持股”股权架构时，由于设立新公司的合伙双方均为法人，那么，新公司在向法人分红时，是不必缴纳税款的，这便是其优势。然而，这一模式还有一大劣势，那便是，B公司在股权转让时需缴纳企业所得税25%，则新设公司向B公司分红总额再向股东个人分红时，需缴纳20%个人所得税，因此综合税率=25%+（1−25%）×20%=40%。

而采用“法人股+自然人持股”股权架构时，由于B股东是自然人持股，无论新设公司是分红还是股权出让，B股东只需要缴纳

1　通过有限公司投资项目公司，持有项目公司的股权。

20% 个人所得税。B 股东进行股权转让时，相较法人股东转让股权时减少了企业所得税的缴纳。

在了解这两种股权架构的优劣后，我们就可以根据自身情况，采用最适合自身企业的合作股权架构了。以下我们通过实操案例来认识具体如何操作，才能更好地发挥股权架构的优势，避开劣势，促进企业更好发展。

2.4.2 实操案例

几禾厨具成立于 2004 年，是一家专业致力于中高端厨房用品的科研、生产、销售与服务一体化的锅具制造公司。几禾厨具专注海外贸易和经营线下渠道，企业复合增长率为 10%，属于缓慢式增长。

随着电商、新媒体营销时代的到来，公司也开始投入大量的人力、物力、财力于线上营销。由于缺乏线上营销的经验，线上事业部的业绩始终做不起来，财务长期处于亏损状态。

2022 年，公司全面启动国内首次公开募股（Initial Public Offering，IPO）计划，面对每年公司经营业绩保持 30% 增长的要求，公司急需找到新的业绩增长点。经过多轮的战略研讨，公司决议寻找具有线上营销成功经验的团队，合资设立线上营销公司，打造产品、技术、品牌、营销等资源全面融合的股权合伙模式。

经过多轮筛选，几禾厨具最终找到一家致力于企业电子商务销售渠道铺设及互联网品牌推广，且具有万余家专业分销电商 IP 的营销科技公司。双方就资金与资源合伙模式进行多轮协商探讨，本着互惠互利，携手上市的目标，对以下股权合伙方案达成共识。

1. 出资规则

（1）合资公司注册资本为 428.57 万元，几禾厨具出资 300 万元持有合资公司 70% 的股权，合作方出资 128.57 万元，持有合资公司 30% 的股权。

（2）合伙人依据合资公司实际经营需求，分批实缴完成出资额。

（3）合资公司存续期间，如果出现流动资金短缺，则合伙双方有义务以各自在合资公司中的股权占比对合资公司进行借款或者增资。

2. 经营管理规则

（1）合资公司的主营业务系负责几禾品牌在中国大陆市场的线上全品类、全渠道运营和管理，包括但不限于品牌营销策划及渠道销售。合伙双方不得以任何形式绕开合资公司开展线上业务。

（2）合资公司设财务负责人一名，由几禾厨具委派。合资公司设总经理一名，由合作方委派，担任合资公司的法定代表人，其聘任或解聘由执行董事决定。合资公司的其他高级管理人员由双方共同确认，并负责合资公司的日常运营和管理。为促进公司发展和激励员工，员工薪酬可以与经营业绩挂钩考核。

（3）人事权：高级管理人员以外人员的任命、解聘和报酬由总经理决定，报执行董事审批后执行。

（4）财权：合资公司资金使用实行年度预算制，在预算范围内，总经理可自行支配资金，报执行董事备案；超过预算范围的资金支配须经执行董事审批同意，审批通过后才可使用。

（5）合资公司定价权、采购权等其余权利设置由总经理提交方案，报执行董事审批通过执行。双方承诺，合资公司与几禾厨具产生的产品交易价格应采用公允价格。

（6）总经理应督促并确保其委派至合资公司的运营、销售人员和高管人员与合资公司签署竞业禁止协议。

（7）合资公司存续期间内，如合资公司主营业务涉及几禾厨具及关联方持有的商标、专利等知识产权，则几禾厨具将该等权利授权给合资公司使用，该等授权仅限于合资公司的主营业务，且不得转让。

3. 激励规则

（1）合资公司经营管理团队需尽力实现和达到最佳的经营业绩。合资公司 2023 年至 2025 年完成销售总额经营目标分别是 3 亿元、5 亿元和 10 亿元。

（2）为尽快形成合理的业务结构，合资公司将制定经营管理团队奖惩考核制度，并视绩效考核情况提取净利润的 10%~20% 奖励给经营管理团队。

（3）合资公司 100% 实现三年经营总目标后，几禾厨具定向增发拟上市公司 2% 的股权授予经营管理团队，几禾厨具授予激励股时估值按上年度末经审计的账面净资产的 1.5 倍估值与几禾厨具最新一期外部投资者估值的五折，孰高者确定。

（4）几禾厨具由于上市规划需收购合伙人股权时，可以采用现金收购或股权置换的方式收购合伙人股权。合资公司估值模型的倍数为拟上市公司估值模型倍数的一半，如拟上市公司估值按市盈率的 10 倍估值，则合资公司估值按市盈率的 5 倍进行估值。以下为拟上市公司股权置换股权比例的计算公式：

拟上市公司股权置换股权比例 = 合资公司估值 × 收购股权比例 ÷（拟上市公司估值 + 合资公司估值 × 收购股权比例）×100%

4. 考核规则

（1）设置合资公司的经营团队的考核机制，如经营团队未能按期完成经营指标要求，则总经理应在收到几禾厨具通知后的 45 日内更换合资公司经营团队。

（2）合作期间，总经理更换经营团队后，仍无法满足合资公司的经营指标，合作方应当于收到几禾厨具通知之日起 10 日内，以原始出资额向几禾厨具转让其持有的合资公司 30% 的股权。

5. 分红规则

（1）在考虑合资公司现金流、经营状况等情况后，由合资公司股东会决议是否进行利润分配及利润分配的具体事宜。利润分配应当按照双方的实缴出资比例，以现金方式实施。

（2）合伙双方收益共享、风险共担、共负盈亏。

（3）如合资公司有债务或亏损产生，双方以其认缴的出资比例为据进行承担。

6. 退出与清算规则

（1）未经几禾厨具事先书面同意，不得直接或间接向第三方转让其持有的任何合资公司的股权，亦不得以任何其他方式退出。

（2）出现合作终止事项，在符合《中华人民共和国公司法》（以下简称《公司法》）及公司章程规定的前提下，几禾厨具可要求合作方将其持有的合资公司 30% 的股权以原始出资额转让给几禾厨具，合作方应配合办理退出持股的工商变更登记。

（3）如合作方违反约定擅自将其持有的合资公司的全部或部分股权转让给第三方，几禾厨具拟采取补救措施从第三方收回合资公司的股权，合伙人应当承担因此对几禾厨具和合资公司造成的直接及间接损失。

（4）几禾厨具向股东会提报合资公司清算注销事宜的，双方应先将各自出资成本收回，合资公司有盈余的，双方应当按照各自实缴出资比例分配；对于合资公司亏损的，双方按照各自持股比例承担。

通过上述详尽的股权合伙方案设计，几禾厨具与合作方明确了双方的权利与义务，为合资公司的发展奠定了坚实的基础。双方将携手共进，充分利用各自优势资源，共同推动几禾品牌在线上市场的快速发展，实现业绩的快速增长，为公司 IPO 计划的顺利实施提供了有力保障。随着合作的深入，双方还可以不断优化合作模式，共同应对市场挑战，共享成功果实，开创合作共赢的新篇章。

2.5 明股实债型

“明股实债”是指合伙人双方就公司估值、资产评估、资源评估难以达成一致，双方又有较强意愿的情况下，投资方以股权投资的方式进入企业，附加一定的回购条款，承诺一定期限后，企业方或其实际控制人回购投资方所持有的股权。

2.5.1 明股实债模式

“明股实债”主要应用于难以在公开市场进行债权融资的企业，或者不愿意贱卖公司股权的企业，其中的大多数企业处于初创阶段。

“明股实债”的合伙过程，按照融资的过程可以分为“评估、谈判、协议、退出”四个阶段，部分投资人还会根据项目情况进行民间私募融资或项目资金认购。“明股实债”协议包括合伙双方股权投资协议和补偿协议，补偿协议的补偿方式包括股权回购、业绩对赌、固定收益（资金成本利息）等。

企业方在实施“明股实债”的合伙模式时，总是将自身视为弱势的一方，单纯地认为补偿协议是针对投资方的补偿，而忽视了补偿协议是双向的，它也可以约定对企业方有利的补偿条款。比如，双方合伙之后，企业的发展特别顺利，经营业绩远远超过补偿协议条款时，企业方是可以要求投资方按当期估值补充股权投资款，同时要求解除原有的补偿协议，真正实现股权合伙，共担风险、共享收益。甚至，在股权合伙过程中，合伙双方存在价值观、经营理念或战略方向不一致的情况时，企业方可以要求对方按约定补偿，支付“资金成本 + 利息”进行回购股权，进而保障公司股权结构的稳定性。

2.5.2 实操案例

某世界物流公司可以为全球客户提供端到端的国际物流服务，为客户提供数字化、在线化、可视化、“一站式”的综合物流互联服务。同时，它获得了菜鸟、中远海运等战略投资机构的投资。

为拓展公司拼箱业务，该世界物流公司战略投资上海物流公司。上海物流公司是一家具有无船承运人[1]资质的一级货运代理机构，是以经营海运为主并涵盖空运、物流运输和仓储的综合性专业国际物流公司，公司拼箱业务在上海区域首屈一指，能够与该世界物流公司形成较好的战略互补。该世界物流公司战略投资的主要目的在于孵化拼箱业务，完善公司产品结构，为企业未来上市提升估值。

该世界物流公司拟采取先参股再控股，最后 100% 收购的战略投资方式，不以投资标的上市为目的的投资，对资金的安全性比较重视。反观上海物流公司，对企业未来经营具有强烈的信心，不愿贱卖公司的股权，而愿意接受双向补偿协议条款。因此，合伙人双方采取了“明股实债”的合伙方式。具体合伙方式如下。

1. 交易结构

（1）某世界物流公司与上海物流公司协商一致，以 2021 年至 2023 年目标平均净利润 1 200 万元的 8 倍作为投前估值，某世界物

1 无船承运人是集装箱运输中，经营集装箱货运的揽货、装箱、拆箱以及内陆运输，经营中转站或内陆站业务，但并不经营船舶的承运人。他们与船舶公司的关系，属于货方与船方的关系。实际上是中间承运商，具有双重身份。对真正的货主，他是承运人，但对船方，他又是托运人。

流公司投资 2 400 万元持有上海物流公司 20% 的股权，上海物流公司投后估值为 12 000 万元。相关计算公式：

投后估值 = 投前估值 + 投资方增资款

投资方股权比例 = 投资方增资款 ÷ 投后估值

（2）上海物流公司进行股权工商变更前，公司经审计净资产和资金规模不得低于 2020 年 12 月 31 日的净资产和资金规模。

（3）投资方保留对企业方后续股权投资的权利。投资人有权随时以现金增资的形式增持企业方股权比例，持股比例不超过 51%。

2. 补偿协议

（1）若企业方 2021 年至 2023 年经审计后实际平均净利润未达到 1 200 万元，企业方须向投资方退还部分投资款。以下为退还投资款计算公式：

退还投资款 =（1 200 − 实际平均净利润）×8× 投资方持股比例 ÷（1− 投资方持股比例）

（2）若企业方 2021 年至 2023 年经审计后实际平均净利润超过 1 200 万元，并且 2021 年至 2023 年累计拼箱业务量达到 150 万方，则投资方补偿支付股权投资款。

补偿股权投资款 =（实际平均净利润 − 1 200）×8× 投资方持股比例 ÷（1− 投资方持股比例）

（3）企业方达到以下其中任一条件时，投资人有权要求实际控制人回购投资人持有的部分或全部股权。

触发条件一：2021 年至 2023 年经审计，累计净利润未达到 2 160 万元；

触发条件二：2021 年至 2023 年经审计，累计净利润达到 2 160 万元但不足 2 880 万元，且三年累计拼箱业务量不足 150 万方。

回购对价应等于投资人在企业方的累计投资总额加上累计应计利息，利息为年化 10%，具体计算公式为：

回购对价 = 投资方累计投资总额 ×（1+10%×N）

其中，N 等于企业方投资款支付之日至回购情形发生之日的日历天数除以 365，投资方投资款分多笔支付的，每笔投资款应单独计算。

（4）若企业方 2021 年至 2023 年经审计后实际平均净利润达到 1 200 万元，并且 2021 年至 2023 年累计拼箱业务量达到 150 万方，但是投资方承诺的拼箱业务资源对接未能兑现，则企业方有权要求回购投资人持有的部分或全部股权。回购对价应等于投资人在企业方的累计投资总额加上累计应计利息，利息为年化 5%。

（5）若投资方对企业方愿意继续追加股权投资，则后续估值不低于 2021 年至 2023 年经审计后实际平均净利润的 8 倍。三年累计拼箱业务量达到 150 万方至 200 万方时，后续估值按 2021 年至 2023 年经审计后实际平均净利润的 10 倍；三年累计拼箱业务量达到 200 万方至 250 万方时，后续估值按 2021 年至 2023 年经审计后实际平均净利润的 12 倍。

3. 经营管理

（1）股东会除公司法约定的权利和义务外，还需要审议公司在一年内购买、出售重大资产超过目标公司最近一期经审计总资产 30% 的事项；审议公司与关联方之间交易金额单笔超过人民币 50 万元或累计超过 100 万元的关联交易，关联方需回避表决；审议新设子公司或附属公司，以及进行对外投资金额超过 500 万元人民币的方案。

（2）上海物流公司董事会，由 3 名董事组成。投资方有权向公司董事会委派 1 名董事。

（3）投资方有权委派 1 名业务副总经理及 1 名财务人员，具体人员安排方案由投资人根据公司业务及财务工作开展情况决定。

（4）上海物流公司核心高级管理人员及主要业务人员的劳动关系必须签署劳动合同及保密协议，并签署竞业禁止及知识产权保护协议。

4. 清算规则

（1）上海物流公司发生整体出售、清算或破产情形时，应优先支付投资方初始投资款及应付而未付的利息。

（2）若企业方 2021 年至 2023 年经审计后实际平均净利润不低于1 200万元，并且 2021 年至 2023 年累计拼箱业务量不低于 100 万方的情形下，企业方有权选择取消补偿协议或其他不利于企业方经营管理的限制性条款。之后企业清算时，企业方与投资方按持股比例享有清算后的剩余财产，并承担对应的亏损和责任。

通过这一系列的战略投资安排与合伙细节设定，某世界物流公司不仅成功迈出了拓展拼箱业务的重要一步，而且与上海物流公司建立了稳固且灵活的合作关系。这种“明股实债”的合伙模式，既保证了投资方资金的安全性，又兼顾了被投资企业对未来发展的信心与掌控力。

随着双方合作的深入，双方也将在资源共享、业务协同、市场拓展等方面取得显著成效，为企业的长远发展和未来上市奠定坚实基础。同时，明确的经营管理规定和清算规则，也为双方的合作提供了坚实的制度保障，确保了合作过程中的规范性和透明度，有助于实现共赢的局面。

2.6 实战演练：合伙方式选择

讲到这里，我们发现，股权合伙的方式真的是多种多样。那么，我们到底应该采用何种方式来进行合伙呢？在实操中，选择股权合伙的类型时，企业管理者需要根据企业的战略规划、资金需求、业务需求、人才需求、资源现状等实际情况，对自身企业进行评估，最终设计、实施合适的股权合伙方案。我们可以通过一个实战案例来演练一番。

案例：目前，某直播运营主体公司投后估值 1 亿元，急需资金 4 000 万元运作两个网红项目，分别是女性化妆品项目和母婴用品项目。企业管理者设计了以下五种股权合伙方案。

A 方案：主体公司释放 40% 股权融资 4 000 万元，女性化妆品项目和母婴用品项目分别投资 2 000 万元，两个项目的运营负责人由主体公司委派。

B 方案：主体公司先释放 20.4% 股权融资 2040 万元，女性化妆品项目和母婴用品项目各投资 1 020 万元占股 51%。另外 49% 的股权由运营团队占股 20%，项目财务投资人占股 29%（财务投资人收回成本后拿出 9% 分红给运营团队）。

C 方案：女性化妆品项目和母婴用品项目分别找到上游品牌厂商合资设立项目子公司。厂商提供 1 000 万元的货品，给予货款两个月的账期；直播运营商进行产品营销和推广，负责项目的运营和管理。厂商现金投入 700 万元占股 70%、运营团队投入 100 万元占股 10%、运营主体公司投入 200 万元占股 20%。项目盈利后提取净利润的 20% ~ 30% 奖励运营团队。厂商回收投资成本后按原始出资额释放 30% ~ 40% 的股权给运营团队。

D 方案：主体公司释放 10% 的股权给核心高管，释放 20% 的股权给 200 位粉丝，粉丝和高管均通过有限合伙企业间接持有公司股权；释放 10% 的股权给财务投资人。女性化妆品项目和母婴用品项目盈利后，将再释放项目公司 15% 的股权转让给项目高管，释放 15% 的股权给粉丝。

E 方案：主体公司债权融资 4 000 万元，投资方先以股权融资的方式持有主体公司 40% 的股权。主体公司保障投资方退出时投资回报率不低于 10%，不足部分可以由创始人补足。主体公司具有三年内回购投资方 40% 股权的权利，回购价格为 8 000 万元。

五种股权合伙方案优缺点对比如表 2-4 所示。

表 2-4　五种股权合伙方案优缺点对比

	优点	缺点	落地实施条件
A 方案	简单直接	释放较高的股权比例（40%）	合理的估值
B 方案	1. 释放股权比例较低（20.4%）； 2. 有效激励运营团队	融资主体较多	1. 主体公司、项目公司商业计划书； 2. 项目公司前景规划和风险控制
C 方案	1. 主体公司股权不释放； 2. 有效激励运营团队	主体公司不控股，无法合并报表	1. 合适的上游品牌商； 2. 项目子公司的组建
D 方案	1. 实际控制权达到 90%； 2. 有效激励运营团队和绑定粉丝	释放较高的股权比例（40%）	1. 忠诚的粉丝群体； 2. 高管、粉丝愿意通过有限合伙企业持股

续表

	优点	缺点	落地实施条件
E 方案	1. 融资难度低； 2. 股权回购较灵活	释放较高的股权比例（40%）	1. 接受明股实债的投资人； 2. 补偿方案达成一致

通过表格的形式，我们总结了五种方案的优缺点，以及对应方案落地实施的条件。从表 2-4 中可以看出，不同的方案优缺点是比较明确的，企业方只需要根据自身的实际情况，对照自身的承受能力、发展目标等，来选取最合适的方案。比如，期望快速简单解决融资的，选 A 方案；有较强融资能力，愿意多平台融资的，选 B 方案；不愿意释放主体公司股权的，选 C 方案；有较强的上下游资源整合能力，选 D 方案；有一堆投资人追投，又不想释放股权的，选 E 方案。股权合伙方案并非一种，一定要多设计几种备选方案，再选择出最适合自己的方案。

03

第 3 章 股权合伙的企业类型

上一章我们讲解了股权合伙的方式。合伙的方式确定了，那么合伙的载体又是什么形式呢？这一章我们主要讲解股权合伙的企业类型，让大家了解各种企业类型的特点，以及实操过程中的应用。

3.1 个体工商户

改革开放初期，国家对做小生意的个人进行登记管理，如水果店、杂货铺、饭店等，这些个人被统称为个体工商户。个体工商户作为最简单的合伙载体，伴随着个体工商户数量的增长，个体工商户的设立、构成、责任与税收等方面均有了明确的规定。

3.1.1 设立与构成

根据《中华人民共和国民法典》（以下简称《民法典》）的规定，年满 16 周岁以上有劳动能力的自然人或家庭，可以申请从事工商经营活动，并依照法律核准登记。实际上，大部分经营者选择以个人财产作为出资进行经营，很少一部分以家庭全部财产出资进行经营。

个体工商户的构成包含以下几方面：

（1）个体工商户的投资者与经营者必须为同一人，即投资设立个体工商户的自然人。个体工商户不能变更投资者姓名，只有在家庭经营构成的个体工商户才能变更经营者姓名，而且必须是家庭成员。因为很少有家庭经营模式，所以可以认定个体工商户基本不会转让变更，大部分采用注销、重新设立的方式。

（2）个体工商户可以没有固定的生产经营场所和合法的企业名称，可以从事临时经营、季节性经营、流动经营和没有固定门面的摆摊经营。

（3）个体工商户的从业人数有限制，包括经营者本人、请帮手和带学徒雇工人员不得超过 8 人。

（4）个体工商户不允许设立分支机构，比如分子公司。因此，个体工商户不能成为公司的股东，不能以企业名义享有公司股东的权利和义务，只能以个人投资者身份成为公司股东。

（5）个体工商户不能作为其他组织或其他经济组织的一种形式，它是以公民个人名义开展法律活动的。

（6）个体工商户可以按照税务机关的要求建立账簿，如果税务部门不作要求，也可以不进行会计核算。

个体工商户具有注册简单、经营地址灵活、人员要求不高、记账简单、税收成本较低等优点，吸引了大量从业者。截至 2022 年 9 月，全国登记在册的个体工商户达 1.11 亿户。个体工商户可以在国家法律和政策允许的范围内，经营工业、手工业、建筑业、交通运输业、商业、饮食业、服务业、修理业及其他行业。比如，我们比较常见的小旅馆、水果店、面包店、奶茶店、小餐馆、打印店等都属于个体工商户。

实际上，众多个体工商户并不是只有一名投资者，甚至投资者还不是家庭成员，仅仅是亲戚或朋友，甚至还存在多人众筹开店的行为，称为合伙经营。当合伙经营面临民事责任时，在法律层面第一责任人是个体工商户经营者。

如果合伙人之间有签署合伙人经营协议，明确合伙人之间的权利和义务，则民事责任将按合伙经营协议进行分担。如果没有合伙人经营协议，则由个体工商户经营者独立承担。比如，假设刘备、关羽、张飞合伙开了家猪肉铺，个体工商户经营者是张飞。由于张飞不善经营欠下金银数百万，此时，如果刘、关、张三人没有签署合伙人经营协议，那么张飞将以个人家庭财产进行欠款赔付。

3.1.2 法律责任

个体工商户对自己所有的合法财产享有占有、使用、收益和处分的权利，以及依据法律和合同享有各种债权。同时，个体工商户登记的经营者对经营过程中所产生的债务承担无限责任，实际经营者与登记经营者不一致的，共同承担无限连带责任。个体工商户在经营中所负债务按以下清偿原则承担责任：

（1）个人经营个体工商户的，经营收益归个人，不用于家庭成员消费的，以个人财产对债务承担无限责任，与夫妻共同财产和家庭共同财产没有关系。

（2）以家庭共同财产投资经营个体工商户的，对在个体经营中产生的债务，应当以家庭的全部财产承担无限责任。

（3）个体工商户在经营中无法区分是个人经营还是家庭经营的，应当按照有利于债务人的原则确认，认定为家庭经营，以家庭财产承担无限责任。

通过上述责任承担的情况不难看出，如果个体工商户个人资产与家庭资产无法区分，其所需承担的法律责任便很严重了。我们可以通过一个案例来具体认识这一情况。

案例：昆明市官渡区刘某经营部（以下简称“刘某经营部”）与云南珅某有限公司（以下简称珅某公司）存在借贷关系，因刘某经营部无法偿还债务，被珅某有限公司起诉，刘某经营部的经营者谢某及其原配偶刘某承担无限连带责任。[1]

最高人民法院认为：

（1）个体经营者刘某为个体工商户，对刘某经营部债务承担无限连带责任。

（2）婚姻关系存续期间以一方名义所负债务，原则上应当认定为夫妻共同债务，但夫妻提供能够证明该债务确为欠债人个人债务的两种特殊情形可以除外。

（3）如果举债人的配偶举证证明所借债务并非用于夫妻共同生活，则其不承担偿还责任。

总而言之，当个体工商户个人资产与家庭资产无法区分时，所需承担的法律责任是无限责任。这种情况下要实现个人资产与家庭资产完全区分是十分困难的，可以说是几乎无法实现。

3.1.3 纳税政策

个体工商户因为其经营性质类似于企业，需先根据相关法规条件，判定属于一般纳税人或小规模纳税人，再确定增值税的纳税方式。城市维护建设税、教育费附加和地方教育附加可以享受最高减征 50% 的最新优惠政策。因为个体工商户在实质上属于个体经营，属于自然人范畴，所以并不缴纳企业所得税，而是缴纳个人所得税。因此，个体工商户主要涉及的税种为增值税、城市维护建设税、教

1 案例来源：《中华人民共和国最高人民法院民事裁定书》（〔2016〕最高法民申 541 号）。

育费附加、地方教育附加和个人所得税。

1. 增值税

个体工商户根据其纳税规模不同，可分为一般纳税人和小规模纳税人。如果个体工商户根据自身经营及业务规模需要，可以选择以一般纳税人计算和缴纳增值税；如果年应税销售额未达500万元，通常在设立时期就默认为小规模纳税人并据此计算和缴纳增值税。

根据《财政部　税务总局关于对增值税小规模纳税人免征增值税的公告》（财税〔2022〕15号）：“个体工商户小规模纳税人自2022年4月1日之后，不论月销售额是否超过15万元，季度额是否超过45万元，按照3%征收率的应税销售收入均可以选择免税政策（开专票除外）；对于以3%预征率预缴的项目，暂停预缴。”

小规模纳税人指的是年销售额在规定的标准以下，并且该企业不能正确核算增值税的进销项税额和应纳税额，无法按照规定报送有关税务资料的增值税纳税人。一般年销售额的规定是应税服务年不超过500万的纳税人。

2. 城市维护建设税、教育费附加和地方教育附加

城市维护建设税、教育费附加和地方教育附加可以享受最高减征50%的最新优惠政策。

3. 个人所得税

个体工商户应按照税务部门的规定正确建立账簿，准确进行核算。对于账簿健全、核算准确的个体工商户，税务部门对其实行查账征收；对生产、经营规模又较小，无法按规定（《个体工商户建账管理暂行办法》）设置账簿标准的个体工商户，税务部门对其实行定期定额征收；具有一定情形的个体工商户，税务部门有权核定其应纳税额，实行核定征收。

自2018年以来，取消个体工商户核定征收政策一直在讨论中。

取消核定征收主要有以下三个原因：一是个体工商户核定征收区域的主管领导认定核定征收税源收益不大，风险却较大；二是核定征收区域因大客户经营风险无法缴纳应付税金，统一暂停园区招商政策；三是核定征收区域招商到不该核定的客户，如影视、电商、直播、医药、金融、房地产等敏感行业。

我们相信，在经济发达、信息化透明程度较高的区域大概率是要取消核定征收的，而经济欠发达、信息化透明度不高的区域将继续实施该招商政策。在税收优惠园区申请注册个体工商户，可以享受个税核定征收税率。

除饲养业、养殖业和种植业的个体工商户无须缴纳个人所得税外，其余均需缴纳个人所得税，不同业务需将收入单独核算。

3.1.4 实操案例

某产业园区招商引资政策中，给予工作室核定征收和个人所得税返还等政策，吸引了专业从事企业品牌设计和咨询服务的众享工作室。众享工作室可以开具普票和专票（增值税率 3%），委托第三方进行众享工作室财管管理，开具普票和专票的综合税率为 3.1% 和 4.5%[1]。众享工作室与众森科技公司签署品牌设计咨询服务费 50 万元，众享工作室开具 50 万元的专票，并缴纳 2.25 万元（50 万元 ×4.5%）的税收成本，众享工作室设计师税后收入就为 47.75 万元（50 万元 − 2.25 万元）。

在实操过程中，个体工商户与有限公司之间的业务往来，需要做好合同、发票流、资金流、业务交付等资料信息一致。也就是说，按合同办事，走公账、做好账、缴好税，保证业务的真实性，方可

1 个体工商户注册地不同，所产生的综合税率有所差异，此处仅供参考。

保障个体工商户可持续经营。

3.2 个人独资企业

个人独资企业非一人有限责任公司，可以形象地理解为较大体量的个体工商户，两者在构成、法律和税务上有较大的相似性。当个人独资企业缺少税收优惠，仍需承担无限责任的情况下，个人独资企业纷纷进行改制成为有限责任公司。

3.2.1 设立与构成

个人独资企业由一个自然人投资，财产为投资人个人所有，投资人以其个人财产对企业债务承担无限责任的经营实体。个人独资企业可以理解为投资规模较大、经营人员较多的个体工商户，比如火箭电器厂、山猫包装厂等。个人独资企业的特征包含以下几方面：

（1）个人独资企业必须要有固定的生产经营场所和合法的企业名称。而且，名称应当与其从事的业务相符合，而且名称中不得含有“有限”“有限责任”“公司”字样。

（2）个人独资企业的资产所有权、控制权、经营权、收益权高度统一，由自然人一人所有。同时，允许企业主委托或聘用他人管理个人独资企业事务，实现所有权与经营权相分离。

（3）个人独资企业没有从业人数限制，既可以只有投资人个人经营，也可以雇工超过 8 人以上。

（4）个人独资企业可以设立分支机构，设立的分支机构可以与个人独资企业在同一登记机关辖区内，也可以与个人独资企业不在同一登记机关辖区内。

（5）个人独资企业可以变更投资人姓名，非家庭成员也可以。

（6）个人独资企业所有者自负盈亏和对企业的债务负无限责任，企业经营好坏与企业主的经济利益甚至身家性命紧密相连。

（7）个人独资企业不具有法人资格，却是独立的民事主体，可以以自己的名义从事民事活动。个人独资企业可以成为公司的股东，以企业名义享有公司股东的权利和义务。

（8）个人独资企业无法实现股权融资，难以筹集大量资金。

3.2.2 法律责任与风险

个人独资企业的企业主以其个人财产对企业债务承担无限责任。也就是说，当投资人申报登记的出资不足以清偿个人独资企业经营所负的债务时，投资人就必须以其个人财产甚至是家庭财产来清偿债务。企业主为规避无限责任将其独资企业转让给其他投资人，同时原企业主与新企业主约定债务由原企业主承担。债务清偿顺序为独资企业承担，独资企业无法承担时将由原企业主与新企业主连带清偿，新企业主承担责任后可以依据与原企业主之间的约定或法律规定另行主张权利。

比如，有这样一个实际案例：

星星电器公司与月亮会所签订《音响购销合同》，金额总计 81.5 万元，星星电器公司按约履行了供货义务，但是月亮会所总是以各种理由拖欠 30 万元货款。月亮会所企业主张三完成投资人变更登记为王二，并在转让协议中明确约定，变更登记前月亮会所产生的债务由张三承担，与王二无关。

首先，该债务发生于月亮会所转让之前，个人独资企业的原企业主张三并不能免除其清偿责任。若将现有企业主王二作为个人独资企业债务的责任承担人，那么原企业主就会有为逃避债务，恶意将个人独资企业转让给无任何偿债能力的第三人，致债权人的利益受损的嫌疑。同时，企业主变更时，原企业主如果故意隐藏个人独资企业的债务，从而认定原企业主就投资人变更前的债务不承担责任，那么对现投资人而言也不公平。

其次，《中华人民共和国个人独资企业法》（以下简称《个人独资企业法》）第三十一条仅规定了“个人独资企业财产不足以清偿债务的，投资人应当以其个人的其他财产予以清偿”，未明确规定在个人独资企业企业主变更的情况下，变更前产生的债务应当由谁承担的问题。但对于个人独资企业企业主变更前产生的债务的债权人来说，与其发生法律关系的相对人是个人独资企业，而非企业主个人。

原企业主和现企业主因转让个人独资企业而对债务承担事宜所作的约定仅存在于原企业主和现企业主之间，对外不能对抗第三人。因此，现企业主应当对个人独资企业投资人变更前产生债务的不足偿还的部分，承担清偿责任。

3.2.3 纳税政策

与个体工商户在财务制度和税收政策上的要求不尽相同的是，个人独资企业必须建立财务制度，以进行会计核算。个人独资企业可以是小规模纳税人，也可以是一般纳税人。个人独资企业不需要缴纳企业所得税的，只对企业主获得的生产经营所得征收个人所得税。个人独资企业一般采用核定征收的形式，又划分为应税额的超额累进税率法和固定税率法。

1. 应税额的超额累进税率法

首先，对个人独资企业的全部生产经营收入确定应纳税额，一般应税所得税率为 10%（不同行业所得税率不同，范围在 3% ~ 30%）;

其次，按个体户生产经营所得项目征收个人所得税。表3-1是经营所得个人所得税税率。

表3-1 经营所得个人所得税税率

全年应纳税额	税率（%）	速算扣除数
不超过30 000元的部分	5	0
超过30 000元不足90 000元的部分	10	1 500
超过90 000元不足300 000元的部分	20	10 500
超过300 000元不足500 000元的部分	30	40 500
超过500 000元的部分	35	65 500

个人独资企业个人所得税税率最高不超过35%，例如个人500万元收入，应纳税额[1]为50万元，则个人所得税为50×30%-4.05=10.95万元，个人实际缴纳所得税率为10.95÷500=2.19%。

2. 固定税率法

如果个人独资企业是小规模纳税人，增值税税率为3%，按行业确定的税率在1.5%～2.5%，综合税率就是4.5%～5.5%。如果增值税率为1%，则综合税率将低至2.5%～3.5%。

3.2.4 实操案例

设立个人独资企业相对容易，无须与其他股东商议，无须确定具体出资金额，只需要缴纳少量的注册资本就可以直接运营。在个人创业之初，先注册个人独资企业，享受免企业所得税和较低的个人所得税政策优惠。当个人独资企业需要较大资金，需要进行股权融资，否则将限制企业的扩张和发展时，可以将个人独资企业转型

1 应纳税额=个人年度收入总和×应税所得税率。

升级为“有限公司”。

通常，先采取个人独资企业注销登记，新公司再注册登记，这两个步骤可以合并办理。原企业主可以成为转型升级后的股东，而且在不影响其他公司名称权、符合公司名称登记管理规定的前提下，转型升级后设立的公司还可以保留原独资企业名称的字号、行业或者经营特点。

接下来，我们通过下面的实操案例来了解一下。

广州包装厂经过 20 年的打拼，在国内快消品包装设计、生产等方面享有盛名。随着创始人年龄的增长，其也开始面临企业传承问题，即到底是让职业经理人接班自己的企业，还是让自己的子女接班？创始人经营管理包装厂时，整体经营风险可控，但换成职业经理人或子女接班可能存在较大的风险，在其经营不善的情况下，创始人可能还需要拿出多年的财富积累来承担责任。

为了能够有效地降低企业经营风险，以及保护创始人个人家庭财富的安全，创始人做了以下工作：一方面将广州包装厂转型为广州包装科技有限公司[1]；另一方面授予核心高管激励股，真正成为公司的命运合伙人，共同承担经营风险，共享经营效益。

在这样的操作下，最终，这家公司不仅成功实现了从个人独资企业到有限责任公司的转型升级，还通过引入核心高管作为股权激励对象，构建了一个更加稳固和具有活力的管理团队。这一转变，不仅实现了“新老划断”[2]，将创始股东的经营风险降低至有限责任，还提升了企业的融资能力和市场竞争力，而且为企业的传承方式拥有灵活的设计（子女强则子女接班，职业经理强则职业经理人接班）。

1　此公司名称非工商注册名称。

2　新公司承接老企业的业务，并对老企业进行清算处理，规避了新公司与老企业的业务混同。

3.3 合伙企业

合伙企业是指由两个或两个以上的合伙人订立合伙协议，共同出资、共同经营、共享收益、共担风险，并对企业债务承担无限连带责任的营利性组织。下面是对它的设立与构成、法律责任和风险，以及纳税政策做出的详细讲解。

3.3.1 设立与构成

合伙企业的主要类型分为普通合伙企业和有限合伙企业，而普通合伙企业又包含特殊的普通合伙企业。特殊的普通合伙企业主要是指以专业知识和专门技能，为客户提供有偿服务的专业服务机构，例如律师事务所、会计师事务所、股权咨询事务所。合伙企业的特征包含以下几方面。

（1）合伙企业不像有限公司一样具有法人资格，无法永久延续，合伙企业会随着合伙人伤亡而解散。

（2）合伙企业无须缴纳企业所得税，但需缴纳个人所得税。

（3）国有独资公司、国有企业、上市公司以及公益性事业单位、社会团体不得成为普通合伙人。

（4）合伙企业可以由部分合伙人经营，其他合伙人仅出资并共负盈亏，也可以由所有合伙人共同经营。

（5）合伙企业的财产由合伙人共同所有，普通合伙人互负无限连带责任，所以有限合伙企业中的普通合伙人对合伙债务负无限责任。例如在有限合伙企业中，普通合伙人对合伙债务承担无限责任，而有限合伙人以其财产份额承担有限责任。在实务操作过程中，有限合伙企业的股权通常用作员工持股平台，不用于具体的业务经营，有限合伙企业持有主体公司的股权，而主体公司的企业类型是有限责任公司，有限合伙企业以其投资额承担有限责任。因此，作为员工持股平台中有限合伙企业的普通合伙人，也无须承担无限连带责任，除非合伙企业另有约定的除外。

（6）合伙企业的商誉归所有合伙人共同所有，合伙人在解除合伙关系后，可以继续沿用原合伙企业名称。

（7）合伙企业的组织形式相对灵活，法律只要不禁止的，均可以通过协议决定，所有合伙人协商一致并签字确认后即可执行。在实务操作过程中，合伙协议的特殊约定包含但不限于修改或补充合伙协议规则、合伙企业利润分配与亏损分担规则、合伙人退伙时财产份额的回购规则、吸纳新合伙人的入伙规则、普通合伙人的选拔规则、对外转让财产份额的规则、财产份额的优先购买权、合伙企业的表决规则、全票决策的事项规则、有限合伙人禁业禁止规则等，具体约定内容和作用如表 3-2 所示。

表 3-2　有限合伙企业特殊约定及作用

特殊约定	约定内容	作用
修改或补充合伙协议规则	经全体合伙人协商一致（或经全体合伙人过半数同意；经 2/3 以上合伙人同意；经全体合伙事务执行人一致同意），可以修改或者补充合伙协议	掌握合伙协议的修改权相当于掌握修改“宪法”的权利
合伙企业利润分配与亏损分担规则	有限合伙企业利润 / 亏损按照实缴出资比例分配或按合伙人约定的比例分配	不同时期入伙的合伙人利益的保障
合伙人退伙时财产份额的回购规则	有限合伙人自有限合伙企业投资的企业离职，则自动退伙，按被投资企业的净资产进行估值，计算其财产份额的价值；或按原始出资额退伙	不同情形下的退伙规则，保障员工激励股权的流动性

续表

特殊约定	约定内容	作用
吸纳新合伙人的入伙规则	经执行事务合伙人同意后，可以吸收新合伙人入伙；或经 2/3 以上或半数以上的合伙人表决通过	“人合”属性[1]，员工持股平台新进合伙人除外
普通合伙人的选拔规则	经全体合伙事务执行人同意后，普通合伙人可以转变为有限合伙人，有限合伙人可以转变为普通合伙人	防止不合格和不作为的普通合伙人
对外转让财产份额的规则	合伙企业存续期间，合伙人向合伙人以外的人转让其在合伙企业中的全部或者部分财产份额时，须经其他合伙人一致同意（或须经合伙人过半数同意）	保障合伙人之间的相互信任与了解
财产份额的优先购买权	合伙人向合伙人以外的人转让其在合伙企业中的财产份额的，在同等条件下，其他合伙人有优先购买权（或其他合伙人不享有优先购买权）。两个以上合伙人主张行使优先购买权的，由各方协商确定各自的购买比例；协商不成的，按照转让时各自的实缴出资比例行使优先购买权	财产份额在合伙人之间自由流通。若是用于员工持股平台，则慎用
合伙企业的表决规则	合伙人对合伙企业有关事项作出决议，实行合伙人一人一票的表决办法（或按照实缴出资比例行使表决权）。除法律法规和本协议另有规定的以外，决议应当经 2/3 以上或半数以上的合伙人表决通过	合伙企业“人合”属性，体现其民主性
全票决策的事项规则	合伙企业的重大事项应当经全体合伙人一致同意（或经 2/3 以上的合伙人同意 / 经全体合伙事务执行人一致同意）	重大决策事项的严谨性
有限合伙人禁业禁止规则	有限合伙人经 2/3 以上的合伙人同意后可以自营或者同他人合作经营与本有限合伙企业相竞争的业务	对普通合伙人的约束，防止自我交易和利益输送

1 “人合”属性是指公司股东之间的信任和合作关系，这种关系对于公司的稳定和运作至关重要。

3.3.2 法律责任与风险

合伙企业是股权合伙的企业类型之一。在实际案例中，合伙企业的股权大部分会运用于员工持股平台或者股权投资的持股平台，并不会像有限责任公司一样，进行具体的实业经营。究其原因，是合伙企业的合伙人需对企业债务承担无限连带责任。企业债务的产生包括但不限于对外担保、债权融资、供应商欠款、员工欠薪、应付账款等方面原因。当合伙企业作为员工持股平台投资指定主体公司（有限责任公司）且不对外经营或交易时，合伙企业以其投资总额承担有限责任，合伙企业中普通合伙人与有限合伙人另有约定的除外。

实操中，有许多企业为了降低普通合伙人的风险，往往会设立一家有限责任公司，该公司作为有限合伙企业的普通合伙人，具体如图 3-1 所示。

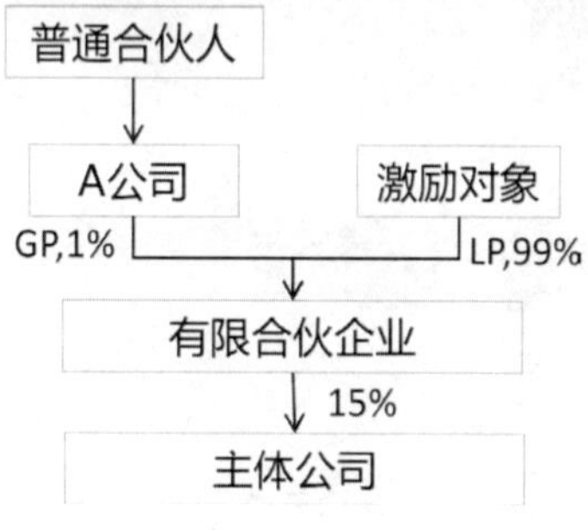

图 3-1　有限合伙企业的主要构成

其实，只要有限合伙企业仅仅是以自有资金进行投资，即使不设立有限责任公司作为普通合伙人，个人承担的风险也是有限责任。设立有限责任公司作为普通合伙人的真正目的，实际是让变更普通合伙人[1]这件事更便捷，无须合伙企业所有合伙人签字，只需将担任普通合伙人的有限责任公司股东进行变更即可。

合伙企业债务承担人的第一顺序是合伙企业，第二顺序是全体合伙人。例如，合伙企业财产份额为 100 万元，合伙债务为 200 万元，则应先以合伙企业 100 万元的财产份额进行清偿，另外 100 万元债务则由全体普通合伙人承担清偿责任。

万事万物均具有两面性，合伙企业一方面需要承担较大的债务风险，另一方面却具有较低的税务成本、更灵活的筹资能力、更有利于提升企业信誉的优势，还更容易吸引不同类型的合伙人。

首先，合伙企业免收企业所得税，仅缴纳个人所得税。

其次，合伙企业可以最大比例地释放财产份额比例（99.99%）进行融资，在不失企业控制权的前提下降低了银行贷款的风险。

再次，合伙企业可用技术、知识产权、土地和资本等多种出资方式，吸纳不同的合伙人参与，合伙人共同出力谋划，集思广益，提升企业综合竞争力。

最后，合伙企业在无限责任的压力下，使债权人的利益受到更大保护，企业的品牌和荣誉会更容易得到提升。

3.3.3 纳税政策

根据国务院的规定，从 2000 年 1 月 1 日起，合伙企业不再缴纳企业所得税，只对投资者个人取得的生产经营所得征收个人所得税。其中利息、股息、红利所得适用 20% 个人所得税率；合伙企业进行股权转让，视为经营所得，其税率比照“个体工商户的生产经营所得”

1 变更普通合伙人，相当于变更有限合伙企业的实际控制人，如公司将普通合伙人由创始人变更为经营管理层代表时，就顺利实现了控制权的转移，实现了企业的股权传承。

应税项目，适用 5% ~ 35% 的五级超额累进税率，计算征收个人所得税。如果有限合伙企业属于创投企业[1]，具有两种选择方式，一种是按单一投资基金计算，将股权转让所得视为“财产转让所得”，适用个人所得税率 20%；另一种是按年度所得整体核算，按“经营所得”，适用 5% ~ 35% 的五级超额累进税率。

因此，非创投合伙企业股权转让应纳税所得额超过 50 万元时，适用税率为 35%。创投合伙企业则需要结合预测的财务数据做好税负测算，然后选择适合的核算模式，以保证税务成本最低。

合伙企业持有上市公司股票，除要缴纳个人所得税外，仍需将其持有的限售股在解禁流通后对外转让收益缴纳增值税。相应的计算公式为：

增值税 =（股票卖出价 – 发行价）÷（1+ 增值税率）× 增值税率

3.3.4 实操案例

企业上市前，一方面会通过有限合伙企业持股加强企业控制权；另一方面通过合伙协议特殊约定合伙人之间的规则（见表 3–2），保障股权架构和合伙人的稳定性。然而，企业上市后，有限合伙企业限售股解禁套现时又面临较高的套现成本，如何降低税负成本呢？实操过程中有两种方法。

第一种方法：有限合伙企业迁址。

有限合伙企业在不同的地方或园区具有不同的个税返还政策，

1　创业投资企业的概念出自《创业投资企业管理暂行办法》，它是指在我国境内注册设立的，向创业企业进行股权投资，以期在所投资创业企业发育成熟或相对成熟后通过股权转让获得资本增值收益的企业组织。创业投资企业只是私募股权投资基金的子概念，也是中国特有的概念。

限售期结束之际，可以选择具有较高税收优惠的地方，进行注册地变更。

2013 年 3 月 12 日吉峰农机公告称，其原法人股东四川神宇农业，将公司名称改为西藏山南神宇三农发展合伙企业，并将注册地迁址西藏山南地区。同日，吉峰农机宣布公司控股股东、实际控制人王新明、王红艳夫妇的关联股东西藏山南神宇拟减持 2 100 万股。

在这个案例中，四川神宇农业就是利用了西藏地区的税收优惠政策，进行了迁址，从而降低了税负成本。

第二种方法：有限合伙企业持股类型转变为自然人。

上市公司市值较低的情况下，注销有限合伙企业，转变为自然人持股，当市值较高时再由自然人进行股权套现，其个人所得税率适用 20%。

3.4 有限责任公司

有限责任公司是股权合伙的主要企业类型，既能明确股东之间的权利与义务，又能对外开展股权融资、贷款、抵押等事项解决企业融资难问题，还能以出资额为限承担有限责任，降低经营风险。

3.4.1 设立与构成

有限责任公司是根据《中华人民共和国公司登记管理条例》规定登记注册，且是我国企业最重要的一种组织形式。有限责任公司由 1~50 名股东出资设立，股东以其认缴的注册资本为限对公司承担有限责任。也就是说，股东认缴 100 万元注册资本，仅需要承担

100万元的责任，其余责任由有限责任公司作为独立法人承担法律责任。对于初创型企业，注册资本不宜过高，除非在实际经营业务中有注册资本的需求，比如招投标、资质申请要求、前期资金使用较大等情形。

举个例子，创业者张三喜欢造声势，认为注册资本不一定需要实缴，把实缴期限写个无限长，最后把注册资本定在5 000万元。正可谓，拍脑袋下的决定，一时爽一世悲。张三为了扩大企业规模，大肆借款经营，然而市场不景气，企业不得不走向破产清算的地步，负债高达6 000万元。公司承担的债务关系是，张三须履行5 000万元的出资义务，之后公司承担1 000万元债务进行破产清算。

设立有限公司最重要的一点，就是股东共同制定公司章程，公司章程就像国家宪法一样，是公司自治的基本规则。在《公司法》中，最经典的一句话就是“公司章程另有规定的除外”。然而，国内公司99%的章程都是工商注册的范本，股东都忽视了《公司法》赋予公司章程可以自主规定的事项。公司章程中约定的事项及作用如表3-3所示。

表3-3　公司章程特殊约定事宜

可修改条款	作用	修改举例
法定代表人的确定	公司章程约定的情况下，公司经理可以担任公司法定代表人，扩大了公司法定代表人的选择范围	张三经理为公司的法定代表人，任期三年，由股东会或董事会选举产生，任期届满，可连选连任
公司对外投资	对股东会或董事会作出对外投资的决议作出限定	公司对外投资由股东会（或董事会）作出决议，公司对外投资的单项投资金额不得超过上一年度公司资产净额的 __%，对外投资的累计额度不得超过投资前公司资产净额的 _____%

续表

可修改条款	作用	修改举例
公司担保	对公司担保进行合理的规制	公司为他人提供担保，必须经过股东会决议。担保数额不得超过_____万元。决议须持表决权股东过半数通过
股东会会议通知和议事方式、表决程序	为了提高股东会开会的效率和股东的出席数，也为了防止董事会或控股股东等在股东会会议上利用突袭手段控制股东会决议	情况紧急需要召开临时股东会会议，董事会可以口头、电话方式通知全体股东，并同时通知需要审议的紧急事项
股东表决权	实际控制人表决权比例，提升控制权，提升企业的经营决策效率	股东会会议表决，不按照出资比例行使表决权，根据各股东在公司发展中提供出资或其他资源的重要性的差异，特确定以下表决权的行使根据：股东甲享有70%的表决权，股东乙享有20%的表决权，股东丙享有10%的表决权
股东分红	多种分配方式设计，给股东之间更大的自治空间，有利于平衡股东之间的利益，实现按劳分配，非按资分配	全体股东约定，股东甲和股东乙按照实缴的出资比例分取红利，股东丙和股东丁不按照实缴的出资比例分取红利，股东丙分取红利的比例为______%，股东丁分取红利的比例为_____%
公司新增资本的认缴	有利于投资者按照约定和实际能力认缴出资，改变股权结构，有利于平衡股东之间的利益	全体股东约定公司新增资本时，股东甲和股东乙按照实缴的出资比例认缴新增资本出资，股东丙和股东丁不按照实缴的出资比例认缴新增资本，股东丙认缴新增资本的比例为______%，股东丁认缴新增资本的比例为_____%
公司董事长、副董事长的产生办法	有利于公司的经营和管理效率的提高	公司50%的董事由合伙人委员会委员选举产生，并由代表2/3以上表决权的股东表决通过。董事长由董事会选举推荐，并由代表2/3以上表决权的股东通过，副董事长由代表过半数表决权的股东通过

续表

可修改条款	作用	修改举例
董事会的议事方式	体现有限公司“人合”和自治属性	召开董事会会议的通知应包括会议时间和地点、议事日程。董事长或1/3以上的董事提议，可以召开董事会临时会议
监事会议事方式	对董事会进行监督，对股东会负责	监事会每年至少召开一次会议，由监事会主席召集和主持。出席监事会会议的监事不得少于公司章程规定的2/3
股权转让	保护老股东在公司既得利益的需要	自然人股东死亡后，其合法继承人不能直接取得股东资格，其他不同意继承人加入的股东应当以价格购买其拥有的股权。如果其他不同意股东不出资购买，则视为其继承人直接取得股东资格
公司经营范围变更	强化订立合同的合法性	经营范围的变更需要按照法律、法规和章程的程序修改公司章程，并办理变更登记
公司治理机构及其职权（股东会、董事会、经理）	治理机构的职权约定，分工明确同时，又相互制约、相互约束	股东大会选举董事、监事时，采用累积投票制
公司股东损害公司或者其他股东利益	制定股东权利滥用的内容和后果对于解决大股东利用控制公司侵犯小股东利益、关联交易和同类营业禁止有重要的意义	公司股东不得自营或者为他人经营与公司同类营业的公司，在其他同类营业/不同类营业的公司兼职，不得利用股东从公司获得的交易信息为他人谋取交易机会。违反上述规定的股东除依照公司法向公司和其他承担赔偿责任外，还必须在其行为被公司或其他股东发现后的_____日内，将其所持有的股份向其他股东转让。其他股东按照持股比例或者按照司章程约定的______方式享有优先受让权。股份转让的价格按照其持有公司的股权比例，以___日公司的净资产的确定

创业者在进行工商注册，选择企业的类型时，可以选择成立小规模纳税人或一般纳税人的公司。若是选择小规模纳税人，那么公司销售规模达到 500 万元以后，将被强制划分为一般纳税人，而一般纳税人将不能再转变成为小规模纳税人。小规模纳税人与一般纳税人的差异点如表 3-4 所示。

表 3-4 小规模纳税人与一般纳税人的差异点

	小规模纳税人	一般纳税人
年应征增值税销售额	小于等于 500 万元	大于 500 万元
增值税率	小规模纳税人需要按照 1%、3% 的税率来计算增值税，或者是出售不动产征收的税率为 5%	据公司销售的货物，提供的劳务来使用不同档次的税率，税率分别为 13%、10%、9%、6%，涉及出口货物可能会有零税率或退税的政策
税收优惠政策	季度销售额在 30 万元以内，可以免征增值税，另外，城市维护建设税、印花税、房产税等税费还可以减征	—
发票使用	不能抵扣增值税进项税额	可以抵扣增值税进项税额
会计核算制度	不能正确核算增值税的进项、销项以及应纳税额	健全的会计核算制度
税务资料	不能按规定报送	能按规定报送

3.4.2 法律责任与风险

有限责任公司股东注册资本实缴到位，且不存在抽逃资本金的情况下，以其出资额为限承担有限责任，有限公司则以其全部资产对公司债务承担责任。有限责任公司股东人数为 1 ~ 50 人，一个自然人可以设立多个一人有限责任公司，同时，股东不能证明公司财产独立于股东自己的财产的，对公司债务承担连带责任。为此，注册公司时常常设立两人以上股东，甚至直接以夫妻名义注册公司。

但是，当公司资产与股东个人财产混同或股东滥用股东地位导致公司负债，同样承担无限责任。夫妻股东的公司，对财务的规范性要求将更高，不得存在虚发工资、家庭费用报销、家庭用车报销等情形，否则将承担无限责任。

3.4.3 纳税政策

有限责任公司企业所得税率主要划分为四种。

1. 一般企业

企业利润总额的 25% 需上缴国家财政，企业所得税率为 25%。

2. 非居民企业

非居民企业是指依照外国法律、法规成立且实际管理机构不在中国境内，但在中国境内设立场所、机构的，或在中国境内未设立机构场所，但有来源于中国境内所得的企业，非居民企业的企业所得税率为 20%。

3. 小型微利企业

小型微利企业是指从事国家非限制和禁止行业，且同时满足从业人数不超过 300 人、年度应纳税所得额不超过 300 万元、资产总额不超过 5 000 万元这三个条件的企业。小型微利企业所得税率为 20%。

2021 年 1 月 1 日至 2022 年 12 月 31 日小型微利企业年应纳税所得额在 100 万元以内的，减按 12.5% 计入应纳税所得额，所以，综合下来企业所得税率为 2.5%。该项优惠政策是否沿用，有待相关政策出台。

2022 年 1 月 1 日至 2023 年 12 月 31 日小型微利企业年应纳税

所得额超过 100 万元但不超过 300 万元的部分，减按 25% 计入应纳税所得额，所以，综合下来企业所得税率为 5%。

4. 国家需要重点扶持的高新技术企业

高新技术企业是指在国家重点支持的高新技术领域内，持续进行研究开发与技术成果转化，形成企业核心自主知识产权，并以此为基础开展经营活动，在中国境内（不包括港、澳、台地区）注册的居民企业，并且企业申请认定时须注册成立一年以上。高新技术企业所得税率为 15%。

3.4.4 案例解读

2018 年年底，罗永浩的锤子科技宣告失败，公司亏损 1.7 亿元。罗永浩个人负债 6 亿元，其中个人担保仅占 15%，为何公司清算仍要坚持偿还？究其原因，是个人信誉远高于债务成本，如果简单破产清算，没有承担债务的勇气，个人如何能获得债权人的理解？如何能够获得消费者的认同？又如何能继续在商海中驰骋呢？试想，罗永浩个人若是不承诺偿还债务，那随之而来的就是信誉崩塌，无数债权人的追讨，这样的境况下，他又如何能够获得粉丝的信任再次创业？那么，罗永浩是如何依靠股权价值塑造，快速偿还债务的呢？以下将进行详细解读。

2020 年 4 月 1 日，罗永浩第一场直播，成交额达到 1.1 亿元。按照最低 10% 的利润率来算，罗永浩的直播首秀就净赚超过 1 000 万元。若想靠直播带货偿还债务，不计个人所得税的情况下，至少要开 60 场同等规模的直播。

而罗永浩的直播事业，由成都星空野望科技有限公司（以下简称星空野望）进行管理。星空野望创立之初，罗永浩的好友黄贺是星空野望实际控制人，而罗永浩的哥哥持有星空野望 17.23% 的股权。

2020 年 11 月，上市公司尚纬股份有限公司公告拟以 5.89 亿元的价格收购成都星空野望科技有限公司[1]40% 的股份。罗永浩的哥哥罗永秀将一举获得 2.58 亿元。图 3-2 为成都星空野望科技有限公司的股权架构。

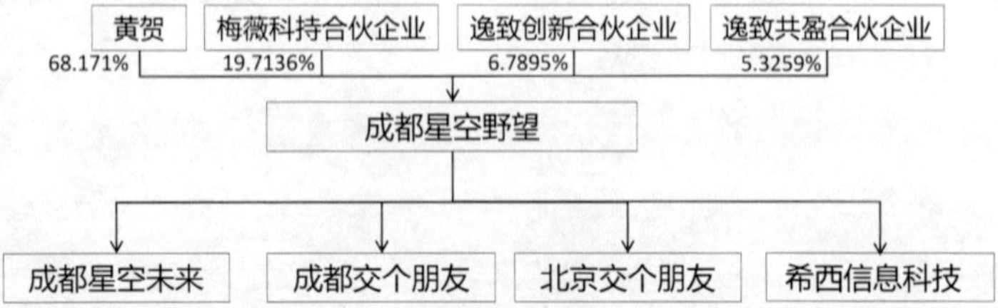

图 3-2　成都星空野望科技有限公司的股权架构

在这个案例中，罗永秀通过公司赚钱分红获得 2.58 亿元，需要 36 年，而股权并购方给予 36.8 倍市盈率估值时，就能够提前 36 年获得 2.58 亿元。虽然最终此笔交易以失败而告终，但是顶层设计股权价值，让赚钱的事变得更值钱，是值得我们学习和思考的。

3.5 股份有限公司

有限责任公司发展到一定的规模和体量，所需的运营资金需求更大了，股东人数也突破了 50 人的限制，亟须从有限公司改制为股份有限公司，“登陆”资本市场进行公众融资。股份有限公司可以说是企业做大做强，充分实现股权价值最大化的终极企业类型，对企业的经营管理、财务、税收、法律等方面的规范性要求也更高。

1　2020 年 4 月 15 日至 9 月 30 日，成都星空野望净利润达 3 993.66 万元，尚纬股份有限公司给予成立半年的成都星空野望 14.725 亿元估值，市盈率高达 36.8 倍。

3.5.1 设立与构成

对于股份公司的设立条件，公司法具有明确的约定。需具备的条件：发起人法定数量（2 ~ 200 人）；发起人认购股本总额；股份发行事项符合法律法规；公司章程需经创立大会通过；有符合要求的组织架构；有公司住所。

股份公司的设立分为两种情形。第一种是公司刚开始就是以股份公司的形式设立，此种应用情形，要么发起人很富有、很有格局，能够从顶层设计上设计好公司的未来，要么发起人较贫穷，需大肆对外融资，借股份公司之名提升公司品牌力。第二种是有限公司改制为股份公司，有限公司经营发展到一定阶段，符合 IPO 条件且要公开发行股票时，公司性质必须变更为股份公司。

无论何种情形，股份公司的设立均需具备以下条件。

1. 发起人条件

股份公司的股东不低于 2 人且不超过 200 人，而且半数以上的股东须在中国境内有住所。

2. 财产条件

股份公司注册资本为股东认购的股本总额。《公司法》规定，发起人认购的股份未实缴完成时，不得向他人募集股份，也就意味着股份公司公开发行股票时 100% 已完成实缴。公司章程中可以自行约定出资时间和出资方式，通常，章程中会约定股东可以用货币或实物、知识产权、土地使用权等可以用货币估值并可以依法转让的非货币财产作价出资。对于非货币财产应当评估作价，核实财产，不得高估或者低估。

例如，用公司股权出资时，需对标的物的股权价值进行评估。有限公司改制为股份公司时，由于历史的积累存在大量的未分配利润或资本公积时，同时存在未完成实缴注册资本的情形下，可以在章程中约定出资方式为“货币、实物、无形资产、资本公积、未分配利润及法律、法规允许的方式”。中小高新技术企业以未分配利润、盈余公积、资本公积向个人股东转增股本时，个人股东一次缴纳个人所得税确有困难的，可根据实际情况自行制订分期缴税计划，在不超过 5 个公历年度内（含）分期缴纳，并将有关资料报主管税务机关备案。[1]

3. 组织机构

股份公司的组织机构包括股东大会、董事会、监事会及高级管理人员。这些组织机构是《公司法》规定的，是设立股份公司的必备条件，具有强制性。

股东大会由股份公司全体股东组成。股东大会决议分为普通事项和特别事项。其中，普通事项须出席会议的股东所持表决权过半数通过，特别事项须出席会议的股东所持表决权 2/3 以上通过。特别事项主要包括修改公司章程、增加或减少注册资本、公司合并、分立、解散或者变更公司形式。

4. 股份的发行和转让

股份公司的股份在依法设立的证券交易场所或国务院规定的其他方式下，可以进行自由转让。公司董事、监事、高级管理人员在任职期间，每年转让的股份不得超过其持有本公司股份总数的 25%，当其持有股份数不超过 1 000 股时，可以一次性转让。表 3–5 是董、监、高在职期间出售股份时间计划表。

1　政策依据：《财政部　国家税务总局关于将国家自主创新示范区有关税收试点政策推广到全国范围实施的通知》（财税〔2015〕116 号）第三条和《国家税务总局关于股权奖励和转增股本个人所得税征管问题的公告》（2015 年第 80 号）第二条。

表 3-5 董、监、高在职期间出售股份时间计划表

董事、监事、高级管理人员在职期间出售公司股权数量（以 10 万股为例）					
	第 1 年	第 2 年	第 3 年	第 4 年	第 5 年
持有股份数量（股）	100 000	75 000	56 250	42 187 .5	31 640.63
出售股份数量（股）	0	25 000	18 750	14 062.5	10 546.88
	第 6 年	第 7 年	第 8 年	第 9 年	第 10 年
持有股份数量（股）	23 730.47	17 797.85	13 348.39	10 011.29	7 508.46 9
出售股份数量（股）	7 910.156	5 932.617	4 449.463	3 337.097	2 502.823
	第 11 年	第 12 年	第 13 年	第 14 年	第 15 年
持有股份数量（股）	5 631.351	4 223.514	3 167.635	2 375.726	1 781.795
出售股份数量（股）	1 877.117	1 407.838	1 055.878	791.9088	593.9316
	第 16 年	第 17 年	第 18 年	第 19 年	第 20 年
持有股份数量（股）	1 336.346	1 002.26	751.6947	0	0
出售股份数量（股）	445.4487	334.0865	250.5649	751.6947	0

从表 3-5 可以看出，董事、监事、高级管理人员十年时间内持续减持可以出售其持有股份的92.5%。然而，证监会又规定董事、监事、高级管理人员离职半年后可以将其持有股权一次性出售，前后两项政策的差异性，导致上市公司上市后出现大面积董事、监事、高级管理人员的离职潮。因此，授予董事、监事、高级管理人员股权时，需要对其离职后所持有股份约定限制性条款，如离职后，公司有权

按公司授予的股价优先购买其股份。退出机制的设计，将在第十七章进行详细的阐述。

3.5.2 法律责任与风险

股份有限公司的资本总额平分为金额相等的股份，可以向社会公开发行股票筹资，股票可以依法自由转让。股东以其所认购股份的购股款对公司承担有限责任，公司以其全部资产对公司债务承担责任。股份公司每一股均有一表决权，股东以其所认购持有的股份，享受权利，承担义务。公司应当将经注册会计师审查验证过的会计报告公开。

3.5.3 纳税政策

股份公司与有限公司一样需缴纳增值税、所得税等相关税费，但是并不享有小微企业税收优惠政策。股份公司向自然人分红时，不同情形下，自然人按相关政策缴纳个人所得税。

股份公司未上市分红时，自然人需按“利息股息红利所得”适用 20% 税率扣缴个人所得税。

新三板股份公司的股东，持股期限超过 1 年，免征分红的个人所得税。

自然人购买上市股份公司股票，持股期间不足一个月且持有期间分红，所得按 20% 缴纳个人所得税；持股期间超过一个月不足一年且持有期间分红，所得按 10% 缴纳个人所得税；持股期限超过 1 年的，股息红利所得暂免征收个人所得税。

自然人持有上市股份公司限售股，解禁前取得的股息分红按 10% 缴纳个人所得税，解禁后且持股期限超过 1 年的，股息红利所得暂免征收个人所得税。

3.5.4 实操案例

有三位自然人股东合资设立新材料科技有限公司，创立时注册资本为 1 000 万元。随着公司业务的发展，三位自然人股东认为，注册资本可以采用认缴制，放大注册资本到 5 000 万元，后面慢慢再实缴就可以了。新材料科技有限公司安稳度过了创业期，公司实缴注册资本 1 000 万元，公司注册资本 5 000 万元，净资产 7 000 万元，其中未分配利润达到 5 000 万元。三位自然人股东专注于公司业务拓展，从来不从公司拿工资、奖金、分红。

考虑到公司业务即将爆发式增长，未分配利润也将持续增长，多名战略投资人或财务投资人愿意投资入股，公司资本化运作即将启动。在此情形下，三位自然人股东面临以下几个困惑：

（1）如何让公司的未分配利润合情、合法、合规地到个人账户上？如果将未分配利润进行分红，则需要缴纳 20% 的个人所得税，即 1 000 万元。

（2）公司还没有上市计划，是否有必要改制为股份有限公司？

（3）公司注册资本还有未实缴的 4 000 万元，如何完成实缴呢？

（4）新三板自然人股东持股一年后，分红免税，公司是不是可以带着历史的未分配利润上新三板，上了新三板之后再进行分红，享受免个人所得税政策呢？

对于上述困惑，可以通过以下方式解决。

首先，股份公司发行股票融资前需完成注册资本实缴，若不融资则可以不进行实缴。若要完成实缴，方式有以下四种：第一种是注册资本减资，减资到实际缴纳的注册资本 1 000 万元；第二种是自然人股东先分红再实缴，需缴纳个人所得税 800 万元；第三种是自然人股东转让股权，用缴纳完个人所得税后的股权转让款进行实缴；第四种是未分配利润实缴注册资本，申请五年分期缴纳个人所得税，公司估值较高时再出售股权补缴个人所得税。

其次，公司要上市时，有限责任公司必须改制为股份有限公司，改制时未分配利润和资本公积转增股本，转增时自然人股东需缴纳个人所得税（20%）。公司在经营业绩可预期的情况下，及时完成股份制改制，改制后的未分配利润留存至公司，待公司上市后再分配，可有效进行个人所得税筹划。如果公司改制确定为三年上市辅导期内，则在此期间产生的未分配利润将转增股本，缴纳个人所得税。因此，即使没有上市计划，进行股份制改制也是势在必行。

最后，公司完成股份制改制后，可以带着未分配利润上市，但改制前的未分配利润要么进行股东分红，要么未分配利润转增股本。

第 4 章 股权架构的顶层设计

在前文中，我们讲述了股权合伙的方式和股权合伙的企业类型，并了解了股权合伙的多样性。那么，如何在合伙前期选择最正确的股权合伙方式，规避后续产生的股权纠纷呢？这就需要我们具备顶层设计的全局观意识，设计股权合伙的股权架构了。

我们除了要明白合伙人持有企业股权比例的重要性与话语权，还要知道主体公司的持股形式在不同情形下的运用，以及将企业股权的战略与股权架构相融合的方式。

4.1 持股比例与话语权

在公司治理层面上，股东会的决策权大于董事会。董事会在股东会授权的范围内负责公司具体的经营和管理，股东会未授权事宜，将由所有股东在股东会上根据持股的表决权比例共同决策。也就是说，谁在股东会上持有较高的表决权比例，谁就能对公司进行实际控制。

4.1.1 完全控制线（2/3 以上）

《公司法》第六十六条规定："股东会作出修改公司章程、增加或者减少注册资本的决议，以及公司合并、分立、解散或者变更公司形式的决议，应当经代表三分之二以上表决权的股东通过。"《公司法》中约定的七类事项中，最为重要的是修改公司章程，在本书第三章"有限责任公司的设立与构成"部分，就重点阐述公司章程的修改点，即若实际控制人在股权比例较集中（大于 2/3）时将公司章程设立有利于己方利益时，只要实际控制人持股比例不低于 1/3，其余股东均无法修改公司章程。

《公司法》第六十五条规定："股东会会议由股东按照出资比例行使表决权；但是，公司章程另有规定的除外。"有限责任公司可以约定"同股不同权"，股东表决权不再是以出资比例为依据，而是股东可以提前约定好。由于股份制公司是同股同权，在很长一段时间里，国内上市公司是不允许"AB 股制度"[1]存在的，这导致了许多优秀的企业转向海外上市。

国内金融市场在 AB 股制上不断优化并突破，在科创板和创业板上市的企业只要符合 AB 股限制条件，均允许表决权差异安排。限制条件主要包括以下几方面：

（1）预计市值不低于人民币 100 亿元或预计市值不低于人民币 50 亿元，且最近一年营业收入不低于人民币 5 亿元。

（2）AB 股制度必须在公司上市前设置，且经出席股东大会 2/3 以上表决权通过，不得在上市后进行任何形式设置。

（3）AB 股制度表决的股东必须是对公司有重大贡献并在公司

1　一种差异化表决权的制度，持有 A 类股权则享有一股一票表决权，持有 B 类股权则享有一股多票表决权。

上市前后持续担任董事，且持有表决权股份在 10% 以上。

（4）每份特别表决权股份的表决权数量应当相同，且不得超过每份普通股份的表决权数量的 10 倍。

（5）上市后除同比例配股、转增股本等特殊情形外，不得增发特别表决权股份，也不得以任何形式提高特别表决权比例。

国内 AB 股制度上市第一家的优刻得科技股份有限公司于 2020 年 1 月 20 日在上海证券交易所科创板正式挂牌上市。根据公司章程，“优刻得”共同实际控制人季昕华、莫显峰及华琨持有的 B 类股份每股拥有的表决权数量为其他股东（包括本次公开发行对象）所持有的 A 类股份每股拥有的表决权数量的 5 倍。三人对公司的经营管理以及对需要股东大会决议的事项具有绝对控制权。三人还签署了《一致行动人协议》，约定表决意见以出资额最多者的为准，并且该协议于上市三年内不得解除。

4.1.2 绝对控制线（1/2 以上）

绝对控制线是相对于完全控制线而言，除了完全控制线七类事项以外，其余事项均可以通过股东会表决，表决事项获得表决权比例达到 50% 以上均视为股东会通过。通常大家认为绝对控制线比例为 51%，事实上只要达到 50% 以上即可，例如表决权比例为 50.1%。

在实操中，我们会遇上“实际控制人”概念。“实际控制人”不仅是指持股比例达到 50% 以上的股东，也可以是在股东会决议上所持有表决权能产生重大影响的股东，哪怕其持股比例低于 50%。

例如，A 科技公司创立时由五位自然人股东共同组建，持股比例分别为张三 30%、李四 20%、王五 15%、邓六 15%、吴七 20%（见图 4-1），公司在进行股权融资时，被财务投资人质疑最多的是公司实际控制人到底是谁，未来股东对公司经营理念不合或者股东夫妻离异导致公司股权不清晰，势必将影响公司的发展。现在，请在投资之前解决实际控制人的问题。

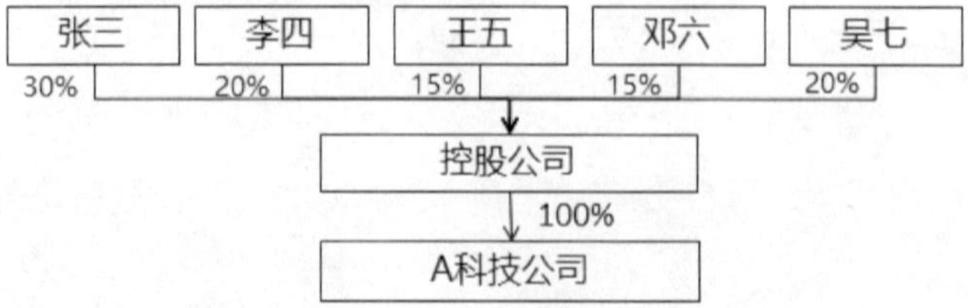

图 4–1　A 科技公司股权架构设计解决实际控制人问题

实际控制人的问题，可以通过以下四个步骤进行解决。

第一步：五个自然人共同设立控股公司，控股公司 100% 持有 A 科技公司。

第二步：控股公司的五个自然人股东签署《一致行动人协议》，采用选择一名股东成为五位股东的发言人代表，五个自然人就 A 科技公司经营管理方向内部协商讨论达成一致后对外统一执行，协商不一致的情况下可以由发言人代表代为执行。

第三步：发言人代表作为控制公司的法人代表。

第四步：自然人股东与其配偶签署声明书，声明当股东夫妻离婚时，夫妻另一方不得要求分割该股权，只可向股东要求分割该股权对应的财产。

4.1.3 否决性控制线（1/3 以上）

完全控制线与否决性控制线是相对立的，股权架构中只能取其一，当股东持股比例达到 2/3 以上时，就没有任何一个股东持股比例能够达到 1/3。因此，股东持股比例无法达到绝对控制线（1/2 以上）时，股东至少要持有 1/3 以上的股权。当其余股东想要修改公司章程、增加或减少注册资本、公司合并、分立、解散、变更公司形式时，只要把握否决性控制线这条底线，就可以在股东会上行使否决性的权利。

例如，广州某服饰公司创业时期，由于创业资金不足，创始人牛三找到联合创始人马五和熊大，三人持股比例分别为 34%、33%、33%。牛三想着只要自己坚守住否决性控制线，对公司还是有决策性的。

随着企业规模的扩大，三位创始人经营理念的差异越来越大，牛三想引入资本方将企业做大做强，另外两位创始人只想赚点快钱，先实现个人财富自由。

由于马五和熊大持股比例达到 66%，高于绝对控制线，两人经常在企业经营方向上与牛三相冲突，每次的股东会决议一般性事项都被两位股东投票表决通过，反而在修改注册资本引入资方上被两位股东否决。甚至，马五和熊大合谋想把牛三董事长和法人代表身份撤换掉，结果发现更换董事长必须修改公司章程，而修改公司章程必须经 2/3 以上表决股东通过，只要牛三不同意修改公司章程，那么更换董事长的决议就永远无法通过。

经过多轮的博弈，心灰意懒的牛三将股权分别转让给马五和熊大各 17%，自此，马五和熊大的股权比例为各占一半。

最后，留给读者一个自行思考的问题：请问马五和熊大的股权结构会再次引发纠纷吗？

4.1.4 公司解散线（10%）

《公司法》第二百三十一条："公司经营管理发生严重困难，继续存续会使股东利益受到重大损失，通过其他途径不能解决的，持有公司百分之十以上表决权的股东，可以请求人民法院解散公司。”

在向人民法院申请公司解散之前，可以先按《公司法》第二百二十九条约定，进行股东会或股东大会决议解散。因此，持有10%以上股权的股东，当其认为必要时，可以要求公司召开临时股东会或股东大会，审议、决定公司是否解散。股东会仍然无法协商解决公司经营困难的情况下，有权向法院申请公司解散。申请公司解散的股东，需举证公司经营管理出现严重困难，如公司入不敷出、财务系统失灵、核心中高层流失严重、公司整体运营瘫痪，若持续经营股东损失将进一步扩大。

4.1.5 重要股东判断线（5%）

无论是拟上市公司、新三板，还是上市公司，持有5%以上股权比例股东均为“重要股东”。其重要性主要体现在以下几方面：

（1）持有公司5%以上股权的法人、自然人均被认定为关联方，关联方与公司之间若存在关联性业务往来情况，须重点披露说明。

（2）持有公司5%以上股权的股东为公司内幕信息的知情人，不得在公司公开重大影响信息前进行买入或卖出证券或委托他人进行相关交易。

（3）上市公司大股东（控股股东和持有5%以上的股东）计划通过集中竞价交易减持股份，应提前十五个交易日披露减持公告；自然人股东上市后股权不高于5%时，将减少披露减持流程，套现减持更便利。

（4）持有上市公司5%以上股权的股东，买入的股票不得在6个月内卖出，卖出的股票也不得在6个月内买入，否则其短线交易所得将归上市公司所有。

（5）投资者持有一家上市公司股票达到5%时，应在三天内向证券交易所作出书面报告，并通知上市公司予以公告，防止投资机构操纵股价，损害中小投资者利益。

4.1.6 诉讼线或提议线（1%）

当公司利益受损时，单独持有或合并持有公司 1% 以上股权且持有期连续不低于 180 日的股东，可以为了公司整体的利益以自己的名义直接向人民法院提起诉讼。

单独持有或合并持有公司 1% 以上股权的股东具有提议独立董事候选人的权利，并经股东大会选举决定。

总之，掌握以上股权比例对公司治理的作用，我们将根据企业家的不同需求，设计出不同的股权架构方案。在我们持有股权比例达到 2/3 以上时，把公司章程的特殊条款设计好。此后，保持个人具有控制权的股权比例不低于 1/3，避免自己量身定制的公司章程为他人做嫁衣，哪怕是通过“AB 股制度”，还是“一致行动人协议”也好。

4.2 三种持股形式

主体公司的股东的持股形式主要分为三种类型，分别是自然人持股形式、有限责任公司持股形式和有限合伙企业持股形式。创业者采用何种持股形式，取决于主体公司的控制权、公司分红和出售股权时所产生的税收成本，在不同情形下所采用的持股方式也各有不同。

4.2.1 个人直接持股架构

创始人个人持股或夫妻持股，是创业型公司最常见的模式。下面我们通过实操演练，了解一下自然人持股架构的利与弊。

张三、王美夫妻二人共同设立新能源锂电池回收公司（注册资本认缴 1 000 万元），张三持有 90% 股权，王美持有 10% 股权。夫妻二人兢兢业业，吃苦耐劳，遇上新能源行业大风口，企业营业收入不断增长，公司净利润不断累积。截至 2021 年年底，公司净资产达到 5 000 万元，盈余公积 1 000 万元，未分配利润达到 4 000 万元。由于公司前几年属于投资阶段，买房买设备也没有想过把公司的钱拿回家，夫妻二人的理念是两人 100% 持有公司股权，公司的钱也就是自己的钱，分不分红都无所谓。随着二人孩子的结婚生子，家庭用钱的地方也越来越多，经常出现家庭开支与公司费用分不清楚的情况。公司未分配利润如果分红，需要缴纳 20% 个人所得税（800 万元），未分配利润越高导致股东越不敢分红。

公司要引进投资人时，投资人对其注册资本要求进行实缴，夫妻股东二人才察觉到注册资本未实缴，实缴的 1 000 万元从哪来呢？夫妻股东二人了解到，新三板企业上市后，未分配利润进行分红可以免除企业所得税，挂牌新三板能否解决未分配利润缴纳个人所得税问题呢？随着企业的发展，原本微小且不起眼的问题日益突出且严重。就这个公司的问题，我们依次解答夫妻股东的困惑。

1. 公司未分配利润 4 000 万元，100% 归属所有股东吗？

根据《中华人民共和国个人所得税法》（以下简称《个人所得税法》）的规定，居民个人取得股息红利所得，属于个人所得税征税范围，适用税率为 20%。也就是说，公司未分配利润进行股东个人分配时，需要缴纳 800 万元个人所得税，剩余的 3 200 万元归属股东个人所有。

2. 公司未分配利润转增资本，是否需要缴纳个人所得税？

公司将未分配利润转增资本时，在税收的世界里需要分成两步实现：第一步是公司将未分配利润向股东分红，股东需缴纳 20% 个人所得税；第二步是股东将分红款向公司投资，增加公司注册资本。

3. 有哪些方法能够实现注册资本实缴，同时税务成本最低呢？

第一种方法，不考虑注册资本对实际经营业务影响的情况下，公司注册资本可以进行减资，减资到股东能够完成实缴的金额。公司减少注册资本的程序包括作出股东会决议或者决定、修改公司章程、办理前置审批、编制资产负债表和财产清单、通知债权人和对外公告、清偿债务或提供担保和办理工商变更登记。如果公司存在一定金额的债务，短期内需要一定的资金运作。

第二种方法，修改公司章程中对股东出资的约定，允许以未分配利润进行注册资本的实缴。高新技术企业，以未分配利润转增注册资本时，可以向主管税务机关办理报告备案，制订五年分期缴纳个人所得税计划。

第三种方法，公司股东可以转让一部分股权，缴纳个人所得税后收入进行注册资本实缴。本公司投后估值 2 亿元，张三出售 10% 股权给投资机构，股权转让款为 2 000 万元，由于张三本人实缴出资为 0，所以张三需缴纳个人所得税 400 万元，张三拿出 1 000 万元进行注册资本实缴，个人留存 600 万元现金。

4. 股东家庭资产与公司资产如何划分清晰呢？

首先，股东张三、王美两人在公司就职，可以分别以董事长、总经理或财务总监的身份进行薪资的发放。发放年薪总额控制在 360 000 元，每个月度发放 18 000 元，个人所得税 1 190 元 / 月[1]，年终奖发放 144 000 元，年终一次性发放分摊到每个月 12 000 元，适用税率 10%，速扣 210 元，年终奖个人所得税为 14 400 − 210=

1 （月度工资－免税额度）× 适用税率－速算扣除数 =（18 000 － 5 000）× 20% － 1 410=1 190

14 190（元），发放36万元薪资，综合税负率[1]为7.9%。综合税负远比个人所得税税率低，且薪资部分还能作为费用处理，降低企业所得税。

其次，严格按照公司规章制度和财务流程进行费用报销、资产报备、资产使用，做到公司资产不往家搬、不往家拿。

最后，张三和王美合资设立家庭有限公司B，通过有限公司B，100%持有新能源公司股权。居民企业间进行股息分红，无须缴纳企业所得税和个人所得税。有了这样的股权架构，夫妻股东就敢于进行股东分红，股东分红额从主体公司转至夫妻股东控股的家庭公司中，实现公司资产与家庭资产的划分。家庭公司B根据新能源公司的实际经营情况，可以决定后续是以借款的方式还是投资的方式，将资金打至新能源公司。这样既能解决股东不敢分红的问题，又能解决夫妻股东公私不分导致无限连带责任的问题。

5. 挂牌新三板时，公司历史未分配利润如何处理？是否符合新三板股息分红个人所得税优惠政策？

有限公司挂牌新三板时，第一要务是进行股份制改制，将有限责任公司改制为股份有限公司。在股份改制时，公司净资产需折算为注册资本，其中未分配利润折算为注册资本时，需按股息所得缴纳个人所得税。股份制改制前历史未分配利润转资本公积或注册资本，转资本公积可申请暂不缴纳个人所得税，转注册资本需缴纳个人所得税。股份制改制后所形成的未分配利润，股东可以等待公司挂牌后再进行股东分红，则这部分未分配利润享有股息分红免个人所得税政策。

具体可参考《财政部　税务总局　证监会关于继续实施全国中小企业股份转让系统挂牌公司股息红利差别化个人所得税政策的公

1　未考虑年度个人所得税汇算清缴，综合税务率＝（月度缴纳个税 ×12+ 年终奖个税）÷ 年度税前工资总额。

告》第一条规定，“个人持有挂牌公司股票，持股期限超过 1 年的，对股息红利所得暂免征收个人所得税。”此项条款，为非永久性条款，至于能享有多长时间政策红利，仍取决于国家税收政策。

6. 公司上市后，自然人股东股权转让，需要缴纳哪些税呢？

按照个人转让所得缴纳个人所得税，税率为 20%。

自然人股东能提供限售股原值材料的，应纳税所得额 = 限售股转让收入 -（限售股原值 + 合理税费）。

自然人股东无法提供限售股原值材料的，应纳税所得额 = 限售股转让收入 ×（1-15%），将实际转让收入的 15% 核定限售股成本原值和合理税费。

4.2.2 有限合伙企业间接持股架构

有限合伙企业间接持股架构是指合伙人不直接持有实体公司的股权，而是联合设立有限合伙企业作为持股平台，再由有限合伙企业投资设立实体公司。有限合伙型股权架构主要应用于以下三种情形。

第一种，股东人数较多，股权比例较分散，未能形成实际控制的情形。创始人作为有限合伙企业的执行事务合伙人，代其余合伙人行使实体公司股东会的表决权。

第二种，实体公司资金需求规划，以有限合伙企业形式设立股权投资基金，吸引外部资源方或合伙人，共同投资设立实体公司。

第三种，公司股权激励授予员工限制性股权，通过合伙协议约定退出机制，保证股权激励池的流动性和稳定性。

有限合伙企业是“创投企业”，还是“非创投企业”，要看实体公司进行分红或者卖股时所缴纳的税负成本，两者会有所不同。以下我们将通过 G 生物科技公司案例进行剖析和讲解，其股权架构如图 4-2 所示。

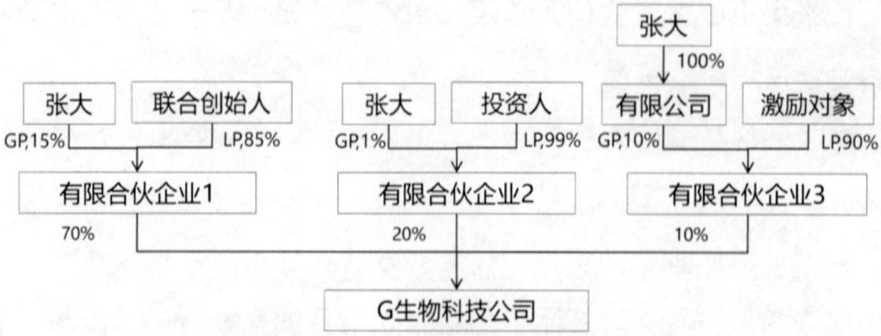

图 4–2　G 生物科技公司的股权架构

张大作为 G 生物科技公司的创始人，由于受制于资金和技术，生物科技公司研发初期资金需求量大，需要绑定大量的技术人才。在此情形下，张大设计了以有限合伙企业为主的股权架构，有限合伙企业 1 是多名技术骨干合伙设立的创始人股权池，有限合伙企业 2 是张大寻找的同学、朋友、家人等个人投资人设立的股权投资基金（创投型），有限合伙企业 3 是张大拟计划授予公司核心骨干的股权激励池。

通过有限合伙企业的设计，张大对 G 生物科技公司进行 100% 控制，层层穿透后，张大实际持有 G 生物科技公司的股权仅仅占 11.52%。张大考虑到企业未来的传承和团队职业经理人化的管理，特意将有限合伙企业 3 中的普通合伙人交由有限公司担任，该普通合伙人可由公司合伙人共同选举产生，新的普通合伙人选举成功后，除了享有普通合伙人的股权收益，在公司股东会中还具有 10% 的表决权，而普通合伙人的变更仅仅需要变更有限公司的股东，无须所有合伙人再进行工商注册变更。

张大在此种架构中保证了 100% 的控制权，但是在风险责任、分红税收、股权转让税收、上市套现、合伙企业退出机制均有较大的困惑，我们将一一进行解答。

1. 张大担心普通合伙人承担无限连带责任，万一公司失败了，是否会连累到家庭资产?

有限合伙企业作为持股平台，不从事具体的经营业务，有且仅持有 G 生物科技公司的股权，而 G 生物科技公司为有限责任公司，其股东对应的承担有限责任。只要有限合伙企业不发生其他负债或担保等连带责任业务，就不会影响张大自身的家庭资产。当然，不排除另一种情况，张大若通过其实际控制的身份侵害其余股东的利益，且发生挪用公司资产，借公司之利富自身家庭的情况，那么张大将承担无限责任。

2. 公司分红 1 000 万元，谁是纳税主体，分别要缴纳多少税?

首先，有限合伙企业不是所得税的纳税义务人，无须缴纳企业所得税和个人所得税。

其次，有限合伙企业是“税收透明体”，实体公司利润分配到有限合伙企业，合伙企业再分配到合伙人，如果合伙人仍是有限合伙企业，则继续向上倒，直至纳税义务人。

最后，合伙人是自然人，缴纳个人所得税。自有限合伙企业取得实体企业分红时，就应按次代扣代缴自然人合伙人个人所得税。分红适用股息红利税目，税率为 20%。有限公司作为合伙人收到该笔分红款，应作为股息、红利等权益性投资收益缴纳企业所得税，有限公司取得的股息红利，并非直接投资居民企业分配，无法享受免税政策。

在本案例中可以得出，公司向有限合伙企业 1 分红额 700 万元，张大和联合创始人合计缴纳个人所得税 140 万元；公司向有限合伙企业 2 分红额 200 万元，张大和投资人合计缴纳个人所得税 40 万元；公司向有限合伙企业 3 分红额 100 万元，合伙人缴纳个人所得税 18 万元。此种分红个人所得税缴纳是在不考虑有限合伙企业分红时享有当地税收优惠政策的情况下测算的。

3. 公司融资 C 轮阶段，有限合伙企业 2 以 10 亿元估值转让 2% 股权，合伙人需要缴纳多少个人所得税呢？

有限合伙企业 2 是按照创业投资企业（基金）的有关规定完成备案且规范运作的创业投资企业。当有限合伙企业 2 进行股权转让时可以选择按“财产转让所得”缴纳个人所得税，税率为 20%，或者可以选择按“经营所得”缴纳个人所得税，适用税率为 5% ~ 35%。对于企业投资企业而言，需要结合合伙企业的财务数据（成本、费用、损失等数据）进行综合测算，选择较优的核算模式缴纳个人所得税。

假如有限合伙企业 2 获得 20% 股权成本是 200 万元，投资合伙企业当年度成本费用损失等经营成本合计 1 500 万元。则按“财产转让所得”核算个人所得税 =（2 000 － 200）×20%=360（万元）；按“经营所得”核算个人所得税 =(2 000 － 1 500)×35% — 65 500=109.5(万元)。因此，选择“经营所得”核算模式最优。

有限合伙企业非创投合伙企业，那么股权转让时有且仅能按“经营所得”核算个人所得税。

4. 上市前需要签署众多法律文件，是不是只要普通合伙人签字就可以？中途有合伙人离职又该如何处理？

首先，在有限合伙企业协议中，须明确执行事务合伙人的选举及权限，明确有限合伙企业的所有表决及签字均委托执行事务合伙人执行。

其次，在有限合伙企业协议中约定，合伙人自办理离职之日起，该合伙人不再享有财产份额的任何权益，包括实体公司进行的分红和股权转让收益，分红和股权转让收益由在职合伙人同比例享有。

5. 公司上市后，有限合伙企业 3 以 50 亿元估值套现 1% 股权，合伙人需要缴纳哪些税，分别缴纳多少呢？

按照《个人所得税法》的规定，公司上市后且限售期结束后，合伙企业将股票进行转让时，需缴纳增值税。销售额为卖出价扣除 IPO 发行价的余额。发行估值为 20 亿元，则增值税 =（5 000 － 2 000）÷(1+3%)×3%=87.38（万元）。

合伙人需按“经营所得”核算个人所得税，其中费用损失 1 000 万元，则个人所得税(5 000 － 2 000 － 1 000 － 87.38)×90%×35%-65 500=536.98 万元（四舍五入）。

有限合伙企业按先分后税原则，确认有限责任公司股权转让收入(5 000 － 2 000 － 1 000 － 87.38)×10%=191.26万元(四舍五入)，有限责任公司进行股东分红时先核算企业所得税（税率 25%），再缴纳个人所得税。

4.2.3 有限公司间接持股架构

有限公司间接持股架构是指个人股东先成立一家有限责任公司，有限责任公司再投资设立主体公司，由主体公司开展具体的经营管理。有限责任公司以自有资金进行股权投资，不进行实质性的制造、生产、营销等活动，称为持股平台。

当主体公司进行股东分红时，分红额分至持股平台，持股平台获得的股息红利免税，该笔分红款可继续用于股权投资。有限公司间接持股架构相对个人持股架构来说，一方面，股东分红时可暂缓缴纳 20% 的个人所得税，主体公司分红个人时需代扣代缴 20% 个人所得税；另一方面，当持股平台进行股权转让时，需缴纳企业所得税，税率为 25%，缴完企业所得税后，剩余部分利润分红时，需再缴纳 20% 个人所得税。也就是说，持股平台股权转让款到自然人手中时需缴纳的综合税率为 40%。而自然人股东股权转让时，只需要缴纳个人所得税 20%。

我们可以通过具体案例，来评判一下有限公司间接持股架构的利与弊。

王总有一家进口食品贸易公司，一直寻求转型，希望公司能从一家赚钱的公司变成一家值钱的公司。在王总的不懈努力下，该公司在原有基础上打磨出了休闲食品电商平台模式。随着业务量的增长，王总深刻地认识到两种业务模式和业务团队的冲突点，一个追求产品的价差利润，一个追求产品的市场规模和份额。

此时，王总面临着业务拆分时，股权架构如何调整的问题。王总有三种选择：第一种，跟食品贸易公司一样，单独设立食品电商公司；第二种，食品贸易公司下设食品电商公司，食品电商公司为子公司；第三种，设立集团公司，集团公司控股食品贸易公司，集团公司再投资食品电商公司（见图 4-3）。

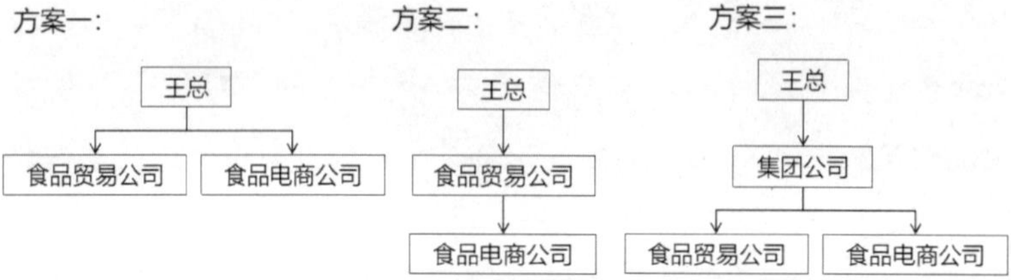

图 4-3　三种股权架构方案

权衡和对比三种方案时，王总迟迟无法下定决心，他心中还存在诸多困惑。

1. 食品贸易公司和食品电商公司都是一个老板，两个公司的钱是不是可以共用？

食品贸易公司和食品电商公司是两个独立的法人主体，就相当于是两个家庭一样，各自有各自的资产和负债。两个公司之间的资金往来，要么是业务往来，要么是借贷，但均会产生增值税和企业所得税。

方案一中，食品贸易公司分红 500 元万给王总，王总缴纳个人所得税 100 万元，王总再将 400 万元投入食品电商公司。

方案二中，食品贸易公司将 500 万利润投入食品电商公司，属于投资行为，不需要缴纳任何税款。

方案三中，食品贸易公司分红 500 万元给集团公司，居间企业股息分红无须再缴纳税款，集团公司再将 500 万元以投资款的方式投入食品电商公司。

同一实际控制人下,方案一的商业行为可以理解为左手倒右手，不应该产生任何成本，但是在税务眼中是先分红后投资的两种行为，不同行为缴纳不同的税。

方案二和方案三股权构架搭建完成后，并及时在国家企业信用信息公示系统中进行集团成员企业登记，满足“对企业集团内单位（含企业集团）之间的资金无偿借贷行为，免征增值税”。增值税免税政策依据:《财政部 税务总局关于明确养老机构免征增税政策的通知》（财税〔2019〕20 号）第三条，自 2019 年 2 月 1 日至 2020 年 12 月 31 日，对企业集团内单位（含企业集团）之间的资金无偿借贷行为，免征增值税。财政部、税务总局公告 2021 年第 6 号延长至 2023 年 12 月 31 日。

因此，有限公司持股架构的设立，有利于同一实际控制人所控制企业资金往来和归集。

2. 方案二中，食品电商公司向食品贸易公司分红，是否还要缴纳企业所得税和个人所得税呢?

食品电商公司向食品贸易公司进行分红，根据《中华人民共和国企业所得税法》第二十六条，企业取得的符合条件的居民企业之间的股息、红利等权益性投资收益；在中国境内设立机构、场所的非居民企业从居民企业取得与该机构、场所有实际联系的股息、红利等权益性投资收益为免税收入。食品贸易公司未进行股东分红，则王总个人无应纳税所得无须缴纳个人所得税。当食品贸易公司进行股东分红时，需要缴纳个人所得税。也就是说，食品电商公司分红给食品贸易公司，个人股东并非免除个人所得税，只是暂缓缴纳个人所得税。

3. 食品贸易公司和食品电商公司的管理团队要拆分，如何能做到关者有其股呢？

食品贸易公司的合伙人持有食品贸易公司的股权，食品电商公司的合伙人持有食品电商公司的股权，合伙人在哪里作出贡献就持有哪里的股权，称为“关者有其股”。因此，食品贸易公司和食品电商公司肯定是两个独立公司，且两者之间不具有股权关系。

方案一和方案三均能够实现关者有其股；方案二由于食品贸易公司与食品电商公司之间有股权关系，持有食品贸易公司股权的合伙人，相当于分享两块业务的利益；方案三不仅能实现关者有其股，还能形成整体利益与局部利益的划分，对集团公司整体业务有贡献的合伙人可以持有集团公司股权。

4. 方案三中，集团公司是否需要开展业务，注册资本需要多大呢？

集团公司是以其自有资金进行股权投资，若集团公司注册时不带“集团”字样，仅仅是内部集团管控的称呼，则集团公司的注册资本可以小一些。如注册资本为 100 万元，食品电商公司资金需要 1 000 万元，集团公司资金不足时，可以由王总个人进行借款 900 万元，食品贸易公司分红给集团公司时，集团公司再偿还借款，不仅能解决资金不足的问题，还可以筹划分红个人所得税的问题。若注册时需要带“集团公司”字样，则按公司法规定注册资本不低于 5 000 万元。

5. 未来食品电商公司是要上市的，上市套现的话哪种方式税务成本最低呢?

方案一食品电商公司上市，王总只需要缴纳个人所得税 20%；方案二和方案三一样，均需先缴纳企业所得税 25%，再缴纳个人所得税，综合税率 40%。

从税务角度考虑，王总未来对食品电商公司的定义为上市套现，则方案一最优；对食品电商公司的定义为长期持有并管控的情况下，则方案三最优。从公司的资金使用效率来看，方案二和方案三最优，无须任何成本。从公司产业链布局的角度来看，方案三不仅能有效进行产业链切割，还能保证企业间的资金流动性和团队间的协作性。

4.2.4 混合型持股架构

在前面，我们分别讲解了个人直接持股架构、有限合伙企业间接持股架构、有限公司间接持股架构。三种股权架构在不同层面上均有差异点，不同的股东会有不同的诉求点，甚至同一个股东也有多样化的需求点，我们总结出三种架构的特点（见表 4-1），在实操中经常会碰见两种或三种的组合使用，这种架构称为混合型股权架构。

表 4-1 三种股权架构的特点

	分红税率	股权转让税	控制力	适用场景
个人直接持股架构	20%	个人所得税 20%	较低	股权出售需求
有限合伙企业间接持股架构	20%	5% ～ 35% 累进税率	很强	内外部合伙人激励
有限公司间接持股架构	0%	25% 企业所得税，若分红给个人再加 20% 个人所得税	较强	长期持有，家庭传承

公司发展得越好，股权战略的诉求点将越多，公司的股权架构终将走向混合型股权架构。手中有粮，心中不慌。全面思考股权战略，掌握股权架构设计的要点，我们才能在公司股权生命点上做出正确的选择，总结并设计出混合型股权架构模型。一般，我们可以优先考虑设计图 4-4 中的混合型股权架构模型。

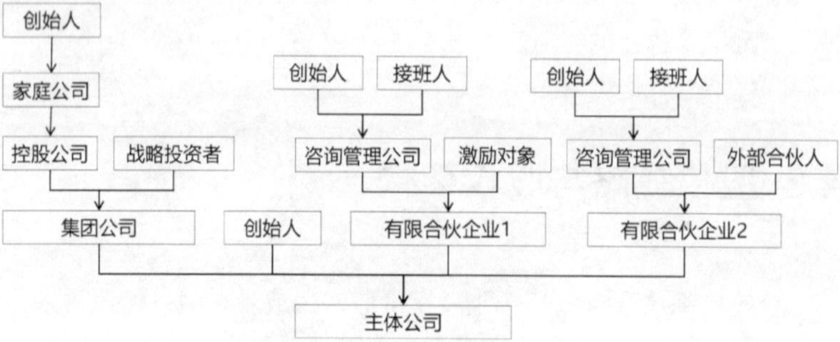

图 4-4 混合型股权架构模型

针对图 4-4 中的混合型股权机构模型，需要注意，创始人和其家庭成员共同设立家庭公司，家庭公司由家庭掌舵人持股，比例不低于 51%；家庭公司注册地选择主要以税收优惠力度大的地区，注册资本按注册地允许的最低注册资本注册；家庭公司可以与家族成员或亲戚朋友设立控股公司，控股公司中家庭公司持股比例不低于 51%；控股公司注册地选择主要以家族成员所在省市地区，注册资本可根据初始设立时启动资金确定；控股公司与战略投资者设立集团公司，集团公司中控股公司持股比例不低于 51%，集团公司主营业务以多元化投资为主，注册资本在 3 000 万 ~ 5 000 万元。

另外，创始人与未来接班人合资设立一家咨询管理公司，咨询管理公司注册资本按注册地允许的最低注册资本注册，咨询管理公司作为内外部合伙人持股平台的普通合伙人，基于税筹考虑咨询管理公司持有持股平台财产份额不宜太高，合伙人与外部合伙人作为持股平台的有限合伙人，内外部合伙人分别设立两个持股平台的原因在于投资主体公司的入股价和未来退伙机制的差异性；集团公司、创始人、两个持股平台合资设立主体公司，创始人个人持股比例不高于 5%，混合股权架构的设计让创始人在主体公司的股东会表决权达到 100%，实施股权融资、股权激励、外部资源整合后，实现了融资融人融资源的目的，但又不失主体公司的控制权。

4.3 股权战略与股权架构

股权战略是指为提升企业股权价值，达成股东利益价值诉求，并结合经济周期、企业战略目标、产业链布局、经营模式等现状，完成股权战略规划布局，实现股权价值利益最大化。以下我们将结合实操案例，重点讲述五种常见的股权架构。

4.3.1 家族控股型股权架构

据《新财富》[1] 的数据统计，在近 4 000 家民营上市公司中，50 岁以上的董事长人数超过了 60%。伴随着民营上市公司企业家的退休，家族传承已逐渐成为一个迫在眉睫的问题。上市公司到底是让子女接班，还是让职业经理人接班，如何让上市公司能够稳定持续地发展下去，已经成为上市企业家及各大服务机构的探索方向。

以“立遗嘱”的传统方式确定股权继承人，当公司董事长发生特殊不可靠因素导致离开时，能够确保股权的归属，使自己大部分

1 《新财富》杂志是由广东省新闻出版局信息中心和全景网络有限公司主管主办的大型财经月刊。

意愿得到实现。现实情况却是公司董事长依然觉得自己年富力强，不幸运的事不会降临，立遗嘱时机过早，众多接班人有待考察，过早确认接班人是对企业的不负责。上市公司董事长确认的接班人，是否能够获得其他股东或其余继承人的认可，令人十分担忧。

上市公司宁波杉杉股份公司前控制人郑永刚，于 2023 年 2 月 10 日突发心脏疾病去世，享年 65 岁。其现任太太周婷和其前妻所生之子郑驹，一度为争夺公司控制权而剑拔弩张。2023 年 5 月 10 日，杉杉股份 2022 年度股东大会在宁波召开。虽然现场有股东对两大“主角”发难，但最终还是由郑驹继续担任董事和董事长，周婷则当选为公司非独立董事。各董事得票率均超过 99.7%。双方处于和解态势，不过公司控制权最终到底会花落谁家，仍是一个疑问。

在实操过程中，企业董事长提前设置好上市公司的控股架构，保证董事长指定接班人，进而保持上市公司控制权的统一和稳定，避免继承人之间发生“争产大战”，是公司治理的一部分。如何将所有权、管理权和收益权分割开来，在家族控股型股权架构的设计工作中是一个值得重点研究的方向。目前有两大主流观点：一种是提前设置好股权继承关系；另一种是设立家族信托，公司管理权由接班人享有，收益权由继承人共同享有。

1. 明确股权继承关系

明确股权继承关系，即公司股权所有者提前设计好股权所有权、财产收益权的分配，以及公司接班人的培养、选拔、接班机制，当突发事件发生时，能在不影响主体公司股权关系的情况下顺利交接班。明确股权继承关系的股权架构如图 4-5 所示。

创始人与现有继承人组建有限合伙企业，有限合伙企业协议约定利益分配由继承人数量平均分配，约定继承人中选择普通合伙人规则（普通合伙人具备企业经营管理能力且获得股东大会多数股东认可），该普通合伙人同时享有夫妻家庭公司个人持股股权的收益权分配。

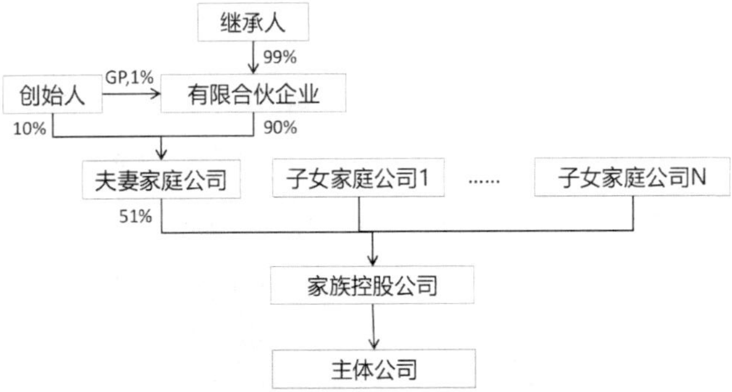

图 4–5　明确股权继承关系的股权架构

夫妻家庭公司在家族控股公司中持股比例不低于 50%，保持绝对控股的地位，剩余股权可以平均分配给具有继承权的子女，其各自组建家庭公司，未来公司分红给各自家庭公司时免缴个人所得税，在各自的家族公司中进行理财、置业、投资。企业接班人通过有限合伙企业普通合伙人的身份间接控制家族控股公司，进而达到控制主体公司，顺利完成交接班。

2. 家族信托股权架构

家族信托通过有限合伙企业持有上市公司股票，非上市公司不建议采用家族信托架构，除非家族控股经营企业无上市需求。家族信托的股权架构如图 4–6 所示。

上市公司大股东作为委托人，设立家族信托资金池，家族信托作为 LP[1]，委托人（或其指定接班人）作为普通合伙人，组成有限合伙企业，有限合伙企业从委托人处购买上市公司股票，或者有限合

1　指有限合伙人（Limited Partner，LP）。

伙企业设立家族控股公司，再通过家族控股公司持有家庭参股或控股的经营公司或发起私募基金进行股权投资。

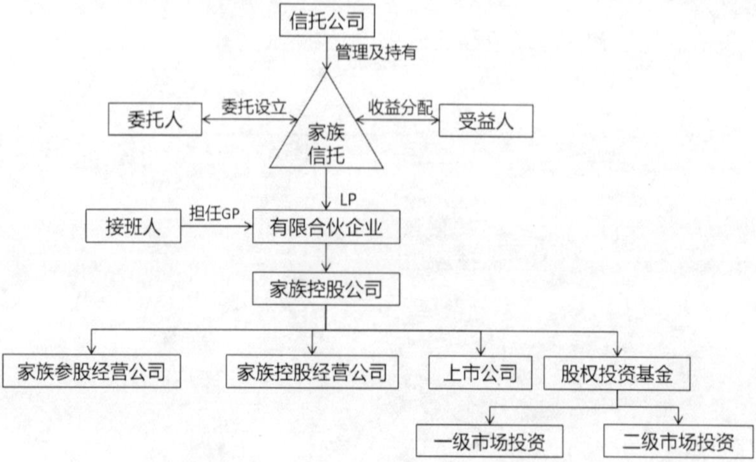

图 4–6　家族信托的股权架构

2022 年 8 月 20 日，三孚股份实际控制人孙任靖，以自有资金设立家族信托，该家族信托又与孙任靖共同出资设立唐山恒泽企业管理咨询合伙企业（有限合伙）（以下简称“恒泽管理”）。2022 年 8 月 19 日，恒泽管理作为增资方与实际控制人孙任靖、元亨科技签署《增资协议》，恒泽管理通过向元亨科技增资，成为元亨科技持股 75% 的股东，间接控制三孚股份 25.64% 的股份。图 4–7 为三孚股份家族信托设立前后，实际控制人孙任靖的股权结构变化。

从图 4–7 中可以看出，三孚股份实际控制人孙任靖通过设立家族信托进行股权架构调整的全过程。在设立家族信托之前，孙任靖直接或通过其他方式控制三孚股份的股权。而通过设立家族信托和有限合伙企业恒泽管理后，孙任靖将部分股权转移至恒泽管理名下，并通过恒泽管理间接控制三孚股份的较大比例股份。

这种股权架构的调整，既实现了家族财富的传承与保护，又保证了孙任靖对三孚股份的实际控制力。同时，家族信托的设立还为孙任靖及其家族提供了更为灵活和多样化的财富管理选项，有助于实现家族财富的保值增值和长期稳定发展。

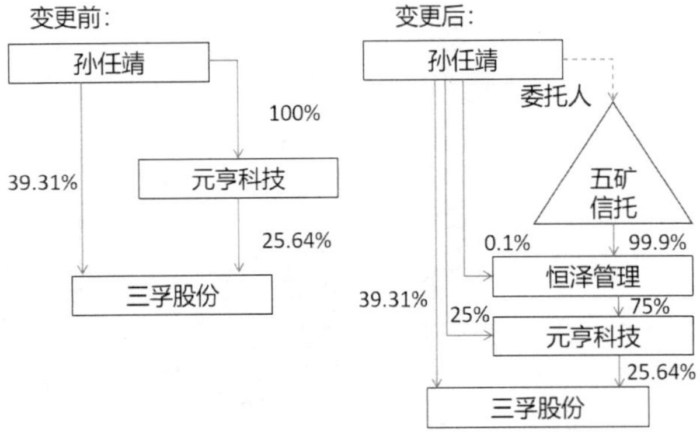

图 4–7　三孚股份家族信托设立前后

4.3.2 投资控股型股权架构

拟上市公司为控股公司架构的，申请上市时并不存在实质性障碍。但根据相关企业的反馈意见，应关注以下两点。

（1）控股子公司的分红情况、子公司的管理制度和公司章程中规定的分红条款，以及上述制度能否保证拟上市公司未来具备持续稳定的现金分红能力。

（2）能否确保拟上市公司对子公司诸如公司的研发投入、生产组织、采购销售、质量控制等各项生产经营决策具有控制力并得到制度安排。拟上市公司应在人员、业务、技术、财务、研发、采购、销售以及质量控制和内部控制等方面对下属公司进行管理和控制。

那么，如何保障拟上市公司未来具有持续稳定的现金分红能力？

最简单的就是在控股子公司章程中明确约定分红政策。表 4-2 便是比较典型的一些投资控股型上市公司分红政策约定。

表 4-2　投资控股型上市公司分红政策约定

	公司代码	母公司分红政策	控股子公司分红政策
广东长青（集团）股份有限公司	002616	公司连续三年内以现金方式累计分配的利润不少于最近三年实现的年均可分配利润的 30%	按公司法规定提取了相关的法定公积金后，公司每年分红比例不得低于 70%
天津瑞普生物技术股份有限公司	300119	公司可以采取现金、股票或现金与股票相结合的方式分配股利，可以进行中期利润分配。公司优先采用现金分红方式回报股东，每年现金分红不少于当年实现的可分配利润的 10%	瑞普天津、瑞普高科：公司弥补亏损和提取公积金后所余利润，按照股东出资比例分配给股东。在公司盈利年度，公司当年分配给股东的利润不少于当年实现的可分配利润的 30%。瑞普保定：在合营公司盈利年度，公司当年分配给股东的利润不少于当年实现的可分配利润的 30%
迪安诊断技术集团股份有限公司	300244	公司可以采取现金或者股票的方式分配股利，在有条件的情况下，公司可以进行中期现金分红；在公司现金流满足公司正常经营和发展规划的前提下，公司最近三年以现金方式累计分配的利润应不少于最近三年实现的年均可分配利润的 30%	公司每年现金分配的利润不少于当年实现可分配利润的 50%，并且应当在年度结束后 3 个月内完成利润分配。当公司累积利润达到 3000 万元时，公司应当在当年进行利润分配，分配比例不低于累积利润的 50%

续表

	公司代码	母公司分红政策	控股子公司分红政策
深圳崇达电路技术股份有限公司	002815	公司发展阶段属成熟期且无重大资金支出安排的，进行利润分配时，现金分红在本次利润分配中所占比例最低应达到 80%；公司发展阶段属成熟期且有重大资金支出安排的，进行利润分配时，现金分红在本次利润分配中所占比例最低应达到 40%； 公司发展阶段属成长期且有重大资金支出安排的，进行利润分配时，现金分红在本次利润分配中所占比例最低应达到 20%	公司全资子公司的利润分配政策、具体分配方式和分配时间安排等均受本公司控制，且其章程中均规定，每年现金分配的利润不少于当年可实现分配利润的 30%

那么，投资控股型股权架构到底是怎样的呢？我们用实际案例来认识一下。

2004 年 7 月，杭州迪安科技实业有限公司（以下简称“杭州迪安”）成立，其主要由浙江迪安诊断技术股份有限公司（以下简称“迪安有限”）和程秀丽共同出资设立，杭州迪安主要从事医学检验科（临床体液血液、临床微生物学、临床生化检验、临床免疫血清学、其他）。经过多轮的增资和股权转让之后，2008 年 8 月，迪安有限全资持有杭州迪安 100% 的股权。

2004 年 11 月，杭州迪安基因工程有限公司（以下简称“迪安基因”）成立，由迪安有限和 4 位自然人股东共同出资设立，迪安基因主要以体外诊断产品代理业务为主，经过多轮的增资和股权转让之后，2009 年 12 月，迪安有限全资持有迪安基因 100% 的股权。

迪安有限的股权战略定位为控股母公司，主要行使总部管控职能、管理输出、业务培训及进行战略规划部署；母公司设统一的营销管理委员会，进行内部营销资源的共享、市场策略的整合及营销方案的制定。迪安基因从事体外诊断产品代理业务，杭州迪安及下属各子公司，均从事医学诊断服务外包业务。上市前迪安有限股权架构如图 4–8 所示。

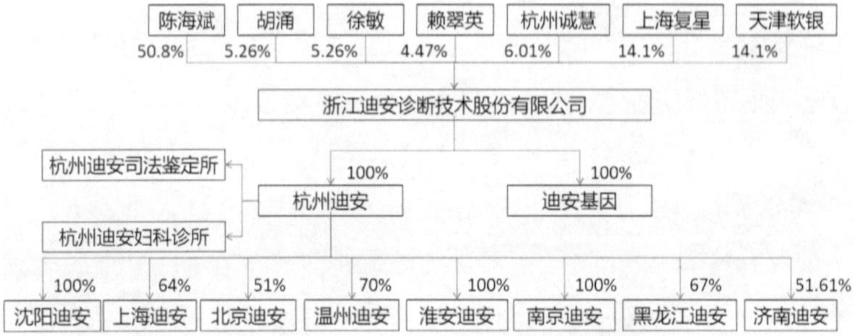

图 4–8　迪安诊断上市前的股权架构

从图 4–8 可以看出，上市前，迪安有限股权架构采用个人直接持股和有限公司间接持股的混合股权架构。实际控制人陈海斌个人直接持有 50.8% 的股权，迪安有限 49 名中高层骨干员工合资设立杭州诚慧投资管理有限公司，间接持有迪安有限 6.01% 的股权。迪安有限便是典型的投资控股型股权架构。

4.3.3 资源整合型股权架构

市场经济体制初期，市场需求旺盛，产业链分工无论多细多长，都能保证企业利润。随着中间环节的增加，生产中开始出现资源性浪费，产品价格层层叠加，导致终端产品价格越来越高，缺乏产品价格竞争优势。在这种情况下，产业关联性越强，产业链条越紧密的企业，加强资源整合的意愿度越来越高。

产业链的资源整合划分为横向整合、纵向整合和混合整合三种类型。

横向资源整合是指将相同类型的企业整合在一起，统一规模化采购、统一商品定价、统一产品标准，提升行业技术、资金壁垒，降低资源浪费，提升市场占有率。横向资源整合股权架构，最先以行业联盟的方式绑定在一起，之后再由几家规模体量较大的公司联合设立新的合资公司，其中主导资源整合的公司在产业合资公司中持股比例不得低于 51%，再将各自资源导入合资公司中。具体如图 4-9 所示。

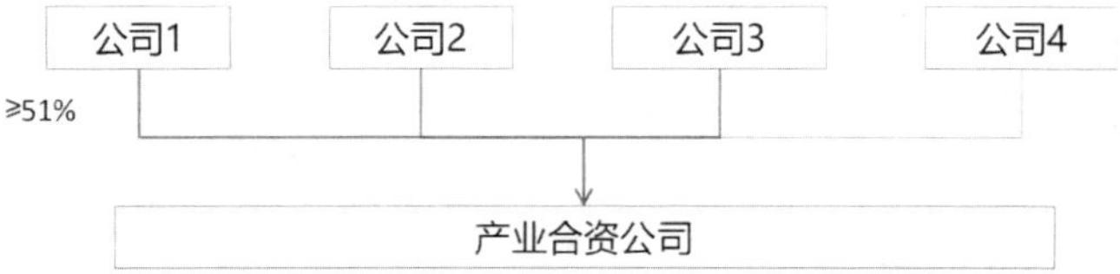

图 4-9　横向资源整合的股权架构

纵向资源整合是指打通产业上下游，投资或并购整合优质企业，构筑通畅、稳定和完整的产业链，实现纵向的产业利润最大化。纵向资源整合股权架构，对于上游采用“先参股，再控股，后全资收购”的方式，下游采用股权激励或股权基金投资的方式进行整合。具体如图 4-10 所示。

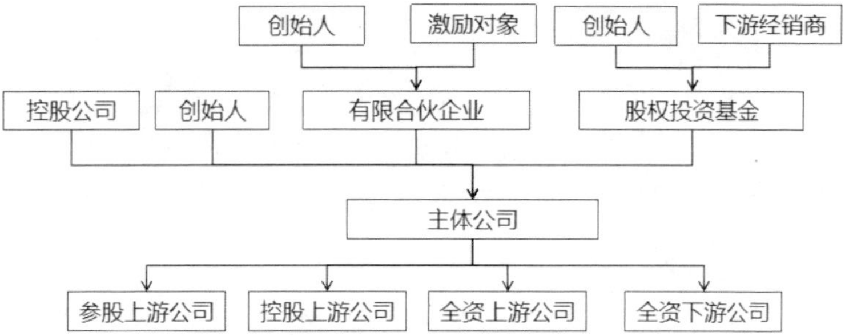

图 4-10　纵向资源整合的股权架构

混合资源整合是指将紧密相关的企业都整合在一起，无论是同行还是上下游企业，既包括了横向整合，又包括了纵向整合。混合资源整合股权架构通常是以纵向股权架构为出发点，完成纵向并购整合后，通过股权收购或股权置换的方式整合同行企业。具体如图 4-11 所示。

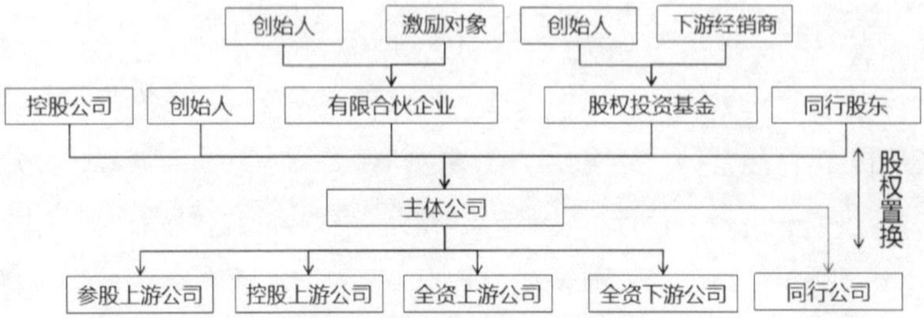

图 4-11　混合资源整合的股权架构

资源整合型股权架构是商业中较为常见的股权架构模式，是企业实现降本增效、形成集约效应的重要手段。企业通过构建科学合理的股权结构，实现资源的优化配置和高效利用。这种股权架构不仅有助于提升企业的市场竞争力，还能促进企业的可持续发展。

4.3.4 股权节税型股权架构

创业型企业，总是在不断前进中，调整企业的经营模式，寻找企业的盈利增长点。它在不断调整产品结构、组织架构、人员结构与营销思维，努力降本增效成为企业经营改革的主旋律，但往往忽略了企业价值链的梳理。

何谓企业价值链？就是将为企业或顾客创造价值的活动，按产、供、销生产流程进行分解，形成多个成本中心或盈利中心，进而影响企业的生产成本和经营效率。依据企业价值链的分解，搭建股权节税型股权架构，形成多个小型微利型企业，享有企业所得税优惠政策。此种架构不但能够明确衡量不同部门的岗位价值，而且能够有效降低企业综合税务成本。

以某图书发行公司企业价值链分解为例，创业初期该图书发行公司只注册一家公司，公司集采购、研发、印制、销售于一体。随着企业的发展，企业规模很快超越了小微企业标准，税前利润达到 1 000 万元，企业所得税税率为 25%，税后利润为 750 万元。

梳理企业价值链，我们发现，企业营销渠道可划分为传统代理营销、实体店营销、线上电子商铺、抖音商铺、京东商城等，生产端可以划分为图书设计、图书印制和外部图书采购。按照内部独立核算评价单一部门的产业价值，我们发现，其大多数业务部门都符合小微型企业的标准。

如果将其内部价值链分解为多个子公司，那么整体企业所得税将享有小微企业的优惠政策，则企业所得税成本为 50 万元，税后利润将达到 950 万元，相较原有股权架构，企业盈利将增加 200 万元。某图书发行公司股权节税型的股权架构如图 4-12 所示。

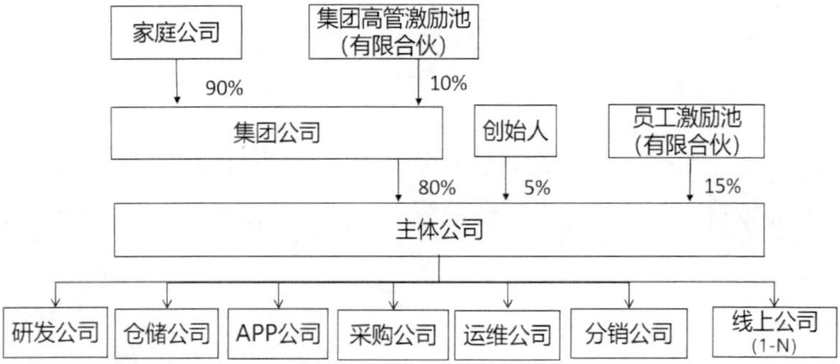

图 4-12　某图书发行公司股权节税型的股权架构

股权节税型的股权架构一定需要结合企业股权战略进行分解和设计，不单单有业务拆分利润分配的方式。在实操中，我们一定要根据公司实际经营业务进行合理的规划和设计，既要符合商业逻辑，又要符合税务政策，否则即使做好了筹划，也会面临较高的税务处罚。

下面我们就来谈一谈股权节税失败的案例，再来谈谈是否有更优的节税型股权架构。

2021 年，浙江省杭州市税务部门经税收大数据分析发现，网络主播黄某涉嫌偷逃税款，黄某在 2019 年至 2020 年，通过隐匿个人收入、虚构业务、转换收入性质、虚假申报等方式偷逃税款 6.43 亿元，并有其他少缴税款 0.6 亿元。最终有关部门对黄某追缴税款、加收滞纳金并处罚款，共计 13.41 亿元。

假如黄某的销售业绩为 82.5 亿元，佣金提成比例按 20% ~ 30% 计算，个人将获得超 16 亿元的佣金提成收入。如果依照个人劳务报酬所得计算个人所得税，将按个人所得税最高档位 45% 计算，则需缴纳的个人所得税超过 7 亿元。个人佣金通过个人独资企业、个体户、合伙企业从合作方取得，其应作为经营所得按 5% ~ 35% 五级超额累进税率核算个人所得税。但是个人独资企业、个体户、合伙企业注册地有一定的税收优惠政策，允许采用核定征收的方式缴纳个人所得税，综合税率在 3% ~ 5%。所得税核定征收是指企业的财务制度不健全，成本费用支出不能准确核算，且不能正确计算企业所得税的情况下才能申请。

然而，黄某佣金提成收入较易核算，收入金额巨大，具备聘请专业财务人员建立完整的财务制度，不符合核定征收的条件。

因此，对于超高收益的主播群体，不适合用独资企业、个体工商户、合伙企业核定征收的方式进行税收筹划。实际上，超高收益的主播群体更适合采用有限责任公司形式来运营，这是税收筹划更好的选择。

下面我们通过另一个股权节税成功的例子，来看看当事人是如何节税成功的。图 4-13 是某明星网红所在企业的股权节税股权架构。

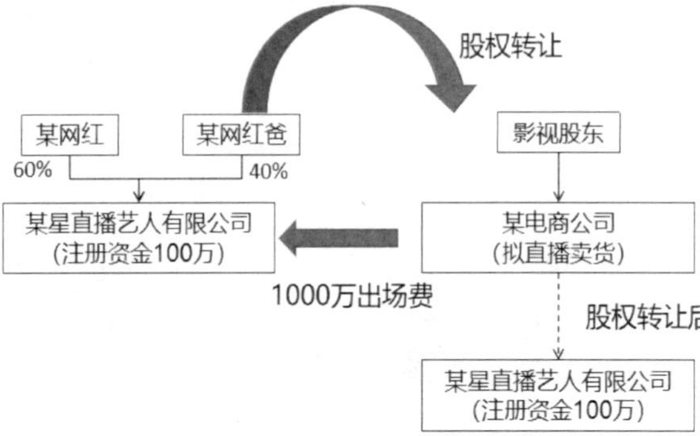

图 4-13　某明星网红股权节税股权架构

图 4-13 中，某网红及其父亲成立某星直播艺人有限公司，某星直播艺人有限公司与某电商平台公司签署合作协议，某网红协助某电商公司向某星直播艺人有限公司支付 1 000 万元出场费，分 10 个月支付完成。若某网红直接带货收入达到 10 亿元时，某电商公司按 9 000 万元价值收购某星直播艺人有限公司 100% 股权。某星直播艺人有限公司按 2 万 / 月支付工资，年度花费 500 万元进行个人品牌营销和形象设计，最终网红个人实际缴纳税收成本到底是多少呢？

具体计算内容及计算方式见表 4-3。

表 4-3　公司及某网红个人缴纳税收成本

缴纳税金类型	税收金额
公司增值税（6%）	1 000×6%=60（万元）
个人工资成本	（24−6）×20%−1.692=1.908（万元） 两人则个税成本 =3.8169（万元）
个人工作室形象设计费个税核定（3%）	500×3%=15(万元)
某星直播艺人有限公司企业所得税（25%）	（1 000−60−48−500）×25%=98(万元)

续表

缴纳税金类型	税收金额
某星直播艺人有限公司股东分红个税（20%）	（1000−60−48−500）×（1−25%）×20%=58.8（万元）
股权转让个人所得税（20%）	9 000×20%=1 800（万元）
合计税收成本	2 035.616（万元）
综合税率	2 035.616÷10 000=20.356%

从表 4−3 可以看出，若某网红采用个人单干的模式来缴税，那么，对其而言，1 亿元个人劳动报酬税收成本则为 4 462 万元，但是通过有限公司股权节税的股权架构，税收成本为 2 035.616 万元，对比起来，税收成本大大降低了。

4.3.5 海外上市型股权架构

海外上市型股权架构是指境内个人或公司为了在境外上市，在离岸管辖区（开曼群岛、百慕大、英属维尔京群岛）设立离岸公司，再通过多层离岸公司控制中国境内外业务的股权架构。

搭建海外上市型股权架构的主要目的，一是境内公司股东存在外资股东，外资股东希望在境外上市，便于股权套现和流通；二是国内上市被限制，无法满足国内上市的要求，只能曲线救国；三是拓展境外业务或海外税务筹划等。我们通过剖析卫龙美味海外上市架构，深入地了解海外上市架构的搭建。

下面我们通过卫龙美味的案例，来具体了解海外上市型股权架构的设计。

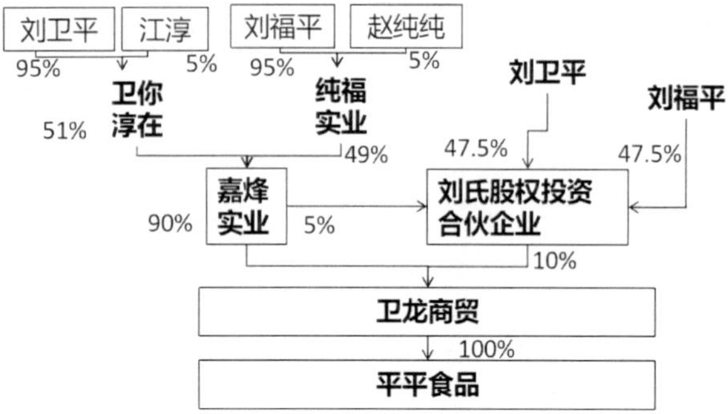

图 4–14　卫龙美味上市前国内股权架构[1]

我们先来看看卫龙美味上市前，在国内的股权架构（见图 4–14）。

卫龙美味刘卫平、刘福平兄弟二人在公司的股权几乎是五五分成，两位自然人各持一半的股权，可以认定为缺失实际控制人。此时，引进第三方股东，那么第三方股东将成为卫龙美味公司最为重要的股东，第三方股东与任何一方创始股东联合在一起，对卫龙美味就是绝对控股。为了防止步入“仇人式散伙”的境况，兄弟二人对公司股权架构做出以下调整。

第一步：兄弟二人分别与自己的爱人成立家庭公司（卫你淳在和纯福实业有限公司），兄弟二人各自将家庭资产与公司资产进行划分，兄弟二人意见一致的就作为共同投资，兄弟二人意见不一致的各自在家庭公司进行投资。未来兄弟二人各自的子女成才后，股权变更只需要完成家庭公司的股权变更，无须将上一辈的股权财产交由下一辈进行博弈分配。

第二步：各自的家庭公司合资设立控股公司（嘉烽实业），卫你淳在公司持有控股公司 51% 的股权，刘卫平又持有卫你淳在公司

1　运用小程序“股询询”股权架构图可查看完整股权结构，具体操作指南见附录“股询询”操作指南。

95% 的股权。穿透计算后，刘卫平和刘福平在卫龙美味股权的所有权分别为 50.905% 和 49.095%。

第三步: 兄弟二人与控股公司合资设立刘氏股权投资合伙企业，其中，控股公司作为普通合伙人，对刘氏股权投资合伙企业具有控制权。兄弟二人在刘氏股权投资合伙企业所持有的财产份额，未来将授予符合激励条件的合伙人。

第四步: 控股公司与刘氏股权投资合伙企业合资持有卫龙商贸 100% 控制权。

卫龙美味国内上市股权架构主要从公司控制权、家庭传承、员工股权激励和税收筹划等多重角度出发，设计了符合国内上市要求的股权架构。随着公司资本化的运作，以及上市地选择的变化，最终卫龙美味重新架设了海外上市型股权架构。

接下来，我们看看卫龙美味在海外上市后的股权架构(见 4-15)。

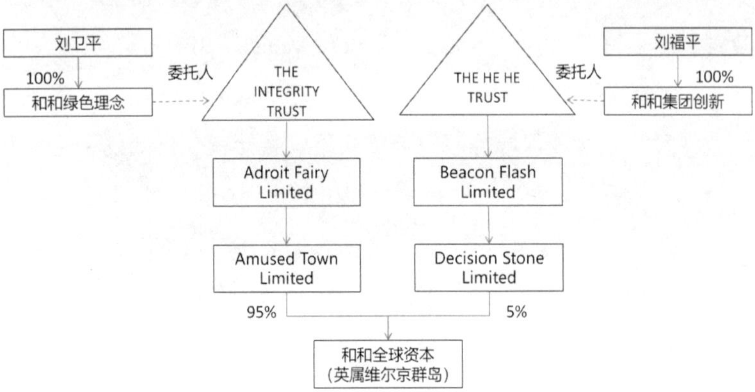

图 4-15　卫龙美味海外信托架构

注：THE INTEGRITY TRUST 是指诚信信托，受益人为和和绿色理念；THE HE HE TRUST 指和和信托，受益人为和和集团创新。

同样，卫龙美味海外上市的股权架构也需要分几个步骤完成。

第一步：兄弟二人分别设立和和绿色理念与和和集团创新公司，在英属维尔京群岛设立“特殊目的公司”（和和全球资本）。英属维尔京群岛注册的公司简称为BVI公司[1]，BVI公司保密性比开曼更强，开曼公司和中国香港公司需要一些信息披露，BVI公司不需要，也不需要交审计报告，具有更强的隐蔽性。然而，美国不承认BVI注册的公司作为上市主体，开曼公司相较于BVI公司更为规范，有更多信息披露，因而满足了很多国家上市的要求。

第二步：兄弟二人将其持有和和全球资本的股权委托信托公司进行管理，信托受益人为兄弟二人及其家人。如果兄弟二人直接持有上市公司股权，配偶也享有一半股权权益，当大股东婚姻发生危机时，上市公司股权就会发生变动，甚至影响公司控制权。信托架构不仅不会有这种风险，还可以根据委托人的意愿合理安排向受益人支付的时间和金额。

第三步：信托公司与兄弟二人达成委托协议后，信托公司再搭建“特殊目的公司”（Special Purpose Vehide，SPV[2]）。实操中，SPV通常会注册在允许境外人士通过投资或从事各种经济、贸易和服务活动，获取收入或拥有财产而又不征直接税或较低税率的国家和地区。信托公司通过SPV再持有和和全球资本公司。

第四步：和和全球资本公司与各方投资人再合资设立卫龙美味上市主体公司（注册在开曼群岛），如图4-16所示。目前，中国香港申请挂牌上市时，可以接受注册在中国内地、中国香港、开曼

1　英属维尔京群岛（The British Virgin Islands, BVI）是世界上发展最快的海外离岸投资中心之一，在此注册的公司就被称作BVI公司，常见于为在境外或中国香港地区上市而搭建的VIE交易架构中。

2　在证券行业，SPV指特殊目的的载体也称为特殊目的机构/公司，其职能是在离岸资产证券化过程中，购买、包装证券化资产和以此为基础发行资产化证券，向国外投资者融资。

群岛、百慕大、BVI 的公司。相比较这些注册地区而言，开曼群岛透明度较高、法律体系较完善，资本市场的接受度更好，所以大多数企业会选择在开曼群岛注册公司作为上市主体。

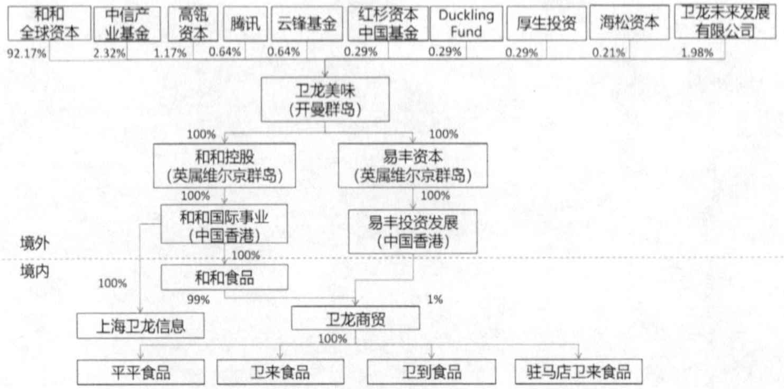

图 4-16　卫龙美味海外上市架构

第五步：卫龙美味（开曼公司）收购提前设立好的 BVI 公司（和和控股和易丰资本）。按照《商务部关于外国投资者并购境内企业的规定》（商务部令 2009 年第 6 号）第十一条规定："境内公司、企业或自然人以其在境外合法设立或控制的公司名义并购与其有关联关系的境内的公司，应报商务部审批。"因此，先将资产注入 BVI 公司，再由开曼公司收购 BVI 公司，完成境内公司资产的注入，那么 BVI 离岸公司的资产注入和抽离将不受上市地区法律法规的约束。

第六步：和和控股和易丰资本分别在中国香港注册和和国际事业和易丰投资发展公司，其主要还是考虑到税收筹划，由于中国内地与中国香港有协定优惠待遇，香港居民企业取得内地的股息所得，可以申请享受预提所得税率为 5%。如果是 BVI 公司直接获得内地公司股息红利，则预提所得税率为 10%。

第七步：中国香港设立的和和国际事业和易丰投资发展公司，

通过合资或并购的方式控制境内产业关联公司，进而完成境外上市股权架构的搭建。

以上便是卫龙美味在海外上市股权设计的全过程，在这一过程中，每一步骤环环相扣，缺一不可，不仅成功避开了风险，还获得了一定的优惠政策支持。后期，卫龙美味在这样的股权架构基础上，于海外市场扬帆起航。

05

第5章 股权架构的重组

大多数创业者在创业阶段，不会进行股权架构的顶层设计，对公司股权的重视度不高，为企业股权合伙、股权激励、股权融资、公司上市埋下了隐患。当其回过头来，想要再进行股权架构调整时，往往会面临净资产较大、企业资质难转移、历史未分配利润较高、注册资本虚高未实缴、自然人持股比例较大、财务规范性不足等问题。此时，如果企业进行股权架构重组，又会面临股权重组成本测算、股权重组的时机和股权重组方式的选择问题。

接下来，我们会为大家一一解惑，以帮助大家了解如何使股权架构重组价值最大化。

5.1 股权架构调整成本

股权转让和股权增资[1]是股权架构调整常用的两种方式，在调整过程中涉及企业所得税、个人所得税等税收成本。

1　运用小程序“股询询”可进行股权转让和股权增资演变，具体操作指南见附录“股询询”操作指南。

5.1.1 股权转让

在第 4 章中，我们为大家讲述了在自然人持股、有限公司持股和有限合伙企业持股情形下，发生股权转让时所产生的税务成本。在股权架构重组实操中，我们遇到最多的是自然人持股情形下进行的股权架构调整。下面，我们将重点阐述股权转让下的个人所得税计税依据、股权转让下个人所得税的优惠政策、股权转让的实操性选择。

1. 股权转让下的个人所得税

依据《国家税务总局关于发布〈股权转让所得个人所得税管理办法（试行）〉的公告》（国家税务总局公告 2014 年第 67 号）（以下简称《管理办法》）第四条的规定：个人转让股权，以股权转让收入减除股权原值和合理费用后的余额为应纳税所得额，按“财产转让所得”缴纳个人所得税。

合理费用是指股权转让时按照规定支付的有关税费。股权转让的定价应当按照公平交易原则确定，原则上不得低于净资产，当转让价格较市场价格偏低时，需提供有效证据证明转让价格偏低的理由，否则税务机关有权进行核定股权转让价格。

其实，自然人股东进行股权转让所产生的个人所得税，对于股东而言，是现在缴纳还是未来缴纳的问题，是股权转让方多缴一些，还是股权受让方多缴一些的问题。

比如，某股东 A 要转让价值 2 000 万元 10% 的股权给股东 B，10% 股权原值为 100 万元，公允价格转让时 A 需缴纳 380 万元[1] 个人所得税。股东 A 希望股东 B 按 500 万元定价，另外股东 B 再私下给予 1 400 万元现金，这样股东 A 只需缴纳 80 万元个人所得税，股东

1　股权转让产生的个人所得税 =（2 000 − 100）×20%=380（万元）。

B 少支付 100 万元股权购股款，股东 A 与股东 B 互惠互利。

殊不知，股东B现在获得的利益，未来需要更多的利益进行偿还。未来要想出让股权，获得10%的股权成本就只能按500万元进行扣除，而非1 900万元扣除。股东 B 持有 10% 的股权按 4 000 万元转让时，需额外多付出 280 万元[1]的个人所得税，而这 280 万元的税收成本原本是股东 A 需要支付的。

《管理办法》第十八条规定：“对个人多次取得同一被投资企业股权的，转让部分股权时，采用‘加权平均法’确定其股权原值。”也就是说，股权转让时不能优先转让股权成本较高的部分股权，而是加权平均计算。

例如，投资人持有某科技公司 30% 股权，第一次投资 100 万元获得 10% 股权，第二次投资 200 万元获得 10% 股权，第三次投资 300万元获得10%的股权。近期，投资人转让10%的股权获得400万元，如何计算其转让 10% 的股权成本呢?

由于税务机关难以界定其转让的股权 10% 是由哪一次获得的股权，故核算股权成本时需按加权平均法计算。

股权转让成本 =（100 + 200 + 300）÷30%×10%=200（万元）;

应纳所得税额 =400 － 200=200（万元）;

个人所得税应纳税额 =200×20%=40（万元）。

2. 股权转让下个人所得税的优惠政策

《管理办法》第十三条规定，股权受让不缴个人所得税的情况有:能出具有效文件，证明被投资企业因国家政策调整，生产经营受到

1　个人所得税 =（4 000 － 500）×20%=700（万元），若按 1 900 万元计算成本则个人所得税 =（4 000 － 1 900）×20%=420（万元），股东 B 多缴纳个人所得税为 700 － 420=280（万元）。

重大影响，导致低价转让股权；继承或将股权转让给其能提供具有法律效力身份关系证明的配偶、父母、子女、祖父母、外祖父母、孙子女、外孙子女、兄弟姐妹以及对转让人承担直接抚养或者赡养义务的抚养人或者赡养人；相关法律、政府文件或企业章程规定，并有相关资料充分证明转让价格合理且真实的本企业员工持有的不能对外转让股权的内部转让；股权转让双方能够提供有效证据证明其合理性的其他合理情形。

那么，如何拿出举证合理性的理由呢？

一方面，可以参照相关法律法规；另一方面，需举证实际操作的安全，再者与当地税务机关进行充分的沟通，讲解股权架构重组的必要性。

我们以上市公司松井新材料集团股份有限公司（以下简称“松井有限”）进行的股权架构重组为例。

图 5–1 松井股份自然人持股形式变更

首先，松井有限于 2019 年 12 月 17 日发布公告，实际控制人凌云剑将其持有松井有限 68.00% 的股权转让给长沙茂松科技有限公司（以下简称“茂松有限”）（茂松有限由凌云剑 100% 持股），将直接持股架构转变为通过茂松有限间接持有（见图 5–1），属于持股形式的调整，未产生应纳税所得，不存在个人所得税纳税义务。

其次，实控人凌云剑将其持有松井有限 11.00% 的股权转让给菏泽松源企业管理咨询合伙企业（以下简称“松源合伙”），松源合伙中凌剑芳持有 58.98% 财产份额，汪镇海持有 36.36% 财产份额，凌云剑持有 4.66% 的财产份额，如图 5-2 所示。

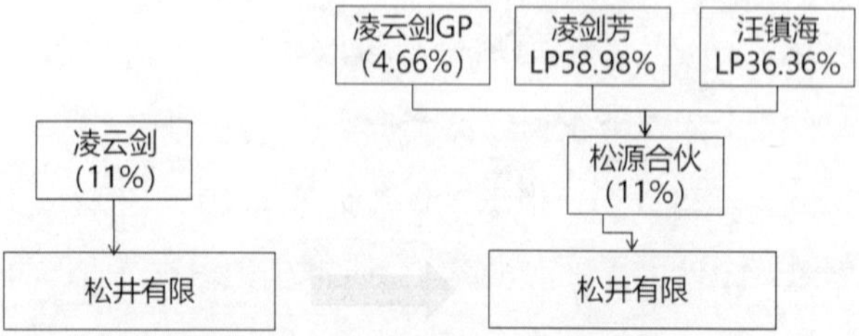

图 5-2　自然人股权转让给有限合伙企业

本次股权调整后，汪镇海通过松源合伙间接持有松井有限 4.00% 的股权，实际为凌云剑代持的汪镇海股权还原给汪镇海，未发生实际股权溢价交易，不存在个人所得税纳税义务；凌云剑向凌剑芳无偿间接转让松井有限 6.49% 的股权系因凌剑芳是凌云剑的亲妹妹，属于凌云剑间接赠与凌剑芳松井有限 6.49% 的股权。

根据《管理办法》第十三条的规定，被视为有正当理由的，无须缴纳个人所得税。凌云剑将股权从直接持股转变为通过松源合伙间接持有，属于持股形式的调整，未产生应纳税所得，不存在个人所得税纳税义务。

3. 股权转让的实操性选择

股权架构重组时，公司留存多年的未分配利润和已经计提的盈余公积，到底是重组前将未分配利润分完再进行股权转让合适，还是完成股权转让后再进行未分配利润分配合适?

首先，公司股东会决议进行未分配利润分配时，只要股东会决议通过就可以，如果股东会允许，未分配利润甚至可以全部分配完。

其次，法定公积金转增资本时，所留存的该项公积金不得少于转增前公司注册资本的 25%。而且公司将盈余公积转增资本时，必须经股东会决议批准。在实际将盈余公积转增资本时，要按股东原有持股比例结转。以未分配利润、盈余公积和资本公积转增注册资本和股本，按“股息、红利所得”征收个人所得税。

最后，个人所得税可以申请分期缴纳的有以下三种情形。

第一种：个人以非货币性资产投资，一次性缴税有困难的，可合理确定分期缴纳计划并报主管税务机关备案，自发生应税行为之日起不超过 5 个公历年度内（含）分期缴纳个人所得税。

第二种：中小高新技术企业以未分配利润、盈余公积、资本公积向个人股东转增股本时，个人股东一次缴纳个人所得税确有困难的，可自行制订分期缴税计划，由企业向主管税务机关办理报告备案，在不超过 5 个公历年度内（含）分期缴纳。

第三种：高新技术企业转化科技成果，给予本企业相关技术人员的股权奖励，个人一次缴纳税款有困难的，可自行制订分期缴税计划，由企业向主管税务机关办理报告备案，在不超过 5 个公历年度内（含）分期缴纳。

自行制定分期缴纳的税收优惠政策，对于纳税人来说，用未来的钱缴纳现在的个税，有效降低了股权重组的成本。特别是“自行制定”这一条款，我们只要保证在 5 年内完税就行，至于每年缴纳多少，则根据实际情况而定，哪怕你前四年只缴了税款的 1%，最后一年缴清剩下的 99%，那也是可以的。

下面我们通过一则实际案例来详细讲解。

某科技公司自然人股东 A 和公司法人股东 B 分别持有 60% 和 40% 的股权注册资本 500 万元，实收资本 500 万元，盈余公积 500 万元，未分配利润 1 000 万元，公司净资产 2 000 万元。公司多年不分红，一方面是公司属于高速成长期，资金需求较大；另一方面公司每次股权分红时，自然人股东 A 需要缴纳 20% 个人所得税，公司法人股东 B 却不需要缴纳个人所得税。在此情形下，自然人股东 A 也希望能通过股权重组，搭建一个控股公司，从自然人持股转变为法人持股形式。

自然人股东 A 选择股权转让的形式，将个人持有的 60% 股权转让给新设立的控股公司 C。自然人 A 需要缴纳个人所得税款为（2 000 － 500）×60%×20%=180（万元）。股权重组完成后，将未分配利润全额分配，控股公司分得 600 万元，无须缴纳个人所得税，但是控股公司分配至个人时需缴纳个人所得税 120 万元。

我们将股权重组方案优化一下，将盈余公积 400 万元转增资本，公司注册资本变为 900 万元，48 万元的个人所得税申请 5 年分期缴纳。股东将未分配利润 1 000 万元全额分配，公司净资产变为 1 000 万元，自然人股东 A 需要缴纳个人所得税 120 万元[1]并获得现金 480 万元。自然人 A 再将其 60% 股权转让给控股公司，缴纳个所得税款（1 000 － 900）×60%×20%=12（万元）。

优化后的股权重组方案，自然人股东 A 现阶段只需缴纳 132 万元税款，个人直接持有现金 480 万元，还有分 5 年缴纳 48 万元的税款。而原有方案中，自然人股东 A 需一次缴纳 180 万元个人所得税，个人还拿不到钱，孰优孰劣一看便知。

5.1.2 股权增资

股权增资是公司为扩大生产经营所需，灵活、及时、充分地筹集资金的一种商业行为。目前，《公司法》对增资的程序作出了相关规定，但并没有对增资的定价作出约定，股东会完全可以自主约定增资价格、增资方式、增资时间节点。股权增资行为，并不产生

1　个人所得税 = 分红额总额 × 股权比例 ×20%=1 000×60%×20%=120 万元。

额外的受益方，故不存在任何的税收成本问题。

1. 股权增资的定价

增资的行为，是否会对小股东的利益造成侵害，是股权增资定价合理性的主要思考点。当然，原有股东按同比例增资的情形，并不会造成小股东利益损害，则增资定价可以按平价增资的方式。股权增资定价，一般会基于当期公司净资产的价值再结合公司未来股权价值确定增资价格，会分为平价增资、折价增资、溢价增资。以股权架构重组为目的增资行为，定价采用平价增资较多，以股权融资为目的的增资行为，定价通常采用溢价增资。

国家对于增资定价主要依据于《企业国有资产交易监督管理办法》（国务院国有资产监督管理委员会、中华人民共和国财政部令第 32 号）中规定，国有及国有控股企业增资需以资产评估结果为基础，再结合投资方的条件和报价审议选定投资方。也就是规定，股权增资定价不得低于评估后的净资产。

2. 股权增资实操流程

某科技公司夫妻股东自然人股东 A 和自然人股东 B 分别持有 60% 和 40% 的股权注册资本 500 万元，实收资本 500 万元，盈余公积 500 万元，未分配利润 1 000 万元，公司净资产 2 000 万元。基于企业长期发展和家族传承的需要，A、B 两股东希望设立控股公司，通过控股公司持有科技公司 75% 的股权（见图 5-3）。

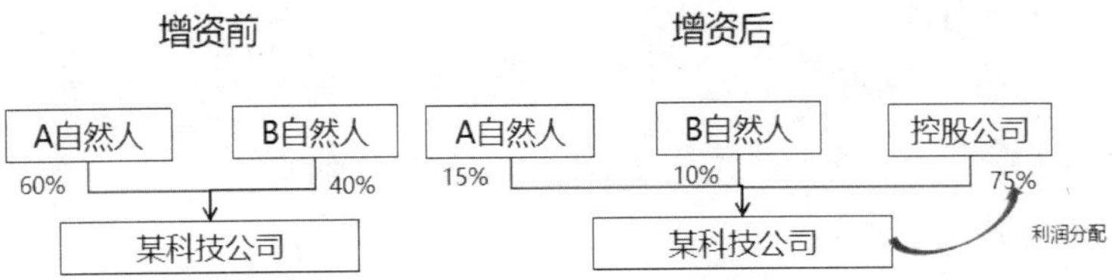

图 5-3 增资前后对比

考虑到股权转让成本较高，A、B两股东决议控股公司增资1 500万元占科技公司75%的股权。在增资协议上，同时约定股权增资后，控股股东同比例享有科技公司未分配利润的权益。科技公司将未分配利润1 000万元按股东持股比例进行分配，A、B自然人分配250万元，需缴纳个人所得税50万元，控股公司分配750万元无须缴纳个人所得税。控股公司若再向股东个人进行股利分配，则需要缴纳20%的个人所得税。

股权增资是公司筹集资金以扩大生产经营的灵活方式，其定价需考虑小股东利益保护，可基于公司净资产及未来价值等因素决定，并遵循相关法律法规，如国有及国有控股企业增资需以资产评估为基础。实操中，公司可通过增资设立控股公司等方式实现股权架构调整，同时需注意税务规划，如案例中通过增资控股公司持有原科技公司股权，既降低了股权转让成本，又合理利用了税收政策。

5.2 股权架构调整方式

公司实际控制人越了解股权架构设计的意义和价值，就会越想将自然人持股形式变更为有限公司持股形式。一种方法是将主体公司的股东直接调整为法人持股；另一种方法就是主体公司向下投资新设主体公司，原主体公司变更为控股公司。

5.2.1 寻母型股权架构重组

主体公司股东持股形式是由自然人持股，重组后为法人持股，原本主体公司变成新设法人公司的子公司，此种重组方式，称为寻母型股权架构重组。这种重组方式，可以通过股权转让或股权增资两种方式实现。公司未分配利润不高，净资产不高的情况下，采用股权转让；公司注册资本较小，而未分配利润较高的情况下，可采用平价增资的方式。寻母型股权架构调整具有以下四个优点：

（1）搭建金字塔架构，优化股权结构，合并表决权，提升实际控制人的话语权；

（2）若法人公司为股东家人持有，则有利于家庭资产与公司资产的划分；

（3）税收筹划作用，企业间分红无须缴纳个人所得税；

（4）主体公司资产和业务的连续性，无须重新注册公司，无须重新办理资质、认证。

我们来看一个关于采用寻母型股权架构重组方式来重组企业的实际案例。

某生物科技公司有 5 位联合创始人，公司注册资本 100 万元，股权比例按现金出资占比确认，每人的持股比例如图 5-4 所示。经过多年的研发，产品终于面向市场，但产品量产化需要追加投资，急需股权融资。每次彭总见完投资人，投资人都建议先把股权架构调整一下，明确彭总为实际控制人。投资人担心股权过于分散，未来股东之间若是产生矛盾，彭总就会失去对公司的实际控制权，进而影响公司的实际生产经营，甚至影响企业上市。

但是彭总个人资金紧张，不具备购买其余股东股权的能力，而其余股东也没有出让股权的想法。如何能够通过股权架构的重组，让公司顺利融资，且不影响各股东的利益呢？

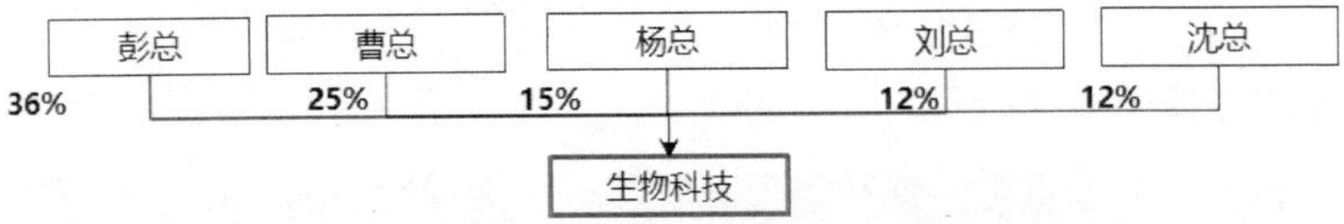

图 5-4　某生物科技公司重组前的股权架构

在这种情况下，我们建议彭总采用寻母型股权架构重组的方式（见图 5-5）。

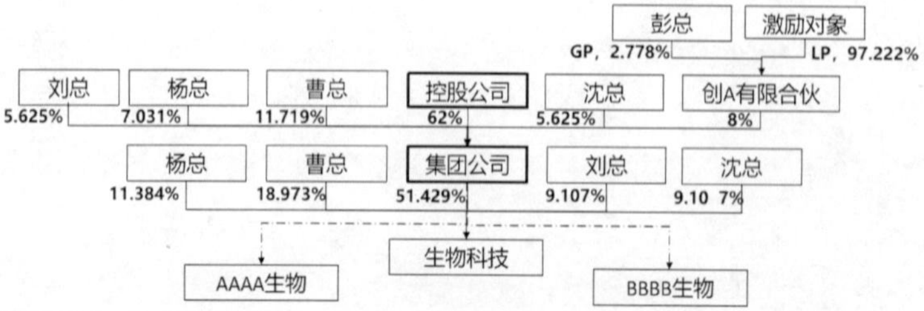

图 5-5　某生物科技公司重组后的股权架构

分析计算如下：

（1）生物科技向上设立集团公司，而彭总在集团公司中的持股比例要达到 70%，彭总将其个人 36% 的股权全部置换到集团公司，则集团公司持股比例为 36%÷70%=51.429%。

（2）集团公司 30% 的股权由其余股东按股权占比持股，如曹总在集团公司股权占比为 30%×25%÷64%=11.719%。

（3）彭总个人原本代持 4% 的股权用于员工股权激励，借助本次股权架构重组，设立有限合伙企业，并授予合伙人股权。有限合伙企业持有集团公司 8% 的股权，则合伙人在有限合伙企业中持有的财产份额为 4%÷51.429%÷8%=97.222%。

（4）彭总个人在集团公司持有 62% 的股权，由新设控股公司持有，控股公司由彭总个人家庭成员持有，成立家庭控股公司。

5.2.2 生子型股权架构重组

由于缺乏股权架构的顶层设计，很多企业主总是用一家公司购买土地、建设办公楼、投资购买重型设备，同时，企业内部留存着大量的历史未分配利润。此时，企业主要想设立控股公司，进行股权转让时，将产生大额的个人所得税，而且要跟新进投资者共享未分配利润。

在这种情况下，老公司向下投资设立新的主体公司，老公司将人员、设备、资产、负债整体划转至新主体公司中，老公司优质资产和业务与合伙人的资金、技术和管理合资设立新主体公司，实现新老划断，新公司按照新的合伙规则共同创业、共担责任、共享成果，此种方法称为生子型股权架构重组。

生子型股权架构重组完成后，老公司就成了控股公司。

下面我们通过实际案例来了解。

国货化妆品科技公司由于业务需求，设立了广州化妆品贸易公司（以下简称“广州贸易”）、上海化妆品贸易公司（以下简称“上海贸易”）、北京化妆品贸易公司（以下简称“北京贸易”）来进行化妆品的销售。国货化妆品科技公司设立全资子公司——广东化妆品产业园公司（以下简称“广东产业园”）、深圳智能智造公司（以下简称“深圳智造”）——用于产业园开发和产品生产。所有公司均采用自然人持股方式，股东每次分红缴完个人所得税后再投资到子公司，同一笔资金调拨产生了一定成本。随着公司规模的扩大，散而乱的股权架构无法满足上市规范的要求，急需进行股权架构重组，确认上市主体。国货化妆品科技公司股权架构重组前公司基本情况如表 5-1 所示。

表 5-1　国货化妆品科技公司股权架构重组前公司基本情况

	实收资本（万元）	盈余公积（万元）	未分配利润（万元）	所有者权益（万元）
国货化妆品科技公司	5 000	2 500	10 000	17 500

续表

	实收资本（万元）	盈余公积（万元）	未分配利润（万元）	所有者权益（万元）
广州贸易	1 000	500	9 000	10 500
上海贸易	500	250	5 000	5 750
北京贸易	200	100	8 000	8 030
广东产业园	3 000	0	−5 000	−2 000
深圳智造	5 000	250	−2 000	2 750

梳理完国货化妆品公司的基本情况，我们可以作出如下的股权结构调整，调整方式如图 5–6 所示。

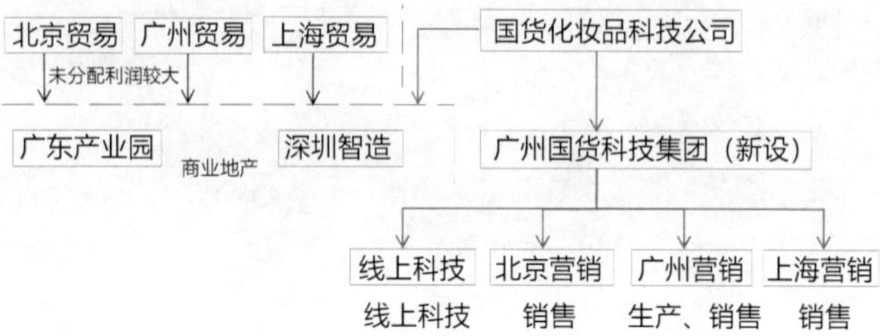

图 5–6　国货化妆品科技公司重组后的股权架构

图 5–6 便是典型的生子型股权架构重组方式，那么，这种股权结构的重组具体是怎样实现的呢？下面我们来一一分析：

（1）广东产业园和深圳智造公司未来需要大量资金投入，而广州贸易公司、上海贸易公司、北京贸易公司有大量资金沉淀，资金可以供广东产业园和深圳智造公司进行房产开发。

（2）广州贸易、上海贸易、北京贸易可以持有广东产业园和深圳智造公司 10% 以上的股权，以股东身份投资广东产业园和深圳智造。

（3）化妆品科技公司投资设立 100% 控制的子公司，该子公司未来作为拟上市公司主体，国货化妆品科技公司将主业相关的资产、人员、业务以买卖、划转或投资的方式剥离至新主体公司。

（4）基于大消费[1]行业特性，新设销售公司没有行业壁垒，不会影响公司整体业务，因此，新设子公司可再投资新的生产公司和销售公司，生产型公司与广东产业园或深圳智造公司可进行厂房租赁或设备租赁。

5.2.3 股权架构重组案例解析

任何一次的股权重组都不可能存在十全十美的方案，企业只能根据实际情况选择最适合自己的做法。

接下来，我们将与大家分享一个比较经典的股权架构重组方案。我们团队陪伴一家企业，历时一年，规划设计出了六套股权架构重组方案，最终选择出了其一，且已经实现了完美落地。

三兄弟陈大、陈二、陈三，在沈阳创办了一家锂电池公司 A。陈大、陈二、陈三自然人持股比例分别为 51%、25%、24%。在其他城市产业园的招商引资政策下，三兄弟又在异地注册锂电池生产制造公司 B，按公司 A 股权比例持股。此后，公司 A 不再发生具体经营业务，只将其持有的部分房产进行出租。经过多年的发展，公司 B 年营业收入达到 20 000 万元，净利润 2 000 万元，注册资本 3 000 万元，实收资本 500 万元，未分配利润 3 500 万元，净资产 4 000 万元，具备北京证券交易所（以下简称“北交所”）挂牌的条件。三兄弟

1　大消费，就是新的消费方式的升级。经过 10 余年的经济发展，中国消费正在向第三次升级迈进，中国消费需求正在发生实质性转变，已向房地产、汽车和医疗保健“新三大件”转移，同时在这第三次消费升级的过程中，旅游、高端白酒、乳品、葡萄酒、平板彩电等子行业龙头及以 5G、互联网有线电视为代表的新一代通信产品，文化传媒、电子信息等创新性消费概念股，使人们的消费多样化。

希望能够基于公司长期的发展和规划，设计出一套科学合理的股权重组方案，同时实现以下五个目标。

（1）希望能够选择在沈阳上市，公司 B 成为沈阳公司的生产加工基地；

（2）公司 B 未分配利润是原始的积累，希望能够分配给原始股东；

（3）三兄弟各自希望设立家庭公司，家庭公司可以再合资设立家族公司，保证企业的基业长青；

（4）希望股权架构的变更，不要影响公司挂牌北交所，条件允许的情况下，越快越好；

（5）股权架构重组过程中，多考虑税收筹划，希望尽可能以较低成本完成重组。

在对公司基本情况有了深入的了解后，我们对企业进行了股权调查诊断[1]，发现其股权架构上存在以下五个问题。

（1）个人持股形式下，公司融资需求较大时，实控人的股权将被进一步稀释，如何保证融资需求，又保证实控人的控制权呢？

（2）自然人持股变更涉及个人所得税，若直接进行股权转让，那么个税成本为（4 000 － 500）×20%=700（万元），税收成本较高。

（3）未搭建员工激励持股平台，未明确合伙人是自然人持股、有限公司持股还是有限合伙企业持股。

（4）公司注册资本仍有 2 500 万元未实缴，如何完成实缴？是股东直接缴纳，还是未分配利润转增注册资本？

（5）沈阳公司 A 多年未生产经营，财务指标均不符合上市要求，若想在沈阳挂牌北交所，是新设立一家公司，还是公司 B 迁址到沈阳，

1　运用小程序“股询询”可股权架构诊断，具体操作指南见附录“股询询”操作指南。

再进行股权架构重组呢?

那么，他们需要怎样做才能解决以上的问题呢? 由于股权架构的重组不单单涉及股权变更，更多涉及的是法律和税务层面，既要合情、合法、合规，又要在法律允许的条件下税收成本最低，还要能够符合上市规划。在这种情况下，经过多轮的协商沟通，我们设计出了六套股权重组方案供这家企业选择。

方案一：自然人持股形式变更形式。

首先，三位股东各自设立家庭公司，同时设立有限合伙企业作为员工持股平台；其次，家庭公司再设立家族公司；再次，家族公司、三位自然人和员工持股平台共同设立沈阳主体公司；复次，沈阳主体公司全资收购三位自然人在公司 B 的股权，依据自然人持股形式变更，申请以平价转让的方式完成重组；最后，沈阳主体公司以研发、销售为主，公司 B 作为生产加工基地。变更后的股权结构如图 5–7 所示。

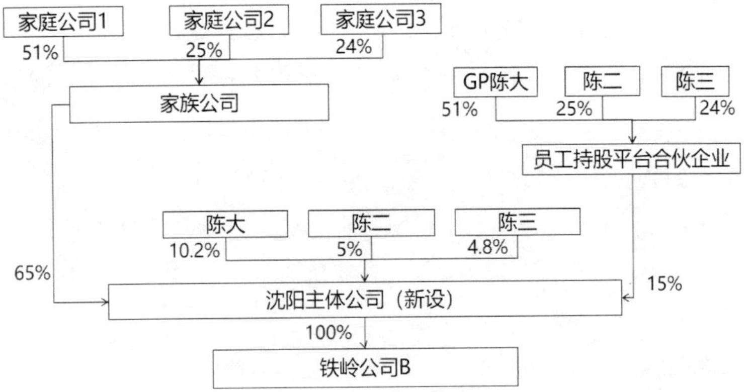

图 5–7 自然人持股形式变更后股权结构

方案二：先实缴注册资本，后进行股权转让。

自然人持股形式变更。这种变更方式在同一地区内变更实现的可能性较大。如果异地变更，会涉及税源地的变化，原来公司 B 产生的利润分红至沈阳公司，沈阳公司再分红所缴纳的个税就归沈阳所有了。方案一税收成本低，但举证股权转让的合理定价难度较大。在此基础上，提出未分配利润转注册资本，将注册资本完成实缴。中小高新技术企业以未分配利润、盈余公积 、资本公积向个人股东转增股本时，个人股东一次缴纳个人所得税确有困难的，可自行制订分期缴税计划，由企业向主管税务机关办理报告备案，在不超过 5 个公历年度内（含）分期缴纳。

本案例中的公司 B 将未分配利润 2 500 万元转为注册资本，其中涉及 500 万元个人所得税可申请 5 年缴纳，前 4 年可以分别缴纳 1 万元，最后一年一次性缴纳 494 万元。未来的 494 万元个人所得税成本，完全可以通过搭建股权架构后筹划出来。完成股权架构重组后，未来 5 年公司未分配利润有 5 000 万元时，向家族公司进行分红时无须缴纳个人所得税，如果直接分红至个人则需要缴纳个人所得税 5 000×20%×65%=650（万元），相较眼前的个人所得税成本而言，仍具有吸引力。

采用未分配利润进行实缴时，需在公司章程中就出资方式进行修改，股东出资方式为货币、实物、无形资产、资本公积、未分配利润及其他法律、法规允许的方式。可以有效避免企业 IPO 时引起不必要的审核关注。

完成注册资本实缴后，公司实收资本 3 000 万元，未分配利润 1 000 万元，净资产 4 000 万元，新注册沈阳主体公司全资收购公司 B 股权，股权转让公允价为 4 000 万元，股权转让产生的个税成本为（4 000 － 3 000）×20%=200（万元）。

方案三：公司 B 股权资产先增资入股新主体公司，再申请自然人持股形式变更。

在沈阳新注册一家主体公司，主体公司股东仍是三位股东，注册资本为10万元。公司B三位股东以4 000万元的股权价值，对主体公司进行增资。增资完成后，新主体公司100%持有公司B股权，注册资本为4 010万元。

根据《财政部　国家税务总局关于个人非货币性资产投资有关个人所得税政策的通知》（财税〔2015〕41号）规定：个人以非货币性资产投资，属于个人转让非货币性资产和投资同时发生。对个人转让非货币性资产的所得，应按照"财产转让所得"项目，依法计算缴纳个人所得税，但可以分期缴纳。个人应在发生应税行为的次月15日内向主管税务机关申报纳税。纳税人一次性缴税有困难的，可合理确定分期缴纳计划并报主管税务机关备案后，自发生上述应税行为之日起不超过5个公历年度内（含）分期缴纳个人所得税。

完成股权增资后，再在沈阳地区申请自然人持股形式的变更，搭建混合型股权架构。

方案四：资产划转。

公司B在沈阳投资设立全资子公司，该子公司成为拟上市公司主体，公司B成为控股公司。公司B再向新主体公司进行资产划转，将其土地、厂房、人员、债务一并划转至新主体公司。由此产生企业所得税可申请"上家不缴、下家不扣"的税收优惠政策，增值税作为完整的链条可以在新主体公司抵扣，整体划转也可以享有免缴契税优惠。相关税收优惠政策如下：

2015年，国家税务总局发布《关于资产（股权）划转企业所得税征管问题的公告》（国家税务总局公告2015年第40号），公告明确，包括母公司向子公司、子公司向母公司以及子公司之间等四种情形的股权或资产划转，可以享受递延纳税待遇。

《财政部　国家税务总局关于企业改制重组有关土地增值税政

策的通知》（财税〔2015〕5 号）规定，除以土地使用权投资于房地产开发企业用于开发产品或房地产企业以开发产品对外投资需视同按公允价值转让房地产计算缴纳土地增值税外，其他情形不征土地增值税。因此，居民企业间资产划转如涉及不动产、土地使用权，划入方按接受投资处理的，属于投资入股方式之一，应当免征土地增值税。

《财政部　国家税务总局关于进一步支持企业事业单位改制重组有关契税政策的通知》（财税〔2015〕37 号）第六条规定，同一投资主体内部所属企业之间土地、房屋权属的划转，包括母公司与其全资子公司之间，同一公司所属全资子公司之间，同一自然人与其设立的个人独资企业、一人有限公司之间土地、房屋权属的划转，免征契税。

《国家税务总局关于纳税人资产重组有关增值税问题的公告》（国家税务总局公告 2011 年第 13 号）规定，在资产重组过程中，通过合并、分立、出售、置换等方式，将全部或者部分实物资产以及与其相关联的债权、负债和劳动力一并转让给其他单位和个人，其中涉及的货物转让行为，不征收增值税。

方案五：资产收购。

在沈阳注册一家新主体公司，新主体公司的股东由家族公司、三位自然人股东和有限合伙企业组成。新主体公司向公司 B 进行资产收购，由此产生的企业所得税、增值税、土地增值税、契税和印花税。增值税可在新主体公司抵扣，土地无增值，只需缴纳部分契税和印花税。

方案六：公司 B 迁址沈阳，再进行自然人持股形式变更。

公司 B 进行注册地变更，迁址至沈阳，同时在公司 B 注册地设立分公司负责生产。迁址完成后，再向沈阳申请自然人持股形式变更，完成股权架构重组。

最终，这家企业基于企业的可持续发展，最终选择了方案五，新注册主体公司，将公司原有的业务转移至新公司，以时间换空间，重新规划资本运作之路。

2 第二部分

开疆拓土篇

我国秦朝时期实行的军功激励制度，最突出的一点就是“秦朝二十级军功爵位制”，即士兵只要斩获敌人一个首级，就可以获得爵位一级、田宅一处和仆人数个。军功爵位由低到高共有20级，用发式、帽子和装束等的差异来区别不同的爵位等级。

不同的爵位享受的待遇有很大的区别。例如，在军中，爵位高低不同，每顿吃的饭菜甚至都不一样：三级爵有精米一斗、酱半升，菜羹一盘；二级爵位的只能吃粗米；没有爵位的普通士兵能填饱肚子就不错了。军功爵可以传子。如果父亲战死疆场，他的功劳可以记在儿子头上。一人获得军功，全家都可以受益。

简单来说，就是生活质量跟打仗成绩密切挂钩。

我们不妨将秦朝的军功激励制度与企业发展阶段中的激励方案对照来看，我们可以把秦朝的爵位看成公司的职级或合伙人等级，而爵位所享受的待遇就是不同层级的合伙人所享有的权益和价值，军功就是公司的业绩和个人的岗位价值贡献。

一般来说，公司在度过 2 ～ 3 年的创业期后，就会面临开疆拓土、攻城略地的关键时期，这个时候就需要搭建股权动力系统，让中高层清楚地知道是为谁干、怎么干、干了之后能获得什么利益。公司就会形成“人人争当合伙人，人人为业绩，人人有动力”的工作氛围，公司的发展必将走向高速扩张。

因此，在这一部分，我们将重点讲述如何搭建股权动力系统，包括股权动力模型、多层次股权合伙体系、股权合伙的裂变和资金裂变。

06

第 6 章 股权动力模型

股权动力模型是股权动力系统的核心，扮演着至关重要的角色，类似于人体的大脑，因为企业主与股权合伙方案设计者，无论是在股权的认知层面，还是在股权合伙的顶层思维上，都必须高度统一，才能通过“头脑风暴”的方式，共同设计出企业的“发动机”。

要想定制设计出符合自身企业需求的股权方案，我们一定要知道自己手中到底有多少“武器”可以用、怎么用以及使用与不使用的优劣势。

在本章，我们也将重点讲讲股权合伙的模式，认识一下自己手中的“十八般武器”，并结合股权合伙方案设计的实操案例，深入浅出地为读者讲解“股权合伙七步法”，即“股、人、时、价、量、考核、退出”。

6.1 股权合伙顶层思维

让股权更有价值，合伙人才更有动力。在设计股权合伙方案前，我们需要提升股权合伙的顶层思维，方法包括且不限于“动力飞轮模型”“力出一孔，利出一孔”“关者有其股”“持续创造，持续激励”“股权必出资”。

6.1.1 动力飞轮模型

股权战略是为企业塑造股权价值制定的方针策略，股权战略落地实施的情况决定了股权的价值。股权战略实施主要依靠的是团队，只有团队有了动力，才能自动自发地以经营者思维去完成战略目标，战略目标的实现让股权更有价值。股权的价值是起点，将开启员工动力与股权价值的良性互动循环（见图 6-1）。

图 6-1　动力飞轮模型

员工的动力系统的构成要素主要是短期的基本工资、月度季度年度绩效工资、工作提成、项目奖金，中期的年终奖、股东分红，长期的股权增值和股权溢价，其具体构成要件及其关系，如图 6-2 所示。

短期的薪酬构成是员工的劳动收入报酬，是员工基本生活的保障，如果企业连这部分都没有办法保障，只是一味地呼吁员工去替公司拼搏，为理想奋斗，那么等来的就是一句“老板，你画的大饼含铁成分很高，会消化不良呀”。并非员工不愿意为理想买单，而是现实的生活压力让许多身怀梦想的青年不得不放弃，特别是一线城市的白领，半辈子都被房贷、车贷、奶粉钱、父母的养老钱缠身。

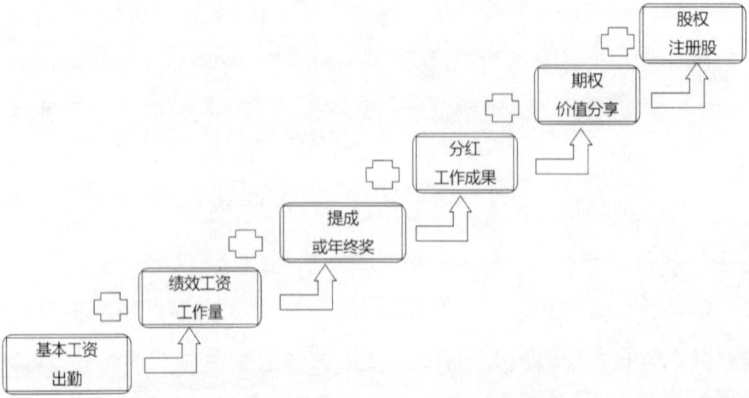

图 6-2　员工动力系统构成要件

中期的年终奖、股东分红是与公司层面（营收目标和净利润目标）和个人层面（绩效考核）相挂钩的，公司经营效益好的情况下可以多发一些年终奖，而股东分红激励范围主要集中在公司中高层，其并非员工薪酬的一部分。当“短期薪酬＋年终奖”不足以激励核心岗位时，可以设计股东分红方案进行补充；当“短期薪酬＋年终奖”薪资满意程度较高时，可以替换掉部分年终奖方案，设计与经营结果挂钩的股东分红方案。

长期的股权增值和股权溢价是在公司与员工的价值观一致的情形下，双方相互激励、相互约束制定的股权合伙方案。由于股权增值和股权溢价兑现的周期较长，因此，股权回报也要远远高于员工的短期和中期回报，员工才更有动力为之努力。短期薪酬是让员工把活干完，中期资金分红是让员工把活干好，长期股权价值是让员工把工作当成自己的事业来经营。

6.1.2　“力出一孔，利出一孔”

民营企业中一直流传着这样的一句话：“老板的精力在哪里，

哪里就能出成果。”相对应地，当员工和企业的奋斗目标一致，员工利益也会和公司长远利益绑定在一起，员工和企业共筑梦想、共享权利、共担责任、共享利益时，其不仅能实现利益共享，而且能实现个人梦想。

比如我国的华为技术有限公司，它拥有适合且有用的员工持股制度，而员工持股制度中，最重要的就是坚持了“力出一孔，利出一孔”的原则。“力出一孔”可以理解为把华为所有的资源聚焦在战略上，只有在战略上实现突破，公司才能长久发展；“利出一孔”则是指华为从最高层到所有骨干层的全部收入，只能来源于华为的工资、奖励、分红及其他，不允许有其他额外的收入。“力出一孔”是华为长期坚持的战略原则，而“利出一孔”则是华为对高层员工的严格要求。

华为成立于 1987 年，创业初期由 PBX[1] 销售代理商向生产制造商转型，开始自主研发面向酒店与小企业的 PBX 技术并进行商用。在原有的薪酬体系下，留住核心技术人才并有效缓解资金压力的需求，使得华为走上了股权激励之路。

纵观华为的股权激励演变历程，主要经历了四个阶段。

第一阶段（1990—1996 年）：推出全员持股计划。

华为公司员工自愿以每股 1 元的价格通过增资扩股的形式购入公司内部股，仅享受股东分红，不得转让出售，股东分红为税后利润的 15%。如果员工调离、退休以及离开公司时，将由公司回购股份，回购价格为初始购买价格，也就是说 1 元买进 1 元卖出，无增值收益。持股员工有华为的股权证书，并盖有华为资金计划部的红色印章。

首期全员持股计划，并未对个体进行配股和行权条件设置，以

1　用户级交换机（Private Branch Exchange，PBX），即公司内部使用的电话业务网络，系统内部分机用户分享一定数量的外线。

及保本式的退出机制较大程度地打消了员工的观望情绪，极大地调动了员工投资入股的热情，缓解了公司的资金压力。

第一阶段的全员持股计划能够成功推行，核心在于高业绩增长带来的高分红收益激发了大家的购买意愿，这是保障激励计划顺畅运行的基础。据统计，华为 1992 年营业收入为 1 亿元，1996 年营业收入为 26 亿元，实现了 26 倍的增长。

第二阶段（1997—2001 年）：优化公司治理架构，进行股权改制，由全员持股公司转变为工会托管代持、实体股东控股的公司。

1997 年 11 月，原国务院体制改革办公室原则上同意华为公司内部员工持股方案。2001 年，深圳市政府颁布了新的《深圳市公司内部员工持股规定》，适用范围扩大到了民营企业。当时的《员工持股规定》中明确规定，员工持股会（以下简称“持股会”）负责员工股份的托管和日常运作，以社团法人登记为公司股东。可以说，华为的工会持股是特定时期的历史产物。

华为在股权激励的第二阶段以股权改制为主，激励方案沿用第一阶段，即员工享受股票的分红权，但在本阶段为了遵循深圳员工持股规定，在股改后由股东会明确提出“公司员工所持的股份由公司工会集中托管，并代行股东表决权”。具体运作模式为，工会每五年一届进行换届选举，由本届工会代表提名下届候选人，全球范围内员工进行投票，选举确定 50 多名工会代表，工会代表中选取大概 18 人进入决策层，其中董事会成员 13 名，监事会成员 5 名。在实际运行中，任正非对经营决策拥有一票否决权。

2003 年，华为成立华为投资控股有限公司，由华为投资控股公司进行定向增发，任正非和华为投资控股工会以每股净资产价格进行认购，华为投资控股有限公司再将等比例股票数量以每股价格的形式出售给员工。定向增发确保了任正非独立股东的地位，增加了股票发行的灵活性。任正非作为实际控制人和极小范围内的持股会根据真实财务报表，以每股净资产进行认购，员工按每股价格进行认购的双重价格体系，保障了非上市公司的财务信息保密性。

第三阶段（2001—2013 年）：推行虚拟受限股，设置饱和配股机制。

2001 年 7 月，华为公司股东大会通过《华为技术有限公司虚拟股票期权计划暂行管理办法》。推行虚拟受限股后，新员工不再派发长期不变 1 元一股的股票，老员工的股票也逐渐消化转化成虚拟股，享受一定数量的分红权和股价增值权，无所有权与表决权，不能转让和出售，在离开企业时自动失效。

同时，虚拟受限股授予数量采用饱和配股机制，根据部门绩效及个人的绩效、职级，员工获得一定额度的虚拟股票，以当期每股价格进行购买，行权的期限为 4 年，每年行权购买的额度为 1/4，行权期合伙人可以选择按约定的价格购买，或按当期价格兑现增值收益，或放弃行权激励股作废。

对于持股较多的中高层核心员工，每年可以兑现的比例分 10 年兑现。离职后，要经历公司严格的 6 个月审核，确认不出现创业公司的产品与华为构成同业竞争、没有从华为内部挖过墙脚等条件中的任何一条后，方可全额兑现。配股规定了一个 3 年的锁定期，3 年内不允许兑现，如果员工在 3 年之内离开公司，则所配的股票无效。

同时，华为为员工购买虚拟股权采取了一些配套的措施，如员工本人只需要拿出所需资金的 15%，其余部分由公司出面，以银行贷款的方式解决。

一方面，华为通过超常规增发进行融资（开源），延长持股较多人员的行权年限（节流）、设置配股锁定期（节流）等系列手段大大缓解了公司的资金压力；另一方面，股权向核心层倾斜，稳定了骨干队伍，设置了风险条款，确保享受公司发展红利的核心人员离职后不影响公司的发展；还以公司名义作保，协助员工进行贷款，解决了员工购股的后顾之忧，这种模式一直持续到2012年才被取消，充分保证了这一阶段的发展资金来源。

第四阶段（2013年至今）：增加TUP计划（TIME-UNit PLAN，时间单位计划），努力缩小新老员工的收入差，激发新进员工的积极性。

2013年，华为正式推出TUP计划，2013年实现外籍员工全面覆盖，2014年开始在国内逐步推广。TUP计划本质上是基于员工绩效的利润分享和奖金计划，是一种递延奖金的中长期激励模式（见表6-1），该方法操作灵活，不受股票类法规限制。公司每年会根据不同人员所处的岗位、职级、绩效表现，给予“被授予人”自授予之日起五年可享有以现金支付的收益权，包括年度收益及累计期末增值收益。

表6-1　时间单位计划下的激励模式说明

时间（年）	激励模式说明
2014	配股5 000账面股，每股价格5.42元（不出资购买），当年不参与分红
2015	5 000×1/3×当年每股分红额
2016	5 000×2/3×当年每股分红额
2017	5 000×当年每股分红额
2018	5 000×当年每股分红额+5 000×（2018年每股价格—2014年每股价格），2014年获取的5 000账面股清零

对于饱和配股员工，放缓虚拟股权转TUP的节奏，防止挤兑风险。一方面鼓励员工继续持有虚拟股权，另一方面通过增发TUP的方式

逐步稀释虚拟股权的收益。计算公式为：

员工收入 = 基本工资 + 年终奖金 +TUP+ 虚拟股权

此公式中的前三项属于劳务报酬，最后一项属于资本报酬。每年奖金池派发顺序先核算年终奖，接下来为 TUP 分红和增值收益，剩余部分进行股东权益（虚拟股）分红逐步稀释虚拟股权分红，待大家对虚拟股权的分红预期达到临界点，逐步回购虚拟股权，并转为 TUP。

6.1.3 “关者有其股”

设计股权合伙方案时，我们深度剖析过很多公司的组织架构。我们发现，公司的职能部门（人事部、行政部、财务部）和业务部门（销售部、市场部、运营部）总是存在各种各样的矛盾。比如，业务部门会认为公司业绩都是他们创造的，职能部门应该为他们服务。而且业务部门持有各自业务板块的股权，能够充分调动他们的积极性，可实现“关者有其股”。但是，职能部门却认为业务部门只是一个承接部门，不是一个完整的独立个体或公司，不具备“关者有其股”的条件。

首先，我们要明确一点，让合伙人持有与其切身利益相关平台的股权，能更加有效地激发合伙人的动力。

其次，具备独立核算自负盈亏的经营个体是可以作为持股平台，实现“关者有其股”。

再次，开疆拓土期需要进行团队裂变，才能快速跑马圈地。

最后，最终企业上市时，需要进一步完成重组，实现合伙人利益一盘棋。

因此，在开疆拓土期，“关者有其股”是一种核心手段，只是在不同阶段要采用不同的策略，才能最终实现开疆拓土的目的。

下面就是公司为实现开疆拓土，处于不同时期、不同阶段应该采用的不同策略。

1. 持下不持上

在总部力量较弱的情况下，公司需要通过开发渠道或挖掘外部合伙人开拓市场，因此，会通过与业务部门合资设立子公司，让业务部门人员持有子公司股权。此时，业务部门人员只是期望自己是一个独立创业的个体，总部提供平台、品牌和资金的支持就可以了，业务部门人员积极入股至各自平台，股权与利益深度绑定。此时，业务部门人员对总部的股权期望值不是很高，总部也在尝试团队的裂变发展，担心业务部门过早持有总部股权会出现“大锅饭”的风险。我们称这一时期为“持下不持上”时期。

2. 下层持大股，上层持小股

公司整体快速发展，经营业绩持续增长，品牌影响力也会越来越大，公司的股权价值也会越来越高。如果业务部门短期利益得到较大回报，那么业务部门对公司整体的利益关注度便会越来越低，此时，其与职能部门的矛盾也会越来越大，同时，他们对公司整体股权的价值认可度也会越来越高。

此时，企业就需要释放出一部分公司的股权，让业务部门人员投资入股，与公司整体的股权相比，业务部门持有的公司股权可以较少，但价值不能比业务部门股权价值低。同时，公司授予职能部门股权，提升职能部门的事业认同感，减少其与业务部门的矛盾点。

3. 总部基金跟投

在连锁行业中，我们总是会面临总部人员羡慕门店店长持有各自门店的股权，并期望能够投资到门店中。当职能人员成为门店投资人后，对整体利益的关注度就没有那么高了，而是只对自己投资的门店过度关切。这一时期，总部也还没有到回购门店股权、释放整体公司股权的时机。这一时期，称为“总部基金”时期。这一时期，我们可采取总部基金合伙激励策略（见表 6-2）。

表 6-2　总部基金合伙激励策略

总部基金合伙激励策略	
基金总额	首期基金总额为 300 万元，拟投资不超过 5 家新开门店，单个门店投资比例不超过 19%
基金份额	300 份，1 份 10 000 元，单人投资份额上限为 10 份（10 万元额度）
参与人员	最近一次加入公司起的司龄须满 12 个月；绩效考核良好以上；经过公司总经办资格评定认可
认购方式	自由认购，超额认购则同比例缩小，认购不足份额由下一层级再次认购，依此类推。如高层 A 认购 10 万元，高层总额度 150 万元，但高层总认购 200 万元，则高层 A 最终认购额 =10×150÷200=7.5（万元）
份额分配	集团部门负责人占比 50% 份额，主管占比 30%，优秀员工占比 20%。份额认购不足时，可以由下一层级认购，直至认购完成为止
出资方式	一次认购分期出资，公司投资门店时再按份额比例出资。认购额度内不愿出资，则基金份额自动被稀释
基金份额价值	每年年底，公司财务审计被投资门店净资产，并公布基金份额价值
分红规则	基金分红将根据门店投资股分红情况进行
退出规则	员工离职或离开激励岗位，退出时须按当期每一份基金份额价值退出。若发生红线行为给公司造成损失的，需赔偿损失后退出。因退休、伤病等特殊原因导致无法胜任工作的，可向公司申请保留基金份额

这一时期，企业主要由总部职能部门核心骨干募集资金，跟投到所有新设产业链子公司或门店中。

4. 股权置换或股权回购

拟上市公司以市盈率估值为主，也就是净利润值越高，公司估值越高。而且，为了规避关联交易或同业竞争，需要进行股权重组，将子公司关联性股东的股权进行回购或者置换到拟上市公司中。

例如，拟上市公司净利润为 1 亿元，子公司净利润为 1 000 万元。其中，子公司操盘手持有 10% 的股权。若股权置换时按相同市盈率进行置换，子公司估值 4 000 万元，拟上市公司估值 40 000 万元，操盘手持有公司股权价值为 400 万元，操盘手可以选择现金兑现或者置换为拟上市公司股东。

股权置换完成后，操盘手持有拟上市公司股权比例为 400÷(40 000+400)=0.99%，拟上市公司合并净利润为 10 400 万元，外部估值市盈率为 15 倍，则拟上市公司估值为 156 000 万元，操盘手持有的股权外部价值为 1 544.4 万元，股权价值直接增长 3.86 倍。

6.1.4 持续创造，持续激励

对公司持续创造价值的合伙人，应该持续激励，借助动态调整机制优化合伙人，保证股权池的流动性与企业的活力。持续创造也就意味着公司战略目标的实现，所有合伙人战略目标保持一致性，共同创造业绩增量，共享战略目标实现的成果。

在股权动力模型中，通常会设几个阶段性的目标，完成某一阶段目标即获得激励股，在目标实现过程中，总是有一批兢兢业业的奋斗者持续作出贡献，这些奋斗者恰恰是我们需要持续激励的对象。而战略完成程度与股权释放数额之间的对应关系，如表 6-3 所示。

表 6-3　战略目标与股权释放的节奏

销售额里程碑	5 亿元	6 亿元	10 亿元	20 亿元	合计
当期释放期权比例（%）	6	3	3	3	15
当期期权激励总量（万股）	1 800	900	900	900	4 500

6.1.5 股权必出资

在辅导企业落地股权合伙的各种实际操作中，我们发现，合伙人出资认购企业股权，与企业深度绑定成为命运共同体后，才能激发合伙人的潜能。很多企业家担心员工会由于没钱认购、认购的意愿度不高、对股权认知度不够等情况，而不认购股权。其实，在我们访谈员工时，发现员工的心理真的没有公司股东想象的那么复杂，他们的追求只是资金可以不亏本，有一项比银行利息略高的回报而已。

在股权出资方案的设计上，我们要有两点认知：第一，股权合伙并不是融资行为。股权合伙，看重的是人才，而不仅仅是钱，钱只是进行合伙的纽带。第二，出资压力较大时，方案设计需全面考虑，可以分期出资、借款、保本保息、奖金折股、储蓄购股等。

那么，我们来看看一直注重员工股权激励的江苏洋河酒厂股份有限公司（以下简称“洋河股份”），是如何解决出资问题，又是如何让员工从经营者向合伙人转变，最终将个人利益与集体利益深度绑定在一起的吧。

第一步，现金奖励折股。洋河股份 1999 年至 2001 年三年间，将国有资产净增值额 3 067.8 万元的 12%，按贡献大小，以现金的方式对经营层进行奖励，并全部投入拟设立的“江苏洋河酒业股份有限公司”（实际注册时调整为发行人现有公司名称），作为自然人股东出资。

第二步，经营层成员纳“投名状”。奖金配股方案：获得奖励的经营层各成员，其个人现金出资必须按不低于个人现金出资与奖金出资 1 ∶ 2 的比例入股到拟设立的股份公司中。也就是说如果奖金是10万元，那么个人需出资5万元，合计15万元认购洋河股份股权。

经过多轮的股权激励，经营层持股比例为 8.41%，其中董事长持有 1.59%，这个比例按目前 2 000 亿元市值计算，价值 31.8 亿元，不比任何一家上市公司市值低。

6.2 股权合伙模式

股权的权益通常划分为分红权、增值权、表决权、实股认购权、工商注册权、继承权，不同的权益进行组合构成不同的股权合伙模式，如干股、期权、业绩股、期股和限制性股权。这些股权合伙模式的性质可分为虚拟股权和真实股权，其中，以是否进行工商注册作为分界线，不进行工商注册的激励股称为虚拟股权，进行工商注册的激励股称为真实股权。具体如表 6-4 所示。

表 6-4 股权合伙通用模式分类

合伙模式	性质	分红权	增值权	表决权	出资	实股认购权	工商注册权	继承权	退出
干股	虚拟股权	√	×	×	√	×	×	×	容易
期权	虚拟股权	×	√	×	√	√	×	×	容易
业绩股	虚拟股权	×	√	×	√	×	×	×	容易
期股	虚拟股权	√	√	×	√	√	×	×	容易
限制性股权	真实股权	√	√	√	√	√	√	约定（合伙协议）	复杂（合伙协议）

6.2.1 干股

干股是一种只享有分红权的激励模式，不具备其余任何权益。

在传统的认知里，大家习惯用百分比进行约定分红权，比如授予张三 5% 的干股，即享有年底净利润 5% 的分红权，公司所留存的资产与合伙人无关。但采用百分比的方式存在一个较大的弊端，就是企业较小时授予的干股比例通常会比较高，当企业做大之后，降低干股比例会降低员工的激情，保持较高的干股比例又会激励过度，易滋生一起分“大锅饭”的情形。

因此，授予干股应该按照绝对值数量（如干股 10 万股）来。随着企业的发展和合伙人的增加，干股总数持续扩增，授予优秀的合伙人，并保证只有持续优秀、持续贡献的合伙人才能保持干股的分红比例不变。干股分红额计算公式如下：

干股分红额 = 干股分红总额 × 合伙人干股持股数 ÷ 当期干股总数

根据干股分红总额的提取方式不同，可以将干股激励方式再划分为干股存量分红、干股增量超额分红和干股存量加增量分红。

1. 干股存量分红

根据公司当期净利润值提取固定比例作为干股分红总额，称为干股存量分红。

比如，合伙人 10 人，干股总量为 100 万股，合伙人甲持有 10 万股，提取当年净利润的 20% 作为干股分红总额。当年度净利润为 300 万元时，干股分红总额为 60 万元，合伙人甲分红额 =60 万元 ×10 万股 ÷100 万股 =6 万元。

2. 干股增量超额分红

根据公司实际净利润完成情况，低于净利润保底目标值时，不提取干股分红额，高于净利润保底目标值时分段累计提取干股分红总额，称为干股增量超额分红。提取比例如表 6-5 所示。

表 6-5 干股增量超额分红提取比例表

实际净利润目标区间	分段提取比例
≤净利润保底目标值	0%
>净利润保底目标值，≤净利润平衡目标值	10%
>净利润平衡目标值，≤净利润冲刺目标值	15%
>净利润冲刺目标值	20%

假如实际净利润大于净利润冲刺目标值时，计算公式为：

干股分红总额 =（净利润平衡目标值—净利润保底目标值）×10%+（净利润冲刺目标值—净利润平衡目标值）×15%+（净利润实际目标值—净利润冲刺目标值）×20%

3. 干股存量加增量分红

根据公司实际净利润完成情况，低于净利润保底目标值时，提取较低比例分红额，高于净利润保底目标值时，分段累计提取干股分红总额，称为干股存量加增量分红。提取比例如表 6-6 所示。

表 6-6 干股存量加增量分红提取比例

实际净利润目标区间	分段提取比例
≤净利润保底目标值	2%
>净利润保底目标值，≤净利润平衡目标值	10%
>净利润平衡目标值，≤净利润冲刺目标值	15%
>净利润冲刺目标值	20%

假如实际净利润大于净利润冲刺目标值时，计算公式为：

干股分红总额 = 净利润保底目标值 ×2%+（净利润平衡目标

值—净利润保底目标值）×10%+（净利润冲刺目标值—净利润平衡目标值）×15%+（净利润实际目标值—净利润冲刺目标值）×20%

干股的这三种激励方式，运用场景各有不同，但多广泛运用于连锁行业。连锁行业中根据门店的类型划分为创业型门店、成长型门店和成熟型门店。创业型门店适合采用干股存量分红；成长型门店适合采用干股增量超额分红；成熟型门店适合采用存量加增量分红。

6.2.2 期权

期权是未上市公司常见的一种内部激励方式，期权持有人享有“增值兑现权”或“行权购买实股权”，两者为或有关系，不可同时享有。其中，“增值兑现权”指符合条件的合伙人可按约定股价兑现期权增值收益；“行权购买实股权”指符合条件的合伙人可按行权价格向公司购买一定数量限制性实股的权利。

期权由于不具有分红权，合伙人更注重的是企业未来的股权溢价，通常运用于高速成长且具有上市规划的企业。期权就像“娃娃亲”一样，小的时候定亲，大的时候再领证结婚，公司规模小的时候确认好认购股权的价格和数量，将来企业做大了，股权哪怕有溢价了，仍按当初约定的价格认购，企业股权价值较约定价值低时，可以不行权认购。

对于合伙人来说，其不需要承担较大的风险，而且其在持股期间能享有企业股权的溢价，相当于是企业对其持股期间工作成果的认可。当然，期权对于看重公司长期发展的合伙人具有较大的吸引力，对于只关注短期利益的合伙人就有点“食之无味，弃之可惜”了。

期权广泛运用于高科技和互联网型的企业，如阿里巴巴、小米集团、抖音（原字节跳动有限公司）等。

期权的授予有各种具体策略，下面我们来看一则比较典型的期权激励方式的案例。

某公司根据岗位价值一次性核算出每个激励岗所授予的期权总额（100 万股期权），并约定分三年完成授予（第一年 30 万股，第二年 30 万股，第三年 40 万股）。一年等待期后，合伙人可以选择是否行权认购股权，一年锁定期后，合伙人可以在每年解锁期选择退出或继续持有。由于每年都会授予新的激励股，越往后激励股价格越高，合伙人离开公司的机会成本就会越高（见图 6-3）。

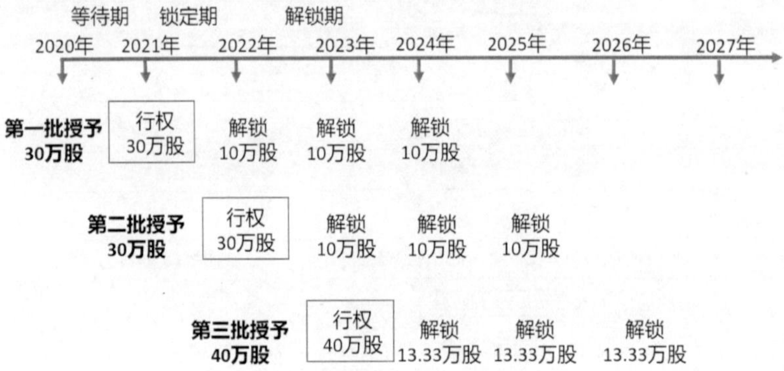

图 6-3　滚动式激励方案

以上就是一种“一次性核算、分批授予、分批行权、滚动式激励”的典型案例。从中我们可以清晰看到，搭配好期权的阶段与比例，对于员工的长期激励具有重要作用。

6.2.3 期股

期股是公司内部采用的一种激励方式，为享有“内部分红权”“股价价差兑现权”“股价锁定认购权”的协议股，其中“股价价差兑现权”与“股价锁定认购权”不可同时行使，两者为或有关系；同时，期股不享有投票表决权等其余权利。期股与期权的最大差异点在于，期股结合了短中长期激励，更符合合伙人多方位的激励需求。

合伙人只需缴纳一定比例的保证金，每年就可以享有持有期股 100% 分红权，短期收益与公司净利润目标挂钩。3 年锁定期后，合伙人可以选择按当期内部股价兑现增值收益，或者选择补足股权认购款行权认购公司股权（见图 6-4）。

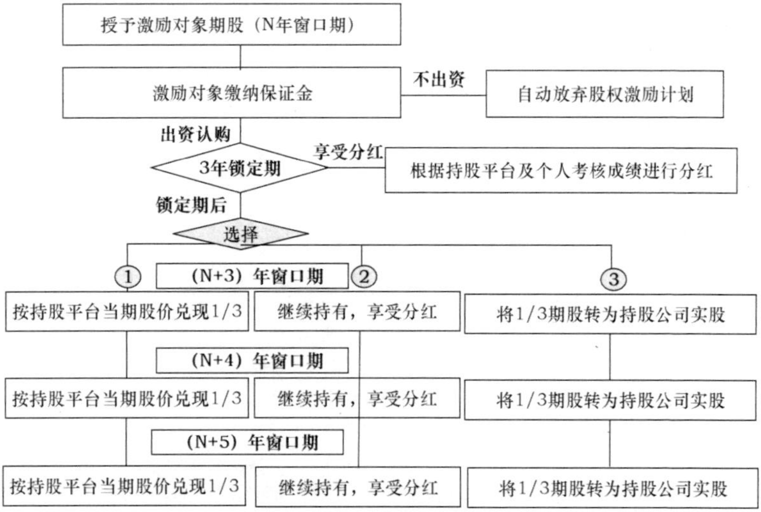

图 6-4　期股激励周期

中期股权内部增值与公司业绩增长挂钩，内部股权增长模型可以营业收入、净利润、回款率等核心经营数据作为指标，确保股权内部增值的真实性；合伙人行权认购股权后，持有公司限制性股权，未来公司上市后享有较高的股权溢价。

短期的分红收益提升的是薪资待遇，中期股权增值是对合伙人价值的认可，长期股权溢价是对奋斗型合伙人的褒奖。

6.2.4 业绩股

业绩股是衡量单一合伙人自身的业绩贡献能力，根据业绩贡献，置换或认购与业绩股等价值的拟上市主体公司股权的一种内部激励股。业绩股广泛运用于业绩好核算的独立经营个体，如经销商或销售人员，核心在于建立衡量业绩股价值的模型。既要让经销商有激励效果，又要让公司的激励成本可控。

某快消品拟上市公司，为了激励和绑定经销商，采用业绩股的激励模式，经销商业绩股激励模式如表 6-7 所示。

表 6-7　经销商业绩股激励模式

股	业绩股（经销商出货额增量）
人	2022 年 9 月到 2023 年 12 月 31 日回款 200 万元者，赠送 10 万业绩股； 出货额达到 200 万元可授予业绩股 10 万股
时	激励周期为 3 年，到期不上市时可选择兑现或继续持有，启动上市时按业绩股等价值置换拟上市公司股权
价	初始股价 1 元 / 股，保证金比例为 20%，股价上涨依据出货量，增加 100 万元出货额股价增加 0.5 元 / 股。经销商业绩股股价 =1+（当年出货额 −100 万）÷100 万 ×0.5
量	基础量 10 万股，贡献较大的经销商且持续增长，可增加个量
退出	出货量 500 万元及以上，按经销商业绩股股价结算；出货量 500 万元以下，按增值结算； 战略合伙人已打回款 200 万元，且指定时间内完成出货的都按照股价退出
合伙人评选	采用经销商积分制对持有业绩股的合伙人排名，选择其中 45 人成为拟上市公司股东。排名指标有：出货额排名、当年出货额增量排名、经销商陈列考核、库存周转率、红线条款（扣分项）

注：假设出货量 500 万元及以上时，股价是 2 元 / 股，则退出金额 = 业绩股数 ×2 元 / 股，出货量低于 500 万元时，则退出金额 = 业绩股数 ×（2 元 / 股 − 授予时股价）

根据表 6-7，经销商当年出货额达到 200 万元时，公司授予其 10 万股业绩股，经销商只需缴纳 2 万元保证金（保本不保息）。经销商出货额增加 100 万元，则业绩股价值增加 0.5 元 / 股，出货额低于 500 万元时，业绩股只能享有价差收益［业绩股数量 ×（当期业绩股股价－授予时业绩股股价）]；出货额高于 500 万元时，公司业绩股按股价进行结算（业绩股数量 × 当期业绩股股价），也就意味着公司授予的 10 万股业绩股免费获得，若 10 万股业绩股置换成等价值 10 万元的拟上市公司股权，公司上市后市值翻十倍，则股权价值为 100 万元，若市值翻百倍，则股权价值 1 000 万元。

6.2.5 限制性股权

限制性股权是员工持股平台的限制性财产份额。员工持股平台为直接持有公司股权的股东，合伙人通过持有员工持股平台的有限制性条件的财产份额，间接享受公司的权益，即享受《中华人民共和国合伙企业法》和《合伙协议》规定的权利，并承担相应义务。限制性股权与个人持股的最大差异点就在于增加了的限制性条款。

（1）合伙人不得私自将限制性股权用于转让、抵押、质押等；

（2）限制性股权只可按约定价格转让给公司指定方；

（3）合伙人离职时，持有的限制性股权需按约定的价格转让给公司指定方；

（4）合伙人严重损害公司利益，公司指定方有权按约定价格收回合伙人持有的限制性实股；

（5）公司实施合伙人激励，向特定人员转让股权或者定向增资时，合伙人放弃转让股权的优先受让权和同比例增资权。

合伙人持有限制性股权 3 年锁定期后，可以按公司当期股价兑现一定比例的限制性股权（如每年兑现 1/3），兑现即意味着公司回购该部分限制性股权，自下一年度开始将不享有分红权和增值权；合伙人也可以选择继续持有限制性股权，继续享有分红权和增值权。只有持有限制性股权的合伙人，才能享有公司上市后的股权溢价，其具体激励方式如图 6-5 所示。

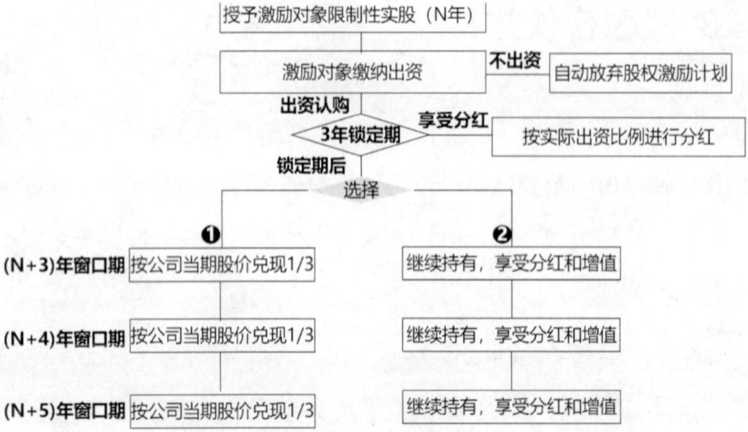

图 6–5　限制性股权激励周期

限制性股权作为一种创新的股权激励方式，不仅能够有效绑定核心人才与企业长期发展利益，还能通过一系列精心设计的限制性条款，确保企业股权结构的稳定性和控制权安全。通过设定转让限制、离职回购机制以及对特定行为（如损害公司利益）的惩罚性条款，限制性股权有效防范了股权滥用和流失风险。

同时，3 年锁定期后的逐年兑现机制，既为合伙人提供了合理的退出路径，也激励他们持续为公司创造价值，因为只有持续贡献，才能最大化个人股权收益。此外，该机制还鼓励合伙人权衡短期利益与长期价值，促进企业文化的正向循环和可持续发展。

因此，限制性股权不仅是对合伙人的一种激励工具，更是企业治理结构中不可或缺的一环，它平衡了激励与约束，确保了企业与合伙人之间的共赢局面，为企业的长远发展奠定了坚实的基础。通过图 6–5 所展示的具体激励周期，我们可以清晰地看到这一机制是如何在实践中运作，以及它是如何助力企业实现人才与资本的双重增值的。

6.3 股权合伙方案

从顶层设计角度，笔者设计了“股权合伙七步法”，以便读者们能够快速地理解并运用股权合伙方案的设计。同时还以“储蓄购股法”“连锁门店合伙方案”为例，为大家讲解实操过程中如何设计股权合伙方案。

6.3.1 股权合伙七步法

股权合伙体系由若干个股权合伙方案组成，每一个股权合伙方案又离不开股权合伙七步法，即“股、人、时、价、量、考核、退出”。

第一步：股，确认合伙模式。

根据不同合伙人层级，授予其不同的合伙模式。基层和中层对短期薪资和出资比较敏感，可以授予干股的激励方式；中高层骨干对事业的追求和股权价值的认同感比较明显，可以授予期权或期股；核心高层对自我实现的价值和尊重感有较强的需求，可以采用限制性股权使之成为公司的注册股东。

第二步：人，合伙人的范围和条件。

设计合伙人方案时，我们要先想好到底需要什么样的合伙人，再进一步设立合伙人的入选标准和条件。比如可以从职级、职务、司龄、职龄、特殊贡献、绩效考核结果、人才盘点结果等几个维度全方位设定人才规则。这是一种筛选人才的机制，也是公司人才发展的指向灯，更是塑造股权稀缺品的方式。

第三步：时，合伙有效期及合伙周期。

合伙周期是根据公司战略规划、员工的心理预期及员工的工作性质等综合确定，并在此基础上设置恰当的授予时间、授予批次、行权期、锁定期等关键环节。

第四步：价，内部股价模型。

根据公司发展战略、财务数据透明程度等因素确定合适的股价增长规则，确保股权激励具有足够的吸引力，且不至于泄露企业的财务机密。

公司每年股价根据净利润和销售收入的加权增长率确定，当企业营收的增长更能体现公司的价值时，销售收入增长率占 60% 权重，净利润增长率占 40% 权重，计算公式为：

公司内部股价＝上年股价 ×（净利润增长率 ×40% ＋销售额增长率 ×60% ＋ 1）

当企业净利润的增长更能体现公司的价值时，销售收入增长率占 40% 权重，净利润增长率占 60% 权重，计算公式为：

公司内部股价＝上年股价 ×（净利润增长率 ×60% ＋销售额增长率 ×40% ＋ 1）

当企业以追求净利润为主时，内部股价模型计算公式为：

公司内部股价＝上年股价＋当年度未分配利润 ÷ 公司当期总股本

第五步：量，合伙总量与个量的分配。

根据人才发展战略和合伙人预期回报相结合，先测算激励总量，再根据合伙人个人岗位价值进行激励个量的分配。测算激励总量时，需先根据企业实际情况优化组织架构，盘点人才需求，再根据不同层次人才上市后股权价值的满足感，推算出对应岗位的激励总量。例如，公司总裁办成员，由一名总经理、三名副总经理、一名总经理助理和董事会秘书构成，待公司上市后总裁办成员人均持有激励股市值为 6 900 万元，总裁办股权市值总合计 41 400 万元，占公司总市值 50 亿元的比例为 8.04%。以此类推，我们可以测算出，当期所要授予的激励总量。

激励股的分配一定要定标准，以便相对准确地衡量出个人的岗位价值。比如，岗位级别可以用岗位层级系数体现；所属部门可以用岗位类型系数表示；司龄可以用历史贡献系数表示；主营业务的关联度可以选择主业关联系数；部门重要性可以选择部门级别系数；个人绩效考核结果可以选择岗位调整系数。通常，可以选择若干个系数来衡量个人岗位价值。个量分配计算公式为：

个人获授激励股数量＝当期授予激励股总额 × 个人分配系数 ÷ 授予激励股合伙人的分配系数总和

个人分配系数＝岗位类型系数 × 岗位层级系数 × 历史贡献系数 × 主业关联系数 × 部门级别系数 × 岗位调整系数

岗位层级系数：合伙人的岗位层级由公司职级职称评定。根据岗位层级设置，相邻职级之间相差 1.38 倍。岗位层级系数如表 6-8 所示。

表 6-8　岗位层级系数表

职级	系数
董事长	9.53
总经理	6.91
副总经理	5.00
总监	3.63
经理	2.63
副经理	2.24

续表

职级	系数
主管	1.90
组长	1.38
员工	1.00

岗位类型系数：根据岗位类型对公司发展的重要性差异确定，具体核算方式如表 6-9 所示。

表 6-9　岗位类型系数

一类岗位	主导价值链核心板块	1.2
二类岗位	主导价值链关键板块	1.1
三类岗位	主导价值链其他板块	1

历史贡献系数：历史贡献系数 =1+ 工龄 ×3%，工龄最长只取 10 年。首期合伙人在计算工龄时截止到授予日，未来合伙人计算工龄时截止日期由合伙人委员会确定。具体核算方式如表 6-10 所示。

表 6-10　历史贡献系数表

司龄	满 1 年	满 2 年	满 3 年	……	满 9 年	满 10 年
历史贡献系数	1.03	1.06	1.09	—	1.27	1.3

主业关联度系数：主业关联度系数是指与合伙人所在岗位与公司主营业务紧密度评价系数（见表 6-11）。

表 6-11　主业关联度系数

完全相关	1.3
不完全相关	1.1
不相关	1

部门级别系数：部门级别系数是指集团公司中合伙人所在部门的级别系数（见表 6-12）。

表 6-12　部门级别系数

一级部门主负责人	1.3
一级部门副手	1.2
二级部门主负责人	1.1
二级部门副手	1

岗位调整系数：由公司根据个人价值与岗位的匹配度进行设定（见表 6-13）。

表 6-13　岗位调整系数

超常匹配	1.2
正常匹配	1
待提升	0.8

第六步：考核，公司层考核与个人考核。

如何防止吃“大锅饭”和合伙人“躺平”“躺赢”的情形出现呢？这就需要在股权合伙方案中设计公司层面和个人层面的考核，考核结果与股权分红、行权、兑现和退出相关。

公司层面的考核是依据公司战略目标的实现情况来设定，通用性指标为营业收入和净利润，公司层面考核计算公式为：

公司层面考核得分 =（公司指标 1 完成率 × 权重 a+ 公司指标 2 完成率 × 权重 b）×100

其中，a +b=100%。

个人层面的考核主要以合伙人个人绩效考核结果为主。公司层面考核与个人层面考核结果运用如表 6-14 所示。

表 6-14　公司层面考核与个人层面考核

公司层面考核成绩	考核分数＜ 80 分	考核分数≥ 80	
个人层面考核成绩	考核分数为任何值	核分数＜ 80 分	考核分数≥ 80 分
分红	不可分红	不可分红	按考核系数进行分红
兑现	不可兑现	不可兑现	按考核系数兑现增值收益
行权	不可行权	不可行权	可行权

公司层面考核结果低于 80 分时，无论个人考核结果如何，均不得分红、兑现和行权。公司层面考核结果高于 80 分，个人层面低于 80 分时也不得分红、兑现和行权，个人层面高于 80 分时，分红和兑现按考核系数进行分配且可 100% 行权购买限制性股权。

第七步：退出，不同情形下的退出规则。

公司上市前的退出以公司回购股权为主，合伙人股权退出时，不允许对外转让，也不允许合伙人之间自由转让，只能由公司统一回购，回购后的股权统一进入股权池，由股东会决定是否授予其余合伙人。上市后的退出以股权套现为主，上市后董事、监事、高级管理人员具有一定时间的锁定期和限售条件，需严格按照法律法规要求进行套现。

合伙人在职期间离职，锁定期内不得兑现增值收益，锁定期后可以按约定分期出让股权，由公司统一回购。合伙人离职时，除非有特殊约定，否则公司均具有回购股权的权利，按不同的离职情形进行退出，更为具体的退出规则设计下文将进行阐述。这里仅展示期股离职退出的规则（见表 6-15）。

表 6–15 期股离职退出规则

<table>
<tr><th>特殊情况</th><th>上市前或上市后未满锁定期</th><th>上市后且满锁定期</th></tr>
<tr><td>1. 合伙人严重违反公司的规章制度而被停职或开除；
2. 公司有证据证明合伙人与其他单位建立事实劳动合同关系并严重损害公司利益或者影响其履行本职工作而被公司停职或者开除；
3. 公司有证据证明合伙人存在严重失职、索贿、受贿、贪污、盗窃、侵占公司财产、泄露公司经营和技术秘密、损害公司声誉或利益等情形而对其予以停职或开除</td><td colspan="2">普通合伙人或指定的第三方优先按照原始购股金额回购合伙人所持有的全部财产份额（合伙人行为造成公司发生损失的，应先扣除损失额）。回购款项于合伙人办完离职手续后 6 个月内支付 50%，12 个月内支付剩下的 50%。若普通合伙人及其指定的第三方放弃受让合伙人的财产份额，则合伙人可将所持财产份额转让给员工持股平台内的其他有限合伙人，转让价格双方协商确定</td></tr>
<tr><td>4. 合伙人因为违反国家法律法规而受到法律制裁或惩罚，不能正常任职岗位工作（不包含情形 3 所列损害公司利益的行为）；</td><td>普通合伙人或指定的第三方优先按照公司当期内部股价和原始购股价孰低价回购合伙人所持有的全部财产份额。回购款项于合伙人办完退股手续后 6 个月内支付 50%，12 个月内支付剩余的 50%</td><td rowspan="2">财产份额应转让给普通合伙人或普通合伙人指定的第三人，其他合伙人放弃优先购买权。
转让款项 = 退伙生效日前 60 个交易日平均股价 × 退伙人财产份额占合伙企业出资总额比例 × 合伙企业持有的股权数量 ×90%</td></tr>
<tr><td>5. 合伙人因自身原因与公司提前解除劳动合同而离职；
6. 合伙人因公司人员调整而被辞退
7. 合同到期，双方友好协商不再续约；
8. 合伙人因退休而离职；
9. 合伙人丧失劳动能力而离职</td><td>普通合伙人或指定的第三方优先按照公司当期内部股价和原始购股价孰高回购合伙人所持有的全部财产份额。回购款项于合伙人办完退股手续后 6 个月内支付 50%，12 个月内支付剩下的 50%</td></tr>
</table>

续表

特殊情况	上市前或上市后未满锁定期	上市后且满锁定期
10. 合伙人去世	普通合伙人或指定的第三方优先按照公司当期内部股价和原始购股价孰高回购合伙人所持有的全部财产份额。回购款项一次性支付给法定继承人	财产份额应转让给普通合伙人或普通合伙人指定的第三人，其他合伙人放弃优先购买权。 转让款项 = 退伙生效日前 60 个交易日平均股价 × 退伙人财产份额占合伙企业出资总额比例 × 合伙企业持有的股权数量 ×90%。款项一次性支付给法定继承人
11. 其他情况	由公司股东会决定	

6.3.2 储蓄购股方案

在谈论储蓄购股方案时，我们通过一个案例来深入了解。

汇顶锋科技有限公司（以下简称汇顶锋）由于长期的研发投入，资金流比较紧张，急需股权融资。在尽职调查[1]之后，我们发现汇顶锋公司主要的研发投入在于研发人员的薪资上，而研发又是相对难以考核的岗位，研发成果何时能投产、投产后能为公司带来多大的价值，难以衡量。研发人员手中具有一定的资金储备，希望能入股

1　尽职调查是我们开始股权激励方案设计时，对企业的战略、薪酬绩效、企业文化、财务状况、资本运作等方面的全面调查了解，还对拟激励对象进行一对一访谈沟通，了解员工对股权激励的认知、企业发展前景的看法、薪酬满意度、是否愿意参与股权激励及是否愿意出资等问题。

公司，而公司长期亏损，让研发人员对公司不是很有信心。

经访谈了解到，研发人员只是希望投入的资金能够保本保息，未来公司发展好后仍能有机会获得股权，而且对投资回报的预期也不高，仅仅需要年化 5% 的回报。在这种情形下，我们建议汇顶锋公司与其出让股权给只能解决资金需求的外部融资方，倒不如采取“储蓄购股”的方式，将股权出让给内部员工，这样既能解决资金问题，又能与公司核心骨干深度绑定在一起。

1. 股：激励方式

根据汇顶锋公司目前所处的战略发展阶段，拟针对核心人员采取“储蓄购股”的方式进行激励，合伙人在满足入围条件的情况下，根据岗位价值评估的储蓄额度，将自筹资金储蓄进入公司指定的资金账户，等待期结束，合伙人可选择用放大一定倍数的储蓄金购买一定数量的汇顶锋公司的限制性股权，或者选择按约定退出储蓄购股计划。

2. 人：激励条件与范围

与公司签署劳动合同，司龄不低于 12 个月的主管级及以上员工均可申请参与储蓄购股计划，并上报公司股东会审批。

3. 储蓄出资规则

合伙人储蓄单位金额为 1 元人民币，公司依据各岗位层级确定岗位对应储蓄额度的上限，合伙人储蓄金额不得超过职级对应的储蓄额度，随着岗位层级的晋升其储蓄额度随之增加，具体如表 6-16 所示。

表 6-16　储蓄购股额度

岗位	职级	职级系数	储蓄额度（万元）
总裁	8-3	17.45	87.25

续表

岗位	职级	职级系数	储蓄额度（万元）
总裁	8-2	15.86	79.32
	8-1	14.42	72.10
总经理	7-3	13.11	65.55
	7-2	11.92	59.59
	7-1	10.83	54.17
副总经理	6-5	9.85	49.25
	6-4	8.95	44.77
	6-3	8.14	40.70
	6-2	7.40	37.00
	6-1	6.73	33.64
总监	5-5	6.12	30.58
	5-4	5.56	27.80
	5-3	5.05	25.27
	5-2	4.59	22.97
	5-1	4.18	20.89
经理	4-4	3.80	18.99
	4-3	3.45	17.26
	4-2	3.14	15.69
	4-1	2.85	14.27
主管	3-4	2.59	12.97
	3-3	2.36	11.79
	3-2	2.14	10.72
	3-1	1.95	9.74
专员	2-4	1.77	8.86

续表

岗位	职级	职级系数	储蓄额度（万元）
专员	2–3	1.61	8.05
	2–2	1.46	7.32
	2–1	1.33	6.66
助理	1–5	1.21	6.05
	1–4	1.10	5.50
	1–3	1	5.00

4. 时：激励周期

（1）激励总周期。首期计划的激励总周期为 3 年。总周期结束，本计划继续沿用或进行调整由公司董事会另行商议决定。

（2）等待期。合伙人自缴纳储蓄金之日起的 3 年为等待期。

等待期内，合伙人原则上不可以申请退出本计划和兑现储蓄收益，公司每年年底按合伙人实投储蓄金以单利年息 3% 结算并发放利息收益。等待期内，若要退出，则仅退还储蓄金，已发放利息不追回。

等待期结束后，合伙人可选择退出本计划，公司按单利年化 10% 计算储蓄金收益，扣除等待期内已支付利息后结算未付利息，并于一年内分两次支付合伙人未付利息。

（3）行权期。汇顶锋公司确定拟上市主体公司并公布启动一轮融资计划的一个月内为行权期。在行权期内，合伙人可有以下三种选择（不可同时选择）。

①合伙人选择行权，即将实投储蓄金认购主体公司的限制性股权。

②合伙人选择放弃行权，按约定退出本计划。

③合伙人选择继续参与本计划等待下一个行权期或参与至本计划总周期结束后退出，合伙人参与储蓄期间仍正常享受单利年化 3% 的利息收益。

若汇顶锋公司在本计划等待期内启动融资计划，则等待期对应提前结束。

5. 行权安排

（1）岗位价值放大倍数。为鼓励合伙人在岗时提供更大贡献，实现更高价值，若合伙人确认行权，则公司基于合伙人岗位价值确定合伙人实投储蓄金的放大倍数以用于确认合伙人可转主体公司实股的比例。岗位价值放大倍数设置具体公式为：

岗位价值放大倍数 = 岗位类型系数 × 特殊贡献系数 × 岗位匹配度系数 × 历史贡献系数

其中，合伙人岗位类型系数、特殊贡献系数、岗位匹配度系数、历史贡献系数构成，各系数设置如表 6-17 至表 6-20 所示。

表 6-17　岗位类型系数

一类岗位（公司战略操盘手）	1.5
二类岗位（主导价值链核心板块）	1.3
三类岗位（主导价值链关键板块）	1.1
四类岗位（主导价值链其他板块）	1.0

表 6-18　特殊贡献系数 [1]

第一项	2020—2022 年三年不离不弃	0.2
第二项	个人培养出在公司任职一年以上的工程师超过 10 名	0.1
第三项	个人单独开发科研项目且产生不低于 2000 万元现金	0.1
第四项	担任公司或关联公司法人或股东	0.1
第五项	为公司个人担保或融资的	0.1

1　此表中的特殊贡献基础系数为 1.0，每一项增加相应系数，表中第三项可叠加对应系数。

表 6-19 岗位匹配度系数[1]

岗位匹配程度	匹配度	岗位胜任系数
顶级匹配（身兼数职/能力突出）	卓越	1.45
杰出匹配（相对独当一面）	杰出	1.30
比较匹配（有一定兼职）	优秀	1.15
正常匹配（工作能力相对胜任）	良好	1.00
比较匹配（副手）	一般	0.85

表 6-20 历史贡献系数

司龄	系数
1年以内	1.00
1年	1.02
2年	1.04
3年	1.06
4年	1.08
5年	1.10
6年	1.12
7年	1.14
8年	1.16
9年	1.18
10年及以上	1.20

（2）行权认购流程。公司根据以下计算公式确定合伙人行权认购主体公司实股股权比例：

1 此表中单个职级差为0.15。

股权比例 = 实投储蓄金 × 岗位价值放大倍数 × 估值放大倍数 ÷ 融资估值

估值放大倍数 = 融资估值 ÷ 初始估值

举例：A 合伙人为公司核心业务经理级，公司司龄为 10 年，个人储蓄 15 万元，个人为公司担任法人代表，则其岗位价值放大倍数 =1.5×1.1×1.3×1.2=2.574。公司初始估值为 5 亿元，现估值为 10 亿元，则估值放大倍数为 2 倍。在此情况下，A 合伙人股权比例 =15×2.574×2÷100 000=0.077%，即 A 合伙人仅需要出资 15 万元，就能获得价值 77.22 万元的股权。

储蓄购股方案是一种创新的融资与激励并重的策略。它不仅能够解决企业的资金困境，更重要的是，通过将股权出让给内部员工，特别是那些对公司未来发展至关重要的研发人员，实现了企业与核心人才的深度绑定。这种绑定不仅增强了员工的归属感和忠诚度，还激发了他们的工作热情和创新能力，为企业的长远发展注入了源源不断的动力。因此，储蓄购股方案可以说是一种双赢的选择。

在实际操作中，大家可以根据自己公司的实际情况，做好相应调整。比如，可以根据员工的资金状况和投资意愿，设定合理的购股金额和期限；同时，可以结合公司的业务发展和战略规划，制定灵活的股权分配和激励机制。总之，储蓄购股方案是一种灵活多变的融资方式，只要运用得当，就能够为企业带来显著的效益和竞争优势。

6.3.3 连锁门店合伙方案

连锁行业每个门店就是一个独立的经营体，门店数量越多，管理难度越大，越来越多的连锁门店不会运用股权合伙的方式，导致门店要么“连”而不“锁”，要么复制裂变能力较差。连锁门店发展到百家门店时，想进一步扩张，往往受制于合伙人才的缺失。那么如何激励门店合伙人培养出一批优秀的经营性合伙人，就成了我们研究的重点。下面，我们通过一则案例来具体了解连锁门店股权合伙方案的具体设置。

某品牌连锁店，是一家知名的集产、供、销、旅游观光于一体的现代烘焙食品连锁企业，连锁门店采用“前店后厨”的经营模式，前端店面售卖工厂产品和自制产品，后端负责面包和蛋糕的生产加工。为了充分激励门店运营人员，保证连锁门店的快速裂变需求，采用了员工股权合伙的方式，让员工从经营者向合伙人转变，具体的合伙方式如下。

1. 激励方式

激励方式包括投资股与增量分红两种，符合条件的合伙人可按门店估值参与认购门店的股权，合伙人可以依据个人考核结果，按所持投资股比例享受门店的超额利润分红。

2. 合伙人的确定规则

与公司签署正式劳动合同，且司龄不低于 6 个月，并担任门店店长、后厨负责人、区域运营等关键岗位员工，可申请成为该店合伙人。

3. 激励股认购

（1）门店估值。不同类型的门店估值方式存在差异。新开门店按门店的初始累计投入确认估值，盈利或成长的门店按当期净值与市盈率估值（2 倍）孰高为原则确认估值，亏损门店按门店当期净资产确认估值。

（2）投资股认购。确定合伙人投资股的认购金额时，计算公式为：

门店投资股认购金额 = 门店估值 × 个人投资股认购比例

在门店运营过程中，若因经营需要追加投资时，公司与合伙人应按所持投资股比例在指定时间内完成出资，无法出资者的投资股比例须被稀释调整。

4. 投资股分配

（1）各级别门店投资股总量确定。公司依据“门店评级表”对各门店进行评分，并确定门店级别。门店等级越高，门店越成熟，公司释放门店的投资股总比例则越小。不同级别对应不同投资比例，具体如表 6-21 所示。

表 6-21　门店投资股比例确定表

级别	评分范围	投资股比例（参考值）
一级店	85 分（含）以上	5%
二级店	75 分（含）至 85 分	10%
三级店	65 分（含）至 75 分	15%
四级店	60 分（含）至 65 分	20%

公司每年组织门店评级，门店提升级别后，对应投资股比例和可分配利润提取比例不变；门店降低级别后，对应投资股比例及可分配利润提取比例参照表 6-21 对应调整。

（2）投资股个量分配。合伙人依据其所在岗位参与门店投资股的分配，具体如表 6-22 所示。

表 6-22　投资股获授及分配表

岗位	授予投资股额度占比
店长	≤ 30%
后厨负责人	≤ 30%
区域运营	≤ 15%
门店团队	≤ 25%

店长与后厨负责人投资股获授比例相同，总共不得超过总额度

的 60%，区域运营不超过 15%，团队不超过 25%。

5. 合伙周期

有效期：投资股的有效期为自合伙人缴纳投资股认购金交款之日起，至合伙门店租赁期限结束之日止，单轮合伙的投资股有效期至少为 3 年。

锁定期：股权合伙方案设锁定期 3 年，锁定期内原则上合伙人不可退出本计划。若合伙人在锁定期内退出本计划，则公司按门店净值回购合伙人所持全部投资股。

6. 合伙收益

（1）分红收益核算。合伙人分红计算公式为：

合伙人分红额 = 门店可分配利润 × 个人持有投资股比例 / 门店投资股总比例

公司每月核算门店经营利润，并采用增量分红原则确定合伙人分红基数，即公司根据门店当月利润目标完成情况，分段累计[1]提取超过当月利润目标部分的核算利润作为当月门店可分配利润，具体如表 6-23 所示。

表 6-23　门店可分配利润提取原则表

	超过门店当月利润目标部分			
级别	超过目标 10% 及以下部分	超过目标 10%~15%（含）	超过目标 15%~25%（含）	超过目标 25% 部分
一级店	5%	10%	15%	20%
二级店	10%	15%	20%	25%

1　分段累计计算方法是一种将一个数据集划分为多个分段，并对每个分段进行累计计算的方法。

续表

级别	超过门店当月利润目标部分			
	超过目标 10% 及以下部分	超过目标 10%~15%（含）	超过目标 15%~25%（含）	超过目标 25% 部分
三级店	15%	20%	25%	30%
四级店	20%	25%	30%	40%

（2）分红周期。门店每日的营业款须按规定的时间存入公司与合伙人共同确认的账户，合伙人有义务每日提供门店的营业报表。公司于每月核算门店收入与利润，并每月结算投资股分红收益，同时在结算后的次月 30 日前发放分红收益的 70%，剩余 30% 分红收益于年底统一核算发放。

（3）亏损与债务承担。门店亏损时，合伙人须以实际投资股认购金额为上限按持有投资股比例与公司共同承担亏损；若在门店经营过程中有债务产生，则债务先由门店财产偿还，门店财产不足清偿时，以合伙人与公司持有的投资股比例为依据按比例承担债务；门店债务（包括亏损）承担的相应款项缴纳时间为自债务产生的 15 天内，具体以债务承担款项实际到资的时间为准。

7. 调整机制

合伙期间，合伙人职务发生变动时，对应激励股调整方式如下。

合伙人被降职或失去激励资格，即合伙人不任职关键岗位职务或因合伙人评估不合格而退出本计划，则公司收回未实缴的投资股，并按门店净值收回已实缴的全部投资股。

合伙人晋升至新的岗位，则公司收回未实缴的投资股，并按门店净值与 2 倍市盈率计算价值的孰高者收回已实缴的全部投资股，同时公司按新岗位标准授予投资股。

公司平调合伙人至其他岗位，则其所持投资股于其调离后按门店当期估值收回 50%，剩余 50% 的投资股可继续持有直至投资股有效期结束，同时公司按新岗位标准授予投资股。

8. 考核机制

公司设定合伙人个人考核目标与门店月度业绩目标（具体以签署的目标责任书为准），合伙人继续持有投资股与目标完成情况挂钩。

门店产生利润，合伙人即可按本计划约定分享所持投资股对应的分红收益。

若合伙人负责门店连续 3 个月月度业绩考核目标完成率低于 80% 或合伙人负责门店年度累计 6 个月未达成月度业绩目标，则公司有权按门店净值收回合伙人所持投资股。

以上就是某连锁店的合伙方案，由于连锁门店类型众多，且人员晋升、调动也比较频繁。因此，门店的级别晋升体系，员工的调动规则均需要设计好，真正实现动态式的股权激励。

07

第 7 章 多层次股权合伙体系

任何一个成熟的股权合伙体系，都是以股权为中枢，以实现战略目标为宗旨，结合公司薪酬、绩效和文化制度，并由人事部、财务部等部门配合运作实施的现代企业管理制度。

以《西游记》中师徒五人“合伙创业”，历经九九八十一难，最终取得真经（上市）的合伙模式为例。首先，以去西天取得真经为创业公司终极目标，战略目标与合伙人预期价值紧密挂钩，即取得真经可以免除五个合伙人的刑罚，走上成佛之路。其次，明确的实际控制人唐僧（大股东兼CEO），绝对控股，享有一票否决权。再次，创始合伙人具有明确的分工，孙悟空负责冲锋陷阵、力挽狂澜，拯救公司于危难之际，猪八戒负责打怪辅助、缓和唐僧与孙悟空的理念冲突，沙僧负责后勤工作，白龙马作为基层员工勤勤勉勉、吃苦耐劳。最后，建立约束机制（紧箍咒），约束不听命令、有私心、想单干的合伙人，并且邀请观世音菩萨作为咨询辅导师，既能协调团队内部矛盾，又能整合外部资源辅导团队渡过难关。

依靠完整的股权合伙体系，师徒五人最终取得了真经，孙悟空做了斗战胜佛，猪八戒做了净坛使者，沙僧做了金身罗汉，白龙马成了八部天龙广力菩萨。

海尔创始人张瑞敏说过："没有成功的企业，只有时代的企业。所有企业的成功，都是因为踏对了时代的节拍。合伙人裂变模式的优势，不仅在于模式本身的特性，更在于模式与时代的契合。"

在新时代，合伙制被广泛落地实施，许多企业依靠"合伙人模式"将企业带到难以企及的高度。阿里巴巴合伙人是在上市股份公司下采用"合伙人模式"而构建的一种新组织、新激励动力体系；万科事业合伙人也是在万科股份制下的"合伙人模式"，把经营团队合伙人化，以争取更加持续稳定的发展；永辉超市的门店合伙人制、万科的合伙人跟投制、碧桂园的"成就共享、同心共享"合伙人计划等。借鉴成功的合伙人模式，我们摸索出多层次的股权合伙体系，并成功落地实施。

接下来，我们来详细阐述如何搭建多层次股权合伙体系。

7.1 股权合伙体系分层

依据顶层架构的设计，将激励平台划分为子公司层、主体公司层和集团公司层。子公司层主要是围绕主营业务布局的实体产业链公司，主体公司层是对实体产业链公司组织、管控和赋能的拟上市公司，集团公司层是集战略、管控于一体的多元化资产管理公司。激励平台的划分，如图 7-1 所示。

主体公司下设若干个子公司，每个子公司作为独立的经营单元体，依据股权动力模型"关者有其股"原则，对应子公司的战略管理层和操盘手可以参与子公司的激励，子公司的股权未来可以由主体公司进行回购或者置换主体公司股权。

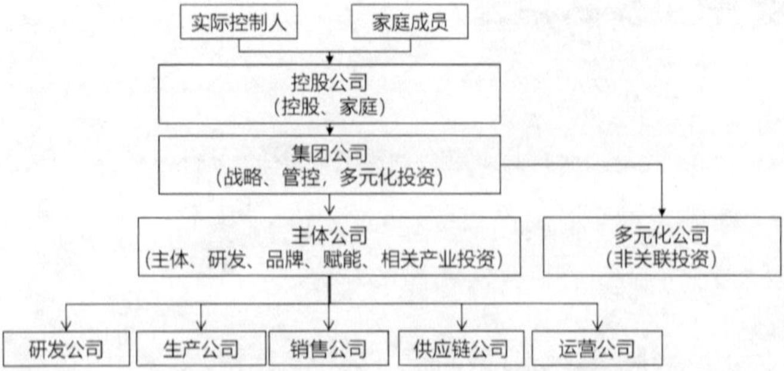

图 7–1　股权合伙的顶层布局

主体公司作为拟上市公司，将中高层划分为战略决策层、战略管理层和任务管理层，公司副总级以上人员为战略决策层，公司总监级为战略管理层，部门经理级为任务管理层。中高层持有主体公司的股权，未来退休后有机会获得集团公司的股权，成为集团公司的荣誉股东，让退休的主体公司股东主动退出核心岗位，同时又注重主体公司接班人的培养，真正实现老有所养、老有所依，这被我们称为“金色降落伞”计划。合伙人分层示意如图 7–2 所示。

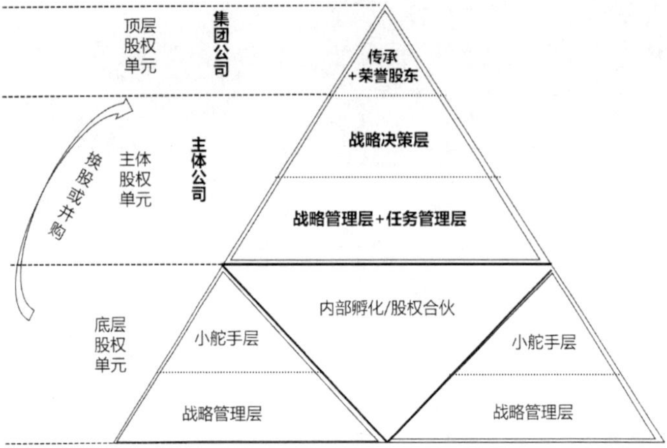

图 7–2　合伙人分层示意

7.2 子公司股权合伙

子公司股权合伙可以建立合伙企业平台持股，子公司操盘手通过持有有限合伙企业财产份额，间接持有子公司股权。下面，我们来具体了解子公司股权合伙的基本方案。

7.2.1 持股平台和激励方式

子公司股权合伙激励方式可采用先分红股，再转换为限制性股权，最终采用永久注册股，合伙人可享受分红权收益。具体分红方式如表 7-1 所示。

表 7-1　持股平台及激励方式

合伙人	具备条件的持股平台	激励方式	享受收益
操盘团队	合伙企业持股平台	先分红股，再限制性股权，再永久注册股	分红

激励方式主要有以下五个方面。

第一，合作前 3 年期间分红股不注册，合伙人按历史累计投资评估值作价，缴纳获授激励股价值的 10% 作为首次出资，按持股比例享受分红。

第二，3 年后，整体战略目标完成不低于 100%，公司将历年累计未分配利润补发给合伙人，双方一致同意分红股转为限制性股权时，合伙人将获得分红股时未交纳的 90% 款项补足，分红股转为限制性股权，无须补溢价的出资。

第三，分红股及限制性股权分红时需完成的考核目标为公司当年目标完成率不低于 100%，个人年度绩效考核不低于 80 分（或 80%），合伙人可参加当年分红，否则个人当年不参加分红。

第四，合伙人获得限制性股权后可享受到的直接经济收益为分红权益，合伙人参与公司年度净利润的分配，每年净利润中可用于分配的利润由股东会决定。

第五，合伙人司龄满 15 年后，限制性股权转为永久注册股，合伙人可长期持有股权。

7.2.2 总股本规划

公司按照历史累计投资进行估值，由于公司实施内部股权激励，且基于对原始股股价 1 元 / 股的认知，因此，公司总股本 = 历史累计投资总额 ÷ 原始股股价。不同的子公司由于所处的行业和发展周期不同，估值方式也不同，具体估值方法参考第 10 章价值评估一节。

7.2.3 激励周期

公司以每 3 年作为一个激励周期，集团制定 3 年战略目标，再将目标分解到每年。合伙人根据每年业绩完成程度，享受相应收益，年度业绩不达标则不享受利润分配。但如果在 3 年战略期结束时完成了 3 年战略总目标，战略期内未分红年度的分红在战略期结束时可补发；每年度对利润进行一次分配，每年 6 月对上年度利润进行分配。

7.2.4 公司总股本（总股本）变化时个人数量调整

1. 公司用未分配利润、公积金等转增总股本（总股本）

所有合伙人持有的激励股数量同比例增加。

例如，张三持有 10 万股激励股，公司总股本为 3 250 万元。后来公司用未分配利润将注册资本（总股本）增加到 6 500 万元，则张三的激励股数量＝10 万股 ×6 500 万元 ÷3 250 万元＝20 万股。

2. 公司定向增资

所有合伙人持有的激励股数量不变。定向增资包括公司为实施股权激励向员工增资、向外部投资人增资、向部分愿意追加投入的股东增资等。

例如，张三持有 10 万股激励股，公司总股本为 3 250 万元。后来公司为实施股权激励向新合伙人定向增资 500 万元，注册资本（总股本）增加到 3 750 万元，张三的激励股数量仍为 10 万股。

3. 激励股数量调整

合伙人职务调整时，其持有的激励股调整如表 7-2 所示。

表 7-2　处理方式

职位调整	激励股处理方式	结算方式	备注
升职	按新岗位标准增授激励股	新增加的激励股价格为“该平台初始股价＋每股累计未分配利润”，同样缴纳 10% 首次出资，新激励股不享受历年累积未分配利润	参照新岗位的激励标准
调至其他持股平台	在窗口期由原所在持股平台回购激励股，同时授予新激励平台激励股	将原持股平台的出资额和未分配利润进行结算；在新激励平台重新出资认购激励股，新平台股价为“该平台初始股价＋每股累计未分配利润”缴纳 10% 的首次出资	
降职	按新岗位标准在窗口期回购超标的激励股	被回购的激励股，由持股平台退还出资额＋归属合伙人累计未分配利润	
免职	回购全部激励股	被回购的激励股，由持股平台退还出资额＋归属合伙人累计未分配利润	—

7.2.5 退出机制

主体公司上市前，合伙人可以选择兑现退出或等价值置换为主体公司股权。下面是退出的相关规定。

1. 合伙人持有分红股期间

（1）退股（含离职）：公司如若盈利，公司指定方有权按出资额收回分红股；公司如若亏损，公司指定方有权收回分红股，在原始出资额中扣除合伙人按比例承担的亏损后退回。

（2）3年后整体战略目标完成低于100%，公司有权按合伙人“原始出资额＋同期存款利率”收回全部分红股。

（3）3年后整体战略目标完成不低于100%，双方有一方不同意分红股转为限制性股权时，公司需按以下价格收回分红权：以3年整体战略目标完成为基数，价格为3倍出资额；以3年整体战略目标实际完成率同比放大回收价格。

例如，合伙人出资100万元，3年整体战略目标刚好100%完成，则公司收回合伙人的分红权价格为100万元×3倍×100%=300万元。若3年整体战略目标完成率为130%，则分红权价格为100万元×3倍×130%=390万元，以此类推。

2. 合伙人持有限制性股权期间

（1）合伙人严重违反国家法律法规、《公司章程》或内部管理规章制度的规定，或发生劳动合同约定的失职、渎职行为，给公司造成严重直接或间接损失；

（2）公司有充分证据证明合伙人在任职期间，存在受贿、索贿、贪污、盗窃、泄露经营和技术秘密等行为；

（3）合伙人单方面提出终止或解除劳动合同或聘用合同；

（4）合同期满（或约定的服务期满），或双方协商解除劳动合同；

（5）合伙人被辞退；

（6）合伙人残障（丧失在原岗位工作能力）或死亡，无法继续工作；

（7）合伙人因达到法定退休年龄退休。

如出现情况（1）（2）（3）中的任何一种，则其持有的激励股由公司指定方收回，由公司指定方以合伙人原始出资额为基准，从中扣除合伙人已获得的分配利润和因合伙人上述行为给公司造成的相应损失后退还合伙人，且公司未分配的利润不再分配。

若在合伙人所持持股平台财产份额完成工商登记日至退出持股平台期间，公司累计净利润为负，则合伙人按比例承担的亏损金额需从原始出资额中扣减。

如出现情况（4）（5）（6）（7）中的任何一种，则其持有的限制性股权由公司指定方收回，退还金额为原始出资额。同时，公司将归属该合伙人购股之后历年累积的未分配利润分配给合伙人，不满一个会计年度的利润不属于未分配利润。

3. 若合伙人因其他原因离职，则其退出金额及未分配利润的分配事宜由公司股东会商定

总而言之，子公司股权合伙方案主要是通过构建持股平台、设计多阶段激励方式、明确总股本规划、设定激励周期及调整机制，以及建立完善的退出机制，为团队提供长期稳定的激励与约束，这样不仅有助于吸引和保留核心人才，还能促进子公司与集团整体战略目标的协同实现，为企业的持续发展和价值创造奠定坚实的基础。

7.3 主体公司股权合伙

主体公司股权合伙体系是一种筛选合伙人的机制，是合伙人的晋升体制，需要将合伙人划分为不同层级，打造“三位一体”的激励体系。

7.3.1 主体公司股权合伙人分类

主体公司可以将经营管理团队划分为利益合伙人、事业合伙人和命运合伙人，不同类型的合伙人可以持不同的激励股，高级别的合伙人可以重叠持有低级别合伙人的激励股，低级别的合伙人不得持有高级别合伙人的激励股（见表 7–3）。

表 7–3　股权合伙人分类

合伙人	激励方式	激励范围	权益
命运合伙人	限制性股权	1. 符合条件的事业合伙人； 2. 对公司整体业绩负责的战略决策层和战略管理层	公司分红权 + 增值权 + 资本溢价权
事业合伙人	期权	1. 对公司整体业绩负责的任务管理层； 2. 不可替代性岗位的核心人才	公司分红权 + 增值权 + 转实股权利
利益合伙人	干股	1. 公司中高层骨干； 2. 绩效优秀的骨干人员	公司和个人考核达标享有分红

7.3.2 “三位一体”的激励体系

通过搭建“利益共同体”“事业共同体”“命运共同体”三位一体的激励体系，确保员工都能在最合适的层面实现激励，合理的驱动底层平台形成奋斗动力，实现顶层目标，同时驱动激励对象向高的激励层面流动，形成长期利益和价值观的较高一致性。

利益合伙人采用干股激励方式，即“存量 + 增量”提取奖金总额，提升合伙人的短期利益满足感。当利益合伙人获得的短期激励足够时，可以授予事业合伙人期权股，行权转实股后具有分红权。当利益合伙人获得的短期激励不足时，可以授予事业合伙人期股，享有公司的分红权、增值权和限制性股权的认购权。符合条件的事业合伙人，向公司申请，可以行权认购限制性股权晋升为命运合伙人，命运合伙人需与公司共担风险、共担亏损、共担责任、共享收益。

“三位一体”的激励体系更像是人才筛选机制，利益合伙人就像入党积极分子一样，向往着公司的股权，但需经过公司的考核和历练，才能深刻认识到作为合伙人所要承担的责任和义务；从众多利益合伙人中发展一批预备党员成为事业合伙人，事业合伙人有明确的考核期和转正条件，当符合这些条件时，可以申请成为正式党员，也就是命运合伙人。每一层级的合伙人都会有明确的晋升条件和要求，每次的晋升都会获得对应层级的激励股（见图 7-3）。

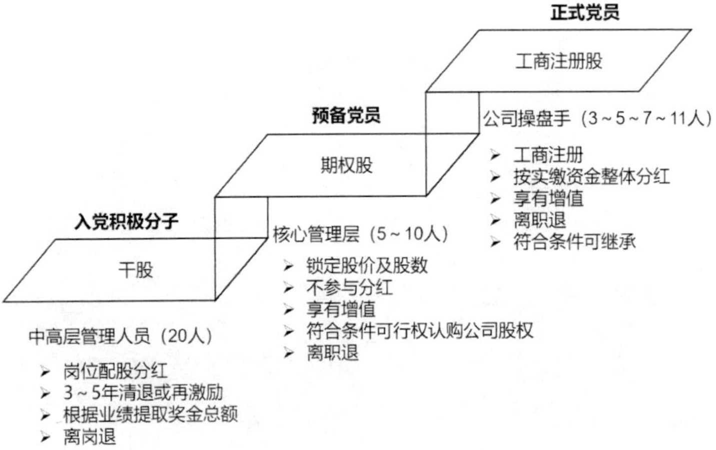

图 7-3　三位一体的激励体系

总而言之，主体公司股权合伙体系通过精细划分合伙人层级与构建“三位一体”的激励体系，不仅能为各层级员工提供清晰的晋升路径与激励机制，还能有效促进企业内部的良性竞争与价值认同，从而确保公司长期发展与人才战略的协同推进，为企业的持续繁荣奠定坚实的基础。

7.4 集团公司股权合伙

集团合伙人是指对集团整体业绩负责的合伙人，或者在核心子公司担任不可替代性岗位的合伙人。集团合伙人是公司内部最高级别的合伙人，是子公司高级合伙人的奋斗方向。因此，集团合伙人必须具有长期主义价值观，与之对应地，集团公司也会设计“金色降落伞计划”，解决集团合伙人所有的后顾之忧。

7.4.1 集团公司合伙人分类

集团公司一般可以将合伙人划分为初级合伙人、中级合伙人和高级合伙人，具体分层情况如表 7-4 所示。

表 7-4　集团公司合伙人分层

员工激励	激励方式	激励范围	权益
集团高级合伙人	限制性股权 （家庭公司）	集团公司董事会成员 且持股比例达到 3%	法律法规规定的全部股东权益
集团中级合伙人	限制性股权 （有限合伙企业）	退休后的荣誉股东或集团公司战略决策层	集团公司分红权 + 增值权 + 继承权
集团初级合伙人	集团公司战略管理层级以上人员	集团公司战略管理层级以上人员	集团公司分红权

由于集团公司主要以资产管理为主，其资金来源于旗下主营公

司的净利润分红，初级合伙人对实体产业的影响较小，因此授予初级合伙人干股，分享集团公司存量净利润分红，不涉及增量利润的分红。担任集团公司战略决策层的中级合伙人，要么是从集团内部提拔起来的，要么是从其他大企业高薪聘请来的，这一类型的合伙人对股权的诉求较高，大多数是持有过限制性股权或分享过上市后的股权溢价，因此授予中级合伙人限制性股权，通过集团有限合伙企业间接持有集团公司的股权。

集团公司董事会成员且持股比例达到 3% 以上的合伙人，即高级合伙人，可以说是处于集团公司举足轻重的地位了，授予高级合伙人限制性股权，允许其个人设立家庭公司持有集团公司股权，享有法律法规规定的一切权益（除股权转让给外部股东需集团股东会同意外）。

7.4.2 集团公司金色降落伞计划

主体公司战略决策层一步步从子公司业务合伙人晋升为主体公司命运合伙人，获得较高的股权回报后，物质奖励不再具有吸引力，慢慢地，就缺乏奋斗的动力和决心，但此类合伙人又占据着核心岗位，对公司具有较大的历史贡献。此时，公司需要有新的合伙人带动公司的发展。

如何能够安稳、快速地调整合伙人结构，让公司持续具有活力呢？我们设计了集团公司的“金色降落伞计划”（见图 7-4）。

首先，退休或无法担任核心岗位的合伙人办理主体公司离职，不再担任主体公司任何岗位。

其次，未退休的合伙人办理集团公司荣誉顾问入职，保留原薪资待遇，根据集团公司需求委派工作内容。

再次，主体公司的股权置换为集团公司的股权，成为集团公司的荣誉合伙人，不仅能参与集团公司的分红和股权增值，还能跟投集团公司的多元化项目。

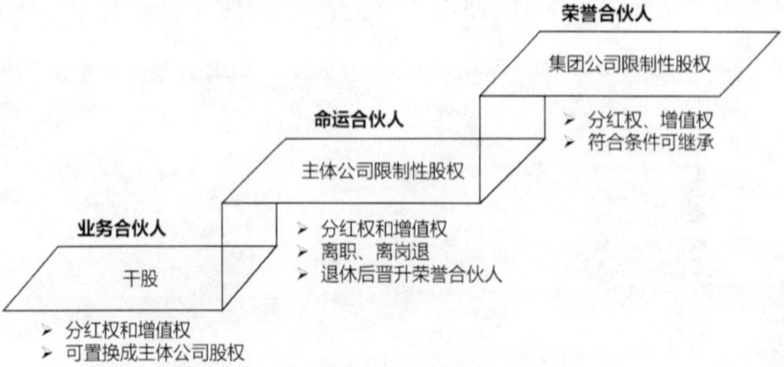

图 7–4　“集团公司”金色降落伞计划

最后，集团公司办理退休后，指定股权继承人，持有集团公司的限制性股权可传承，若担任过集团公司董事职务且持有股权比例超过3%的合伙人，可以申请设立家庭公司持有集团公司股权。

总的来说，集团公司股权合伙制度通过细致的分层激励与周全的“金色降落伞计划”，既保障集团合伙人的长期贡献与利益，又能确保企业核心团队的稳定与传承，为集团公司的持续发展与创新注入不竭动力。

这一制度的实施，不仅能彰显企业对人才的尊重与价值认可，更能为企业的长远发展奠定坚实的组织基础。

7.5 股权合伙治理体系

股份公司的治理体系通常是由股东会、董事会、监事会和经营管理层组成，根据相关制度约定各自的人权、事权、财务及决策机制（见图 7–5）。

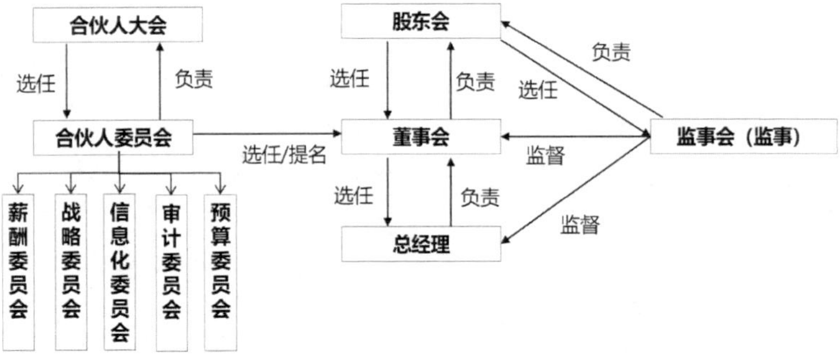

图 7–5　股权合伙治理体系

绝大多数实施股权合伙制度的企业均是有限公司，不会设立董事会。而授予合伙人股权后，要想培养合伙人的经营决策能力，必须设立合伙人委员会，让合伙人具有参与讨论公司重大事项的机会。

7.5.1 合伙人委员会及其构成

合伙人委员会相当于董事会前身，未来设立董事会，可以从合伙人委员会委员中选举出董事，保证董事会名额至少一半成员由公司合伙人担任，加强对公司的实际控制。

合伙人委员会成员委员共设 3 ~ 5 席。合伙人委员会设主席一名，负责主持合伙人委员会工作；主席由公司实际控制人担任。合伙人委员会主席可指定一席合伙人委员，其余席位可由全体合伙人选举产生，按投票数排名选举出合伙人委员。担任合伙人委员还需要满足一些基本条件，如持主体公司限制性股权的合伙人、公司年限不低于 5 年、认同并践行公司价值观、个人业绩贡献或历史贡献突出者。

合伙人委员会委员任期为2年，任期届满可连选连任。在这期间，如有委员不再担任委员职务以致合伙人委员会成员数量低于规定数时，由合伙人委员会主席指定对象补足委员人数。

合伙人委员会根据公司发展需求，可以设立多个专业委员会，专业委员会主任和成员均可由非合伙人专业人士担任，如薪酬委员会、战略委员会、信息化委员会、审计委员会、预算委员会。

7.5.2 合伙人委员会职责权限

合伙人委员会的职责权限各有不同，主要分为两种类型：一种是合伙人委员会具有董事会的一切权限；另一种只是针对公司股权合伙所具有的权限，其余权限由股东授予。

1. 权限较大的职责

（1）制订主体公司的经营计划和投资方案；

（2）制订年度财务预算方案、决算方案、利润分配方案和弥补亏损方案；

（3）公司内部管理机构的设置及基本管理制度的制定；

（4）集团公司控股的子公司经营管理决策或业务协调；

（5）吸纳新的合伙人；

（6）审查公司合伙人/合伙人的履行职责情况，对其进行考评；

（7）负责对公司合伙人计划的执行情况进行监督；

（8）执行集团公司股东会决议。

2. 权限较小的职责

（1）收集、整理合伙人的意见；

（2）审查合伙人获授激励股的资格；

（3）拟订或优化员工股权激励制度；

（4）根据本制度确定合伙人个人获授激励股的数量；

（5）制定合伙人的考核指标，评定合伙人的考核结果；

（6）协助办理激励股的授予、变更、退出、行权等具体事务；

（7）制定、保管合伙人名册；

（8）拟订激励股收益分配方案，并确保相关款项及时到位；

（9）制定本制度相关配套办法和实施细则；

（10）其他股东会授予的需要办理事项。

7.5.3 合伙人委员会议事程序与规则

合伙人委员会每半年至少召开一次会议，由委员会主席召集，至少于会议召开 5 天前通知全体委员。经半数以上委员提议，必须召开委员会会议。委员会主席不能出席时应委托一名委员主持。

合伙人委员会会议应由 2/3 以上的委员出席方可举行；合伙人委员会主席可邀请特定合伙人或外部投资机构指定对象列席合伙人委员会议，就相关事项表达建议，但不具有投票权。

每一名委员有一票的表决权，表决权为赞同票或反对票，即无弃权票。

若合伙人委员会成员（包括主席）有超过半数对议事投赞同票，则会议的议事结果为通过；否则，会议的议事结果为不通过。

合伙人委员会主席对合伙人委员会议事享有一票否决权。

合伙人委员会会议表决方式为举手表决或投票表决；临时会议可以采取通讯表决的方式召开。

合伙人委员会可要求有关部门负责人列席委员会会议，必要时可以邀请公司其他董事、监事及高级管理人员列席会议。

合伙人委员会会议讨论有关委员会成员议题时，当事人应回避。

合伙人委员会会议应做记录，出席会议的委员应当在会议记录上签名；会议记录由合伙人委员会主席指定对象负责保存。

合伙人委员会会议形成的会议纪要以书面形式提交至集团公司董事会，由集团公司董事会根据章程执行或提交至股东会最终决议。

股权合伙治理体系通过构建合伙人委员会及其运作机制，不仅能有效提升合伙人的参与度和决策能力，还能确保公司治理结构的合理性与高效性。这一体系的完善，能为企业的稳健发展与创新提供坚实的制度保障，促进企业价值与合伙人利益的共同成长。

7.6 合伙人评估体系

为了达成股权合伙的主要目的——寻找志同道合的合伙人，同时，为了防止获得股权的合伙人“躺在股权上睡觉”，因此，我们需要从岗位价值、素质能力、个人品德三方面考核合伙人的综合价值。

7.6.1 合伙人考核内容

在现代企业管理中，对合伙人的考核是确保团队高效运作和目标达成的关键环节。为了公正、全面地评价合伙人的表现，我们可以合理制定对合伙人的考核，其内容可涵盖岗位价值、素质能力和个人品德三个核心维度，以评估合伙人对公司的贡献和价值。详细内容如表 7-5 所示。

表 7–5 合伙人个人考核内容

维度	序号	因素名称	权重分	因素定义	评分标准
岗位价值	1	战略影响	10 分	为完成公司战略目标献策献力，积极贯彻执行公司战略	积极参与公司或部门战略执行会议，献策献力，积极发言者得基本分，每缺席一次会议扣 1 分，扣完为止；上级领导可根据个人执行公司战略所付出的努力情况，酌情加减分，加减分最多不超过三分
	2	管理责任	10 分	所在岗位勇于承担管理和监督责任，提出有效管理改进	勇于承担管理监督责任得基本分，存在管理失职造成损失者视情况扣分，所扣分不得低于 1 分
	3	工作创造性	10 分	在解决问题上富有创造能力，如技术流程改进、成本的结余	创造能力一般者得基本分，创造能力较强者加 0.5 分，创造能力突出者加 1 分，获得相关专利发明者加 3 分
	4	业绩贡献	20 分	完成业绩指标任务，不存在迟到、早退、请假、旷工	基本分 × 个人绩效考核得分 %；每次迟到、早退、请假、旷工扣 0.5 分，扣完为止
素质能力	5	学习能力	5 分	具有专业知识能力的广度和深度，积极与同事分享学习心得，对内展开培训	积极参与公司或部门组织培训二次者得基本分，个人每多开展一次培训会则加 0.5 分，培训会主题及参会人员上报行政部报备
	6	价值观	5 分	合伙人与企业的价值观是否一致	公司价值观高度一致者得基本分，不诚信、谋私利、有损他人利益行为，每项扣 0.5 分

续表

维度	序号	因素名称	权重分	因素定义	评分标准
素质能力	7	人与岗位匹配度	10分	个人与岗位的匹配程度，是否一人多岗、身兼数职	按时保质保量完成工作内容得基本分，有一定兼职加0.5分，相对独当一面加1分，身兼数职能力突出者加1.5分
个人品德	8	团队精神	10分	注重团队精神，与其他部门配合良好，帮助其他同事一同完成工作	与其他部门团结、合作密切得基本分，其他部门投诉且属实事件，每项扣1分；其他部门表扬且属实事件，每项加1分
	9	踏实肯干	10分	能吃苦耐劳，不计较加班，不计较个人私利	接受公司非指令加班，得基本分，每加班时间7小时则加0.5分
	10	集体荣誉感	10分	热爱公司，维护公司形象，珍惜公司形象，保护公司利益	积极维护公司品牌，不做有损公司品牌形象的事情；不得私下发表不利于公司品牌建设的言论，每发现一起扣2分，扣完为止

在使用以上表格对合伙人进行评估时，我们往往还需要格外注意以下几方面：

（1）每季度末，将由激励对象自评、同职级且合作关系紧密的同事考评、直接上级领导考评、合伙人委员会考评，得分取四者平均值，合伙人委员会对考评得分具有监督权和审查权。

（2）人资部作为合伙人考核发起机构，每月下发考核要素表，被考评人完成自评及直接上级领导考评后，再分发至同职级同事进行考评，最终统一汇总。

（3）合伙人任何具有加分或减分行为，有关部门（行政统计考勤、会议记录人员统计会议参与情况，人资部统计团队合伙表现等行为）需及时准确记录并提交至人资部备案，以便月初考核统计之用。

7.6.2 合伙人考核辅导

在企业的发展过程中，合伙人的绩效管理是推动组织目标实现的重要工具。然而，单纯的考核并不能充分激发合伙人的潜力，也不能有效提升团队的整体表现。为了弥补这一空白，企业一般需要引入合伙人考核辅导。

1. 合伙人考核辅导的意义

合伙人考核辅导是个人考核管理过程中至关重要的环节，也是最容易被各级管理者忽视的环节。考评者通过对被考评者业绩完成的实时监控，给予被考评者业绩提升、改进、纠偏的相应指导与资源支持，促使被考评者符合奋斗者激励条件。

2. 合伙人考核辅导贯穿考核管理全过程

一般包括事前辅导、事中辅导、事后辅导。事前辅导包括合伙人考核因素辅导、工作计划制订辅导等；事中辅导指在考核周期中，对被考评者进行综合价值分析与改进、工作协调与困难点指导、资源需求支持等；事后辅导指在考评结束后，帮助被考评者对综合岗位价值进行分析总结，并制订改进计划。

3. 绩效辅导不拘泥于固定的形式

可选一对一面谈、部门内部培训、会议研讨、具体工作指导与支持等。

以上详细叙述了合伙人考核辅导的意义、流程和形式，企业能够通过系统的合伙人考核辅导，提升合伙人的工作表现和团队协作效率。

7.6.3 考核结果应用

合伙人的绩效考评不仅是对个人工作表现的一种衡量，更是激励和发展的重要工具。为了确保合伙人的努力与公司目标保持一致，并促进个人职业成长，考核结果的应用也变得尤为重要。那么，如何将考核结果成功应用到激励中呢?

1. 股权分红、兑现应用

合伙人个人考评结果应用于合伙人所持在股权年度的股权分红、增值兑现发放，合伙人个人考评结果低于 80 分，则个人当期不得分红、不得兑现增值部分。

2. 晋升晋级

合伙人考评结果作为合伙人级别升降、职级升降的重要依据。

合伙人级别升降：年度考评结果进行排名，评选出考核分值排名前 30% 的合伙人，并进行公示表扬。四年后考核总分值排名前 30% 的合伙人，将晋升为下一级别合伙人。

职级升降：年度考评结果不足 80 分的人员，不参与次年度加薪、晋升；年度考评结果低于 75 分的人员，经公司评估后，可采取降薪、降级、降职处理。经公司评估并给予改进期后仍不达标的，可采取调岗、解除劳动合同关系处理。

3. 培训发展

年度考评结果高于 100 分的人员，优先列为公司培训深造对象以及重点培养对象。

4. 职业生涯规划

考评人员触及电网条款或组织管理应受到处罚的，按电网或人资部相关条款执行。

5. 荣誉激励

年度个人考评分低于 85 分的人员，取消当年评优资格。

在实际应用中，我们可以通过以上手段，将考评结果与股权分红、晋升机会、培训发展等多个方面直接挂钩，以极大激发合伙人的能动性与持久忠诚度。

7.7 案例分析：某房产公司多层次股权合伙体系

为了更深刻地理解前文提到过的“多层次持股平台”“合伙人晋升体系”“集团金色降落伞计划”，在本节中，我们将利用“集团公司—区域子公司—门店”的多层次股权合伙体系，进行具体案例分析。

7.7.1 激励平台和激励方式

某知名房产中介公司（以下简称 FC 公司）采用的是典型的连锁运营模式，集团公司进行组织赋能和管控，城市公司独立自主经营。因此，股权合伙方案设立了两个层级激励平台：集团公司激励平台和城市公司激励平台。两层激励平台均采用“干股”+“FC 期股”[1]+“实股”激励方式。每层激励平台根据合伙人不同的岗位价值，授予合伙人不同的激励股，具体划分如表 7-6 所示。

1 公司设定的期股名称，用于企业合伙人文化宣传，可以是公司“简称＋期股”，如“奋斗者期股”“华为虚拟受限股”。

表 7–6　激励平台及激励方式

激励平台名称	合伙人级别	激励方式	享受收益	说明
集团公司平台	集团永久合伙人	集团实股	分红、增值、实股继承权	1. 每年开放集团永久合伙人不超过 2 个名额（0~2 个），经合伙人委员会评选，高级合伙人可以获授一定比例的实股，原实股股东同比例稀释。 2. 锁定期（4 年）后，所持有的实股具有继承权，退休后，可转让给第一顺位继承人。 3. 锁定期（4 年）后，合伙人若要转让，可由实际控制人按内部估值统一回购，每次回购为其原持有实股总量的 50%，即分两次回购
	集团高级合伙人	集团 FC 期股	分红、增值、可转实股	1. 业绩贡献突出、岗位价值贡献高的集团合伙人均可参与。 2. 锁定期（3 年）后，所持有的 FC 期股由公司按比例（每年 1/3）回购，兑现价差收益。 3. 公司每 3 年对合伙人进行综合盘点，不符合高级合伙人条件的按内部股价收回集团 FC 期股，累计触碰公司红线者按原始出资额（缴纳的保证金）退出
	集团合伙人	集团干股	分红	1. 享有集团公司干股分红。 2. 优秀的集团合伙人还可以晋升为集团高级合伙人

续表

激励平台名称	合伙人级别	激励方式	享受收益	说明
城市公司平台	城市永久合伙人	城市实股	分红、增值、实股继承权	1. 每年开放城市永久合伙人不超过2个名额（0~2个），经合伙人委员会评选，高级合伙人可以获授一定比例的实股，原实股股东同比例稀释。 2. 锁定期（4年）后，所持有的实股具有继承权，退休后，可转让给第一顺位继承人。 3. 锁定期（4年）后，合伙人若要转让，可由实际控制人按内部估值统一回购，每次回购为其原持有实股总量的50%，即分两次回购
	城市高级合伙人	城市FC期股	分红、增值、可转实股	1. 业绩贡献突出、岗位价值贡献高的城市合伙人均可参与。 2. 锁定期（3年）后，所持有的FC期股由公司按比例（每年1/3）回购，兑现价差收益。 3. 公司每3年对合伙人进行综合盘点，不符合高级合伙人条件的按内部股价收回城市FC期股，累计触碰公司红线者按原始出资额（缴纳的保证金）退出
	城市合伙人	城市干股	分红	1. 享有城市干股分红。 2. 优秀的城市合伙人还可以晋升为城市高级合伙人

7.7.2 合伙人入选条件

FC公司规定，所有合伙人必须具备忠诚、保密意识、自愿申请、自愿参与、签署劳动合同、不开展同业竞争等基本条件，而且不同级别的合伙人仍需满足以下不同条件：

（1）集团永久合伙人至少担任集团公司副总裁以上或者担任城

市子公司总经理职务，且连续司龄至少 3 年以上。

（2）集团高级合伙人至少担任集团公司总监以上，且连续司龄至少 3 年以上。

（3）城市永久合伙人至少担任城市公司总经理助理以上，且连续司龄至少 3 年以上。

（4）城市高级合伙人至少担任城市公司总监以上，连续司龄至少 3 年以上。

7.7.3 激励股来源

在实股激励时，员工持股合伙企业预留股权分配完结前，合伙人获得的股权为所在员工持股合伙企业定向增资，原有合伙人和实际控制人所持有股权按同比例稀释；员工持股合伙企业预留股权分配完结后，公司向合伙人定向增资，原实股股东按比例稀释。

7.7.4 激励周期

FC 公司的激励周期分为三个阶段，每个阶段都有不同的策略。

1. 有效期

合伙人激励计划实股激励长期有效，每年窗口期，将由公司董事会下设的合伙人委员会决定是否继续、修改、实施本计划。

合伙人激励计划 FC 期股有效期为 5 个年度。每年窗口期，将由公司董事会下设的合伙人委员会决定是否增发 FC 期股、修改、实施 FC 期股方案。

2. 锁定期

增值锁定期。合伙人所获授的 FC 期股锁定期为 36 个月，锁定期内不能进行任何操作。锁定期满后，公司按约定回购 FC 期股，合伙人行权兑现增值收益。

继承锁定期。合伙人所获授的实股锁定期为 48 个月，锁定期内不能进行任何操作。在继承锁定期内，实股继承权每年可解锁 25%。锁定期满后，实股合伙人在职期间，不可以转让给第一顺位继承人，但可以向实际控制人申请按照当期内部估值进行回购，每次回购不得低于获授股份的 50%。锁定期满后，实股合伙人退休时，解锁继承权的股权才可以转让给第一顺位继承人。实股继承权解锁安排如表 7–7 所示。

表 7–7 实股继承权解锁安排

解锁安排	解锁时间	解锁比例
第一个解锁期	自授予之日起 12 个月后的首个窗口期	25%
第二个解锁期	自授予之日起 24 个月后的首个窗口期	25%
第三个解锁期	自授予之日起 36 个月后的首个窗口期	25%
第四个解锁期	自授予之日起 48 个月后的首个窗口期	25%

3. 增值行权期

FC 期股设定增值行权期为 3 年，每年可解锁 FC 期股的比例均为 1/3，公司按当期内部股价回购合伙人解锁部分的 FC 期股，合伙人对解锁部分的 FC 行权进行价差兑现，行权兑现的 FC 期股不再享有激励平台的 FC 期股分红。行权安排如表 7–8 所示。

表 7–8 行权安排

行权安排	行权时间	行权比例
第一个行权期	自授予之日起 36 个月后的首个窗口期	1/3

续表

行权安排	行权时间	行权比例
第二个行权期	自授予之日起 48 个月后的首个窗口期	1/3
第三个行权期	自授予之日起 60 个月后的首个窗口期	1/3

7.7.5　估值与内部股价模型

在评估公司价值和确定股权价格时，集团公司与城市公司采取了一种综合考量的方法。这种方法涉及对所有门店的投资额、集团公司运营资金以及未分配利润的全面评估。以下是具体的估值计算公式和内部股价模型，它们是公司股权管理和财务决策的基础。

1. 集团公司与城市公司估值

集团公司与城市公司均采用所有门店投资额、集团公司运营资金、集团公司未分配利润相加的估值方式。计算公式：

公司内部估值 =∑[1] 门店投资额 + 公司运营资金 + 公司经营性未分配利润

∑门店投资额 = 公司门店总面积 × 门店每平方米投资额

每年窗口期，公司根据门店实际投资情况，确定门店每平方米投资额，最终确认公司当期内部估值。

在符合转让条件的情况下，持有公司实股的合伙人可以按公司当期内部估值退出转让给实际控制人或其指定对象。

2. 集团公司与城市公司内部股价模型

未来，集团公司和城市公司 FC 期股股价将按公司内部股价增长模型进行计算，计算公式：

1　∑是一个求和符号，英语名称：sigma，汉语名称：西格玛（大写 Σ，小写 σ），第十八个希腊字母。

FC期股股价=上期内部股价+(净利润—已分配利润)÷当期总股本

举例：假设集团公司实股股本10亿股，集团公司FC期股1 000万股，集团公司总股本为10.1亿股。2019年窗口期集团公司FC期股股价为1元/股，2019年净利润为50 000万元，提取可分配利润比例为30%，可分配利润为15 000万元，经营性未分配利润为35 000万元。则2020年窗口期FC股价=1元/股+(50 000 − 15 000)÷101 000=1.35(元/股)。

7.7.6 个量分配

集团公司和城市公司永久合伙人和高级合伙人采用统一的股权分配原则，同等级别的合伙人根据各自岗位价值大小分配激励股。计算公式为：

个人获授激励股总量＝激励股总量×个人岗位层级系数×个人岗位类型系数×个人历史贡献系数÷∑(个人岗位层级系数×个人岗位类型系数×个人历史贡献系数)

7.7.7 激励股转让与兑现

转让是指合伙人把持有的集团实股按内部估值转让给实际控制人。兑现是指合伙人把FC期股卖回给公司，享受公司内部股价增长的收益。

1. 实股转让

公司合伙人获授的实股，不得私自转让给第三方。合伙人需退出时，由实际控制人按公司内部估值回购合伙人实股。实股转让过程中，所产生的税收，由合伙人承担。获得的税前股权转让款计算公式为：

税前股权转让款＝公司当期内部估值 × 合伙人实股比例

2.FC 期股兑现

合伙人获得 FC 期股后有 36 个月的锁定期，锁定期内合伙人不得兑现；锁定期内，合伙人要退出，公司只退还保证金，若公司亏损，合伙人的保证金按比例承担亏损。

举例：合伙人获得 20 万股 FC 期股，股价 1 元 / 股，合伙人按 30% 保证金缴纳 6 万元，合伙人享受 1% 的分红权。合伙人在锁定期内退股，此时公司亏损 10 万元，则公司扣除 10 万元 ×1%=0.1 万元，退还原合伙人 5.9 万元；若公司盈利，则退还保证金 6 万元。

锁定期后，公司按当期 FC 期股内部股价回购合伙人解锁部分的 FC 期股，合伙人对解锁部分的 FC 行权进行价差兑现，行权兑现的 FC 期股不再享有激励平台的 FC 期股分红。合伙人进行价差兑现，获得增值收益的同时，公司按比例退还 FC 期股保证金。锁定期后，公司亏损，合伙人无须承担亏损。FC 期股价差兑现计算公式：

FC 期股增值收益 =FC 期股兑现数量 ×（当期 FC 期股股价—授予时 FC 期股股价）

举例：合伙人获得 30 万股集团 FC 期股，股价 1 元 / 股，合伙人按 30% 保证金缴纳 9 万元，合伙人享受 1% 的分红权。锁定期后，合伙人每年可兑现 1/3 的 FC 期股。若第一年行权期公司亏损 10 万元，合伙人兑现时公司仍退还保证金 3 万元；若第一年行权期公司盈利，当期 FC 期股股价为 2.5 元 / 股，公司收回 FC 期股退还金额 =（2.5 元—1 元）×10 万股 +3 万元 =18 万元。

3. 实股与 FC 期股的关系

持有实股的永久合伙人，也可以参与 FC 期股激励计划。持有

FC 期股的高级合伙人并不一定能成为永久合伙人，合伙人获得的 FC 期股数量与实股数量没有必然的联系。持有 FC 期股的高级合伙人晋升为公司永久合伙人时，须重新根据其岗位价值贡献确认获授的实股数量，但仍可以继续持有 FC 期股，享有 FC 期股的分红权和增值权。

7.7.8 个人考核机制

个人考核机制是确保股权合伙体系公正性和有效性的核心环节。通过这一机制，公司能够对合伙人的表现进行客观评估，并据此决定其激励资格。以下是 FC 公司制定的个人考核机制的具体内容，它涉及绩效考核审查、公司管理红线考核以及职务调整与持股调整机制，旨在为合伙人提供一条清晰的考核和激励路径。

1. 个人绩效考核审查

公司根据个人考核结果，对 FC 期股合伙人的激励资格进行审查。参照公司绩效考核办法，合伙人在绩效正态分布排名中排名后 20% 的，绩效排名结果为“需改进”，将给予合伙人警告或约谈；若合伙人连续两个年度绩效排名结果为“需改进”，则按绩效排名结果为“不满意”，取消合伙人资格，公司按“合同期满（或约定的服务期满），或双方友好协商不再续签合同，且不在同行业竞争对手就职”办理 FC 期股退股，收回原合伙人所持有的所有 FC 期股数量。

2. 公司管理红线考核

公司每 3 年对合伙人进行综合盘点，触碰公司管理红线者按原始出资额退出。公司管理红线是公司全体员工不可触犯的高压线，不可逾越的底线，如犯任意一条，公司将按照相关管理制度给予严肃处理。

3. 职务调整与持股调整机制

合伙人所持 FC 期股随职务调整情况的处理方式如表 7-9 所示。

表 7-9　职务调整下 FC 期股处理方式

职务调整	处理方式	价格
升职	职务调整的下一窗口期，根据公司 FC 期股发放计划，按合伙人新岗位价值评估再次授予 FC 期股	按照激励平台当期内部股价
降职	1. 原持有 FC 期股继续持有，按激励计划行权兑现。 2. 职务调整的下一窗口期，不参与新增的 FC 期股计划	按照激励平台当期内部股价
调动	1. 在激励期内，若合伙人被调任至其他激励平台，原持有 FC 期股继续持有，按激励计划行权兑现。 2. 调动至集团公司总部，劳动关系转移之日起，按合伙人岗位价值授予集团公司 FC 期股。 3. 调动至新开拓城市，劳动关系转移之日起，按合伙人岗位价值授予新开拓城市 FC 期股	新激励平台当期内部股价

注意，若是在同一平台进行职位调动，那么可在下一窗口期参与 FC 期股计划；城市公司调动至集团公司或调动至新开拓城市，当期即可参与 FC 期股计划。

合伙人持有的实股不随职务变化进行对应调整，若要退股，按退出原则处理。

7.7.9 退出机制

为了维护公司的利益和合伙人的权益，FC 公司特别制定了详细的退出机制。这一机制不仅涉及合伙人在违反规定或因个人原因离职时的 FC 期股处理，还包括对合伙人行为的后续监督。通过这一机制，FC 公司很好地确保股权合伙体系的公平性和透明度，同时为公司的稳健运营提供强有力的支持。

1. 合伙人 FC 期股退出原则

合伙人 FC 期股退出制度适用情况分为在锁定期内和在锁定期

后，不同的情况对应不同的退出处理办法，具体内容如表7-10所示。

表7-10 FC期股退出制度

情况类型	FC期股退出处理办法	
	锁定期内	锁定期后
1. 违反国家法律法规、公司内部管理规章制度的规定，或发生劳动合同约定的失职、渎职行为，严重损害公司利益或声誉，或给公司造成直接或间接经济损失； 2. 公司有充分证据证明该合伙人在任职期间，存在受贿、索贿、贪污、盗窃、泄露经营和技术秘密等损害公司利益、声誉等的违法违纪行为，直接或间接损害公司利益； 3. 因犯罪行为被依法追究刑事责任	公司收回FC期股，退还合伙人实际出资，不结算未分配收益；激励平台亏损时，同比例承担亏损	公司收回FC期股，退还合伙人实际出资，不结算未分配收益；激励平台亏损时，不承担亏损
4. 合同期满（或约定的服务期满），或双方友好协商不再续合同，且不在同行业竞争对手就职； 5. 因公司人员调整而被辞退； 6. 合伙人残障（丧失在原岗位工作能力）或死亡； 7. 因达到法定退休年龄退休	公司收回FC期股，保证金于退出窗口期一次性退还；增值收益于退出窗口期一次性核算并分三个窗口期退还，每个窗口期退还1/3。激励平台亏损时，同比例承担亏损	公司收回FC期股，保证金于退出窗口期一次性退还；增值收益于退出窗口期一次性核算并分三个窗口期退还，每个窗口期退还1/3。激励平台亏损时，不承担亏损
8. 其他情况	由董事会授权的专属委员会研究商定	

注意，在离职后的两个窗口期（36个月）内，如果发现合伙人有损害公司的行为（包括但不限于与FC公司发生竞业禁止），则剩余的增值部分不再发放。

2. 合伙人实股退出原则

合伙人实股退出处理办法适用情况同样分为在锁定期内和在锁

定期后，具体如表 7-11 所示。

表 7-11　实股退出处理办法

<table>
<tr><th rowspan="2">情况类型</th><th colspan="2">锁定期内</th><th rowspan="2">锁定期后</th></tr>
<tr><th>不可继承部分</th><th>可继承部分</th></tr>
<tr><td>1. 违反国家法律法规、公司内部管理规章制度的规定，或发生劳动合同约定的失职、渎职行为，严重损害公司利益或声誉，或给公司造成直接或间接经济损失；
2. 公司有充分证据证明该合伙人在任职期间，存在受贿、索贿、贪污、盗窃、泄露经营和技术秘密等损害公司利益、声誉等的违法违纪行为，直接或间接损害公司利益；
3. 因犯罪行为被依法追究刑事责任</td><td>不可继续持有；实际控制人有权回购实股，转让价格为原始出资金额和当期内部估值较低值</td><td>不可继续持有；实际控制人有权回购实股，转让价格为当期内部估值</td><td>不可继续持有；实际控制人有权回购实股，转让价格为当期内部估值</td></tr>
<tr><td>4. 合同期满（或约定的服务期满），或双方友好协商不再续合同，且不在同行业竞争对手就职；
5. 因公司人员调整而被辞退</td><td rowspan="2">不可继续持有；实际控制人有权回购实股，转让价格为当期内部估值</td><td colspan="2">可继续持有，退休后，一次性转让给第一顺位继承人；或向实际控制人申请按照当期内部估值进行回购</td></tr>
<tr><td>6. 合伙人残障（丧失在原岗位工作能力）或死亡；
7. 因达到法定退休年龄退休</td><td colspan="2">可继续持有或一次性转让给第一顺位继承人或向实际控制人申请按照当期内部估值进行回购</td></tr>
<tr><td>8. 其他情况</td><td colspan="3">由董事会授权的专属委员会研究商定</td></tr>
</table>

注意，可继承的限制性实股，需指定一名法定第一顺位继承人。持股人选择退出时，可向公司申请退出，回购价格可参考当期内部估值。持股人申请退出时，每次申请回购的激励股数量不得少于持股数的 50%。

在本节中，我们详细分析了 FC 公司实施的多层次股权合伙体系，从激励平台和激励方式的设立，到合伙人的入选条件、激励股的来源与分配，再到激励周期的设定，以及估值与内部股价模型的应用。我们还探讨了个人考核机制和退出机制，这些都是确保股权合伙体系有效运作的关键组成部分。

通过这个案例分析可以看出，FC 公司是如何通过精心设计的多层次股权合伙体系，来激励和保留关键人才，同时确保公司文化的传承和长期战略目标实现的。多层次股权合伙体系不仅为合伙人提供了明确的激励和晋升路径，也为公司提供了一种有效的人才管理和业绩提升工具。

总的来说，FC 公司的多层次股权合伙体系是一个综合性的解决方案，它涉及公司治理、人力资源管理、财务管理等多个方面。多层次股权合伙体系的成功实施，不仅能够提升合伙人的工作积极性和忠诚度，还能够增强公司的市场竞争力和行业影响力。通过多层次股权合伙体系，FC 公司确保了其核心团队能与公司共同成长，共同分享成功，也为公司的未来发展打下了坚实的基础。

在商业实践中，我们也可以灵活采用各种手段与策略，综合打造，设计出符合自己企业实际的多层次股权合伙体系，以帮助公司快速成长，行稳致远。

08

第 8 章 股权合伙的裂变

在企业高速发展的过程中，市场的拓展和人才团队的裂变模式是企业生与死的转折点。在这个时期失败的企业，失败原因基本大同小异，不是经营出了问题，就是人出了问题。前者一般表现为企业盲目扩张战线太长导致的资金链断裂；后者表现为“利益分配不合理”“团队诸侯化”“早期创业团队小富即安”“老团队坐享其成，新团队永无出头之日”“公司 80% 的业绩掌握在少数人手中”“我有能力了，为什么我还是打工的”等现象，这种杂乱不堪的状况最容易导致企业难以实现复制扩张。

股权合伙的裂变一般有几种较为常见的模式。一种是拖拉机式的裂变模式，一种是扁平化裂变模式，还有一种就是股权合伙裂变模式。

拖拉机式的裂变模式的理念就是谁打下的江山就归谁，子子孙孙繁衍生息。此种模式在创业早期比较适合，合伙团队有充足的干劲，实现“裂土封侯”。长此以往，必将盘根错节，不思进取，形成地方主义，不受集团公司管控。

扁平化裂变模式的理念就是平台化赋能，主责团队跟投，公司内部合伙创业的模式。公司对裂变团队直接赋能管控（人才招聘、财务管控、资金支持等），师父公司可以跟投徒弟公司，师父公司作为主责团队必须输送核心骨干给徒弟公司（送上马扶一程），徒弟公司吸引一批有想法能干事的合伙人共同开拓市场。

股权合伙裂变的底层逻辑就是调动一切可调动的资源，培养一批持有股权的创业合伙人。

8.1 有限股权无限分配

股权合伙裂变的首要问题是，如何在保障控制权的情形下，有足够的股权分配给合伙人。其次是如何解决内部合伙人团队的培养孵化问题。股权的来源要么是大股东的股权转让，设立动态股权池保持股权的流动性，要么是定向增资，原有股东同比例被稀释。

8.1.1 动态股权池

股权合伙分层形成公司平台的股权池和事业平台的股权池，如图 8-1 所示。

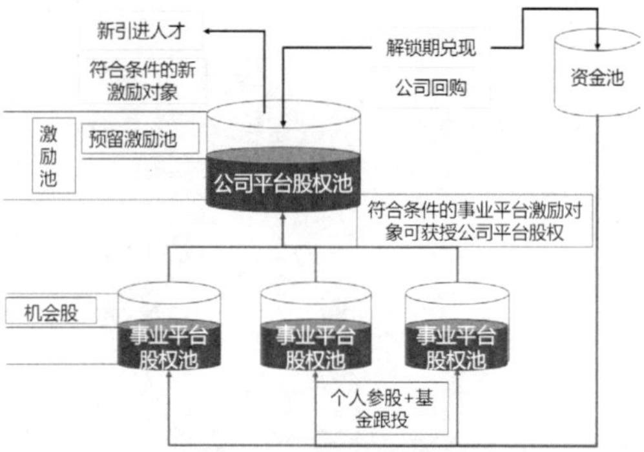

图 8-1 动态股权池

在这个动态股权池中，每个股权池均需预留部分股权，授予符合条件的新激励对象，设计动态调整机制，回购考核不合格激励对象的股权或允许激励对象主动退出兑现股权收益。动态调整机制包含激励对象考核不合格、激励对象离职离岗、激励对象违反公司规章制度等。

合伙人赚到钱了，无非是改善生活、理财投资或自主创业。有位企业家说得好，要想让合伙人持续有动力，就要想办法让合伙人把钱花完，鼓励他们买车、买房、买股权。因此，公司需再设立资金池，形成内部股权投资基金，投资到公司内部的相关产业中，让合伙人的个人利益与公司整体利益深度绑定。

8.1.2 定向增发

公司预留一定比例的股权用于员工股权激励，设立有限合伙企业成为员工股权池，员工持有有限合伙企业的财产份额，再由有限合伙企业持有公司的股权。预留股权池用完之后，不再由原股东释放股权，而是定向增发一定比例的股权授予新的合伙人，原有合伙人的股权同比例被稀释。

当吸纳进来的合伙人未产生价值，那么原有合伙人的股权收益定将被稀释；当吸纳进来的合伙人发挥了应有的价值，公司的股权价值进一步提升，原有合伙人的股权虽被稀释但股权价值得到提升。因为定向增发与原合伙人的收益挂钩，原合伙人在选拔、评估、监督新合伙人时将更加严格，更加配合新合伙人的工作，让合伙人更快融入团队，发挥应有的价值。

举例：原合伙人 A 持有 1% 的股权，公司净利润 1 000 万元，原合伙人 A 每年能够分红 10 万元。定向增发 10% 的股权，稀释后原合伙人持有股权为 0.9%，公司净利润低于 1 111.2 万元时，原合伙人股权收益降低。公司净利润增长率需高于11.12%，原合伙人股权收益才有所保障。

因此，定向增发作为一种股权激励手段，对公司和合伙人都具有深远的影响。它不仅涉及股权结构的调整，还直接关联合伙人的经济利益和公司的长期发展。

定向增发策略要求公司在引入新合伙人时必须进行周密的考量和规划。对于原合伙人来说，他们需要认识到新合伙人的加入可能会带来的股权稀释效应，并且积极参与新合伙人的选拔和培养过程中，以确保新合伙人能够快速融入并为公司创造相应的价值。对于新合伙人而言，他们需要证明自己的价值，以实现个人与公司的共同增长。

最终，定向增发的成功实施将促进公司形成一个良性循环：通过引入有价值的新合伙人来推动公司业绩的增长，进而提升公司整体的股权价值，最终实现所有合伙人利益的最大化。

8.2 合伙团队的裂变

企业高速成长期，与之匹配的就是企业内部团队的快速裂变，一套好的股权合伙人方案一定是能够提升团队裂变的能力，只有裂变出更多的合伙人，企业发展才能又快又好。

8.2.1 拖拉机式的合伙裂变

公司一级部门下设二级部门，二级部门再裂变出若干项目小组，再由项目小组裂变出项目单元体，纵向设立股权合伙平台的方式称为拖拉机式的合伙裂变。此种方式最大的弊端在于较为森严的等级制度，底层的合伙平台无法跨越阶层晋升为上一层级的平台，同级别平台不希望裂变出来的团队单独成为相同等级的平台(见图8-2)。

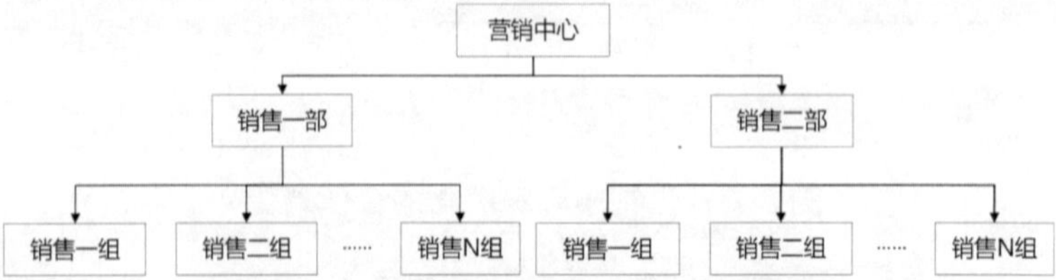

图 8-2　营销中心拖拉机式的合伙裂变

总体而言，拖拉机式的合伙裂变是一种层级分明的组织结构和股权分配模式。这种模式通过在公司内部纵向设立多个层级的股权合伙平台，旨在实现从上至下的管理和激励。然而，这种结构也存在明显的局限性，在实操中，我们需要结合自身企业的实际状况，有取舍地看待和设计。

8.2.2 扁平化的合伙裂变

公司一级部门下设二级部门，二级部门再裂变出若干项目小组，再由项目小组裂变出二级部门，横向设立股权合伙平台的方式称为扁平化的合伙裂变（见图8-3）。

扁平化的合伙裂变给予了新的合伙人晋升空间，“不想当将军的士兵不是好士兵”，让项目小组负责人有机会成为二级部门负责人且享有同等待遇，人人均可成为将军，均可成为独当一面的合伙人。

扁平化的合伙裂变规避了因岗位编制问题，让有能力的人屈居人下或是看不到晋升空间而独立创业成为公司的竞争对手。

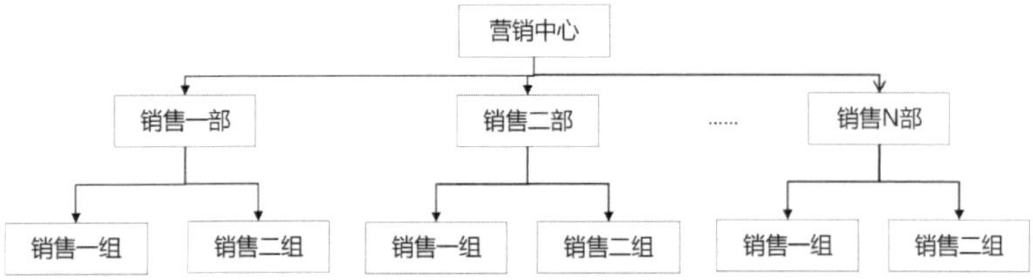

图 8–3　营销中心扁平化的合伙裂变

为了鼓励原二级部门负责人积极培养人才，而不是让他们认为自己在培养竞争人才而敝帚自珍，二级部门负责人也可以持有新裂变部门的股权，同时新裂变部门不能带走原有客户群体，原有客户群体产生的业绩归属原二级部门。在这种裂变方式下，能够源源不断地培养新人才，裂变出更多的部门，而不再担心单一部门一家独大的情形出现。

关于拖拉机式的裂变合伙方式及扁平化的裂变合伙方式，在实操过程中，我们可依据方法论原理，个性化地设计自身企业的裂变模式。

接下来，我们将重点讲述合伙裂变的实操案例，包括创客合伙裂变、师带徒合伙裂变及电商扁平化合伙裂变。

8.3 创客合伙裂变

在快速变化的商业环境中，企业的成功往往依赖于其创新的商业模式和有效的管理策略。特别是在竞争激烈的零售和餐饮行业，如何通过独特的合作模式和激励机制来促进企业的快速增长和裂变，成了企业领导者必须面对的挑战。

下面，我们将深入探讨几个行业领先企业的案例，了解创客合伙裂变模式的具体运作机制，探讨其如何帮助企业在激烈的市场竞争中保持领先地位，以及其对企业未来发展的深远影响。

8.3.1 某水果零售连锁企业

某水果零售连锁企业 2001 年成立于深圳，是一家集水果采购、种植支持、采后保鲜、物流仓储、标准分级、营销拓展、品牌运营、门店零售、信息科技、金融资本、科研教育于一体的大型连锁企业。2023 年 1 月 16 日，作为“中国水果连锁零售第一股”登陆中国香港交易所，在资本市场上正式拉开帷幕。截至 2023 年 6 月 30 日，g 该企业一共拥有门店 5 958 家，其中，加盟门店有 5 945 家，自营门店只有 13 家。该企业能实现快速裂变，取决于门店的合伙模式。

1. 企业平台定位

该企业定位的是线上线下一体化的供应链平台，集团公司负责为加盟商直供质优价低的产品、品牌的营销和运营、打造线上营销平台、门店合伙人的培训与输出、为优质加盟商提供资金和财务管理服务，加盟商无须为货源、资金流、客户源担心，加盟商只需选址、投资开店、服务好消费者就可以了。

该企业的成功，很大原因在于该企业与加盟商之间的角色定位清晰，各自赚取各自的利润，做各自擅长的事情，把复杂的事情简单化。

该企业一直倡导的是向门店平价供货，中间不赚供货差价，极大降低门店产品的采购成本，保证终端优势。

随着采购规模的增长，该企业议价能力越来越强，供货差价哪怕只有 1%，百亿体量营收也能有 1 亿元的价差利润，称为“看不见”的钱。该企业的招股书显示，2019 年至 2021 年分别实现营收 89.76 亿元（单位：人民币，下同）、88.54 亿元以及 102.9 亿元，营业收入划分为水果及其他食品销售、特许权使用及特许经营收入、会员收入以及其他四大类。其中，水果及其他食品销售近三年的营收占比都超过 97%，而大部分营收来自遍及全国的加盟店，包括店内销售直接带动的产品销售产生的收入及每月的特许权使用费，该收入主要为门店分红。

该企业不参与加盟商门店现金投资，不持有门店的股权，不收取门店的加盟费，不让加盟商承担新店起步期的亏损。门店店长作为投资人和经营者，变传统“给老板干”为“给自己干”，门店经营赚得的利润称为“看得见”的钱，从而令门店合伙人的积极性爆棚！

2. 门店合伙制

该企业门店合伙人主要有三类，首先是门店店长负责日常运营，持有门店 80% 的股权；其次是城市合伙人负责协调和支持区域门店的经营管理，持有门店 17% 的股权；最后是大区经理负责门店的选址和拓展，持有门店 3% 的股权（见图 8–4）。

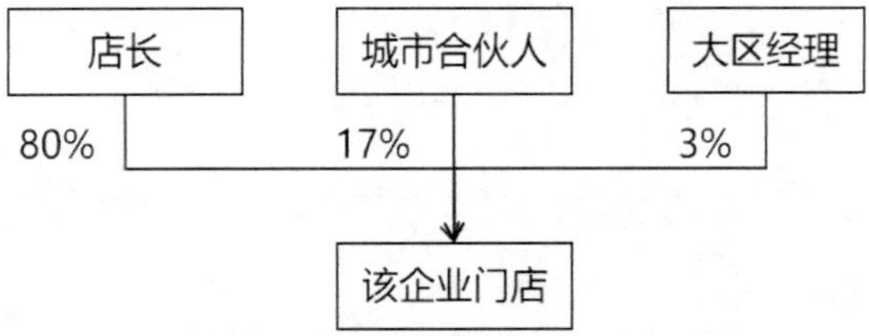

图 8–4　该企业门店股权架构图

门店盈利时，提取净利润的 30% 给该企业，另外 70% 由投资股东按股权比例进行分配。

门店前期（三年）亏损由该企业承担，门店盈利前，门店店长若要退出，则按投资额的一半收回股权。门店盈利后，店长要退出，不仅能获得原始投资资金，还可以一次性获得门店分红收益的 3 倍补偿。

3. 门店裂变

门店的快速裂变离不开人才裂变和资金裂变，有人、有钱才能快速跑马圈地开更多的店。

该企业规定要求每一位店长每年培育一个新店长，新店长开店后，老店长作为导师，在徒弟的店里可分得 10% 帮扶股分红；店长晋升为片区经理时可以在管辖范围的门店持有 17% 的股权；店长晋升为大区经理时可以在所有门店中持有 3% 的股权。

该企业为了鼓励更多的加盟商开更多的店，以每年约 4.75% 的贷款利率借款给加盟商，在门店的现金流和财务可控的情况下不存在任何风险。该企业招股书中显示，2019 年、2020 年、2021 年及 2022 年的 6 月 30 日，该企业有息贷款的未偿还结余分别为 5 020 万元、1.32 亿元、1.79 亿元及 1.91 亿元，分别提供给 196 名、200 名、309 名及 421 名加盟商，分别涉及 512 家、621 家、815 家及 971 家加盟门店。

该企业的创客合伙模式非常典型，其模式解决了公司扩张过程中的投资、管理、裂变、人才、激励机制等多种问题，实现了多方共赢的局面。

8.3.2 西贝“创业分部 + 赛场制”

西贝莜面村是西贝餐饮集团旗下的主品牌，主营中式休闲正餐，菜系主要是西北菜。西贝成为拥有超 400 家直营门店，遍布全国近 60 个城市，成为中国头部餐饮品牌，员工 2 万余人，每年为超过 6 000 万名顾客提供高品质美食的服务。

西贝莜面村为激励员工培养人才，实现企业的快速发展，实行了“创业分部 + 赛场制”的“创业合伙人计划”。

1. 设立创业分部

西贝以每个分部的总经理为核心创建创业分部，打破传统的区域划分方式，一切以创业团队进行自主划分，创业团队有充分的自主权，可以选择在全国不同区域进行投资设店，甚至分部的名称也可以以创业团队的名字命名。创业分部的管理哲学采用的是德鲁克提出的“目标管理，自我控制”，只要保持跟总部的战略目标一致，创业团队可以自己决定怎么干和怎么管。

新门店前 3 个月经营产生的亏损由西贝餐饮集团承担，创业分部不承担亏损。如果门店运营了 3 个月，依然盈利状况不佳或者亏损，西贝餐饮集团则有权决定是否撤销门店。

新门店经营 3 个月后，若门店继续经营，则创业分部同比例享有利润分配和承担经营亏损。

有了新门店的保护政策，创业分部合伙人就敢于承担责任，敢于尝试新区域开店，敢于培养新店长，这提高了合伙人的创业激情，降低了创业风险。合伙人无论是选择自主创业，还是与集团公司合伙创业，“保护期”政策都深深吸引了他们。

2. 分配好股权

西贝餐饮集团与创业分部合资设立门店，其中西贝餐饮集团公司持有 60% ~ 75% 的股权，创业分部团队持有 25% ~ 40% 的股权。创业分部总经理可以自行分配团队内的持股比例，并通过设立有限合伙企业间接持有门店的股权，如图 8-5 所示。

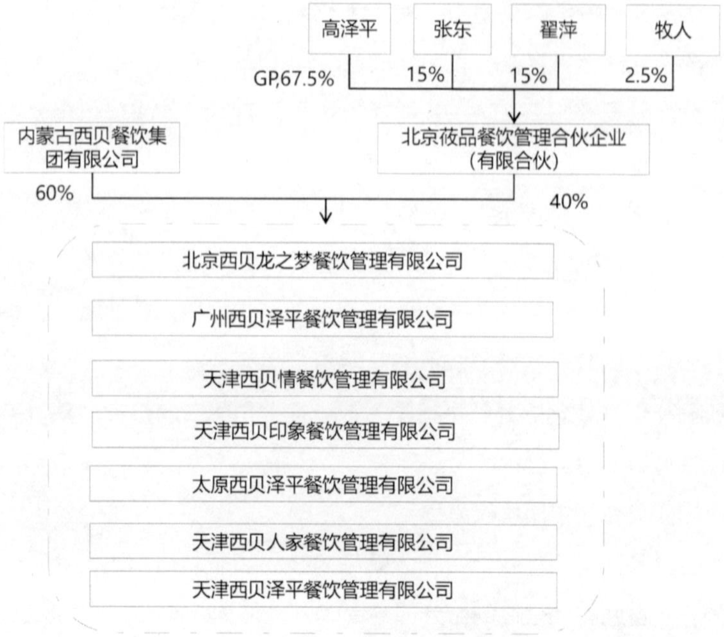

图 8–5　创业分部持股示意图

3. 向下分利

西贝集团公司创始人贾国龙夫妇每年拿出个人分红额的 50% 分配给创业分部负责人和优秀管理团队，并要求创业分部合伙人和总部高管年收入超过 1 000 万元时，超过 1 000 万元部分的 50% 拿出来奖励给自己团队的各级奋斗者，提升了没有持股的合伙人对股权的期望值。

4. 建立赛场制

为了鼓励内部竞争，西贝餐饮集团建立赛场制，对创业分部每年发放“经营牌照”，通过利润、顾客评价等指标的考核进行“全国大排名”。西贝餐饮集团会收回那些排名靠后团队的经营牌照，之后再发放给新成立的创业分部，以此来把控门店扩张的速度和品质。

创业分部每个季度都有一次大考核，按照门店经营业绩、服务等各项指标进行排名。分别为 A+、A、B、C 四个等级，每个季度打一次分。只要获得四个 A，就能换一张开新店的经营牌照，那么创业分部获得的 A 越多，经营牌照就越多，经营的门店也越多，创队成员可以拿到的利润分红就越多。

为了拿到更多的钱，创业分部只能努力做好门店的经营，快速扩张门店，为公司带来更多利润。而全国大排名后 30% 的团队，集团公司将收回其经营牌照和股权，将原门店合伙团队拆散，把组员重新分配到其他创业分部进行学习成长，提供第二次机会，获得新的股权重新证明自己的能力。

5. 西贝餐饮集团股权激励

西贝餐饮集团不仅让合伙人短期内在门店赚到钱，还设计了长期的股权激励，就是让创业分部的合伙人持有西贝餐饮集团的股权。这样一来，创业合伙人不仅要关心各自分部的经营情况，还要关心集团公司整体的利益，集团公司的股权就能具有较大的股权溢价能力，合伙人从事业共同体向命运共同体转变。

那么西贝餐饮集团是如何持有控制权而不被撼动的呢？具体如图 8-6 所示。

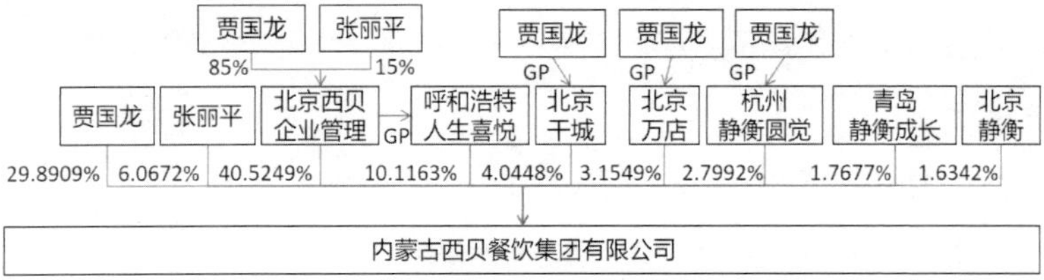

图 8-6　西贝餐饮集团股权架构图

众所周知，呼和浩特人生喜悦企业管理中心（有限合伙）有 33 个合伙企业，每个合伙企业的股东均是跟集团公司一起创业奋斗过的高管和员工，每个合伙企业股东人数都在 50 人以内，作为员工持股平台突破了有限责任公司股东人数 50 人的限制。而从图 8-6 可以看出，呼和浩特人生喜悦企业管理中心（有限合伙）持有西贝餐饮集团公司 10.1163% 的股权，但是控制权还是牢牢掌握在创始人手里，因为北京西贝作为 GP（普通合伙人）控制人生喜悦合伙企业。虽然北京西贝持有份额只有 0.0003%，但是具有 100% 的话语权。西贝餐饮集团公司还设了北京千城、北京万店、杭州静衡圆觉、青岛静衡成长四家有限合伙企业，作为员工股权激励预留池。

西贝莜面村通过其“创业分部 + 赛场制”的创业合伙人计划，成功地将员工转变为具有共同目标和利益的合伙人，不仅激发了员工的创业热情和工作积极性，还促进了公司的快速扩张和品牌影响力的扩大。

8.4 师带徒合伙裂变

“师带徒合伙裂变”模式不仅能帮助企业实现门店数量的迅速扩张，还能帮助企业构建一个强大的人才培养和激励体系。这种模式不仅打破了传统连锁经营的局限，还为员工提供了实现个人职业发展和财富积累的平台。

接下来，我们将深入了解喜家德的“企业合伙人计划”，探索其如何通过师带徒的方式，激发员工的潜力，推动企业持续创新和增长。

8.4.1 喜家德的“企业合伙人计划”

大连喜家德水饺餐饮管理有限公司（以下简称“喜家德”）从

2002 年创立以来，已在全国范围内开设超过 700 家连锁门店，遍布 40 多个城市，员工超过 8 000 人。喜家德门店以直营为主，不放开加盟，其裂变速度之快多亏了师带徒的合伙裂变模式。

喜家德合伙人是喜家德开放的一种合作方式，如符合喜家德合伙人招募标准，即可与喜家德共同出资经营新店。合伙人既是投资人又是经营者。喜家德合伙人持股比例不取决于个人的资金实力，更多地取决于合伙人考取店长资格证的时长，取得店长资格证时间越短，越能证明店长的学习、管理、运营能力。具体见表 8-1。

表 8-1　门店合伙人持股比例上限

考取店长资格证时长	门店持股比例
6 个月之内	8%
3 个月之内	16%
2 个月之内	24%
1 个月之内	32%

同时，喜家德对门店合伙人还具有严格的要求。一是需要合伙人亲力亲为管理店面，原则上谁投资谁管理；二是合伙人不能从事第二职业、兼职或其他生意项目；三是合伙人需服从喜家德的开店城市与区域的整体战略规划，一起开发进入新城市。

8.4.2 “合伙人店长制”358 模式

首先，在所有店长的考核中，排名前 50% 的店长，不投资就能持有对应门店 3% 的干股，门店盈利后就能享有分红；其次，喜家德鼓励老店长培养新店长，每培养一位新店长，老店长将有机会投资新店长新开门店 5% 的股权；再次，当老店长培养出 6 位新店长时就可以晋升为片区经理，新开门店 5% 的股权就能提升至 8%；最后，通过考核的店长还能够成为大区经理，也就是片区负责人，拥有独立负责门店选址的权利，并且能够在门店投资入股 20%。

与直营店模式不同的是，这种模式是让店长变成合伙人，并且还是不用出资的合伙人，让店长来当门店老板，当店长当上老板后，他就会将门店的利益与自己挂钩，毕竟自己的收入和门店的收益是有直接关系的。并且，有了人才培养的机制，有野心的店长们为了赚更多的钱，会主动承担起培养人才的职责。

最终，通过这种创新的“师带徒合伙裂变”模式，喜家德不仅成功地实现了门店的快速扩张，还建立了一个强大的内部人才培养体系。

喜家德的实践也恰好证明了，通过合理的激励机制和人才培养策略，企业可以打破传统经营模式的局限，实现员工与企业的共同成长和成功。由此可见，“师带徒合伙裂变”模式不仅能有效地将员工的个人发展与企业的成长目标相结合，激发员工的积极性和创造力，也能为企业的长期发展注入活力。

8.5 电商扁平化合伙裂变

近年来，电子商务行业作为新兴产业，对资金、人才、组织效能裂变能力要求越来越高，如何能够正确地应用股权合伙工具，实现电商扁平化合伙裂变呢?

8.5.1 电商平台组织架构

电商公司是一个集产品设计、采购、营销于一体的电商平台，秉持“关者有其股”的理念，下设公域公司、私域公司、内容公司和供应链公司。电商总部主要负责产品的研发、设计、产品定价和财务管控，公域公司负责公域流量的营销，私域公司负责私域流量的维护和开发，内容公司负责为公域或私域提供拍摄和剪辑工作，供应链公司负责供应商的选择和产品采购、仓储、物流工作，如图 8-7 所示。

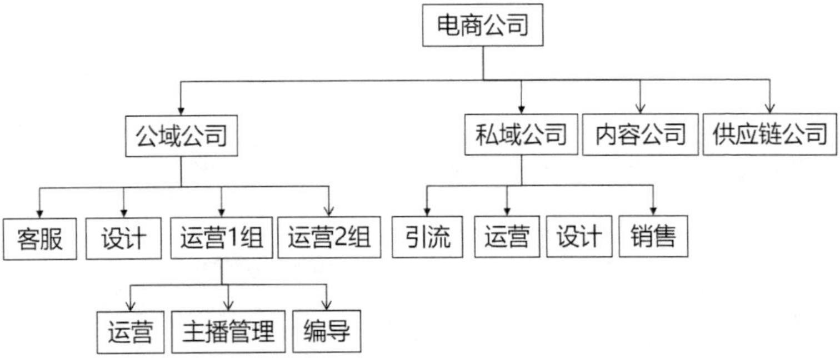

图 8-7　电商公司的组织架构

8.5.2 电商二级公司“期股”+“岗位股”激励模式

根据合伙人的岗位层级系数、岗位类型系数、历史贡献系数、人岗匹配系数衡量合伙人的岗位价值，合伙人可获授一定比例的期股，仅需缴纳股权价值的 30% 保证金就可以享有 100% 期股的分红权和增值权。合伙人持有期股有 3 年锁定期，锁定期内不得退出，锁定期后可以选择行权认购授予时约定的股价购买公司股权或者按当期股价进行退出。

二级公司负责人可以持有 4% 的岗位股，预留 4% 的岗位股授予新的合伙人。该岗位股仅需缴纳 10% 保证金，离岗离职可退，合伙人在司连续司龄达 5 年者无须缴纳。

8.5.3 运营团队事业部“经营股”+“岗位股”激励模式

经营股是指运营团队事业部内部员工激励的一种形式，经营股不做工商变更，享有所在激励平台可分配利润的分红权，但不享有增值权、表决权等其他权利。

公司鼓励事业部培养人才，基于公司业务发展需要裂变新事业部。已有事业部横向裂变出新事业部时，新事业部总监可最高获授新事业部经营股的20%；原事业部总监可最高获授新事业部经营股的6%；新事业部另预留4%的经营股用于骨干人员激励授予；事业部裂变时，进入新事业部的相关人员原有备案客户归属原有事业部所有，但可继续开发原有备案客户并结算提成，提成奖金由原事业部发放；事业部新开发客户与新产生的业绩归属裂变后的新事业部所有。

事业部岗位股分配原则遵循有限股权无限分配，具体核算方式如下：

事业部岗位股初始总股本＝事业部总股本×事业部岗位初始总股本的提取比例

初级总监事业部岗位初始总股本提取比例为4%，中级总监、高级总监、资深总监事业部岗位初始总股本的提取比例均为8%。事业部岗位初始总股本增加时，激励对象应追加对应保证金。

当期事业部岗位股总股本＝事业部岗位股初始总股本＋事业部岗位股新增股数

事业部岗位股初始总股本全部授予后，新增授予的岗位股将计入岗位股总股本数中。

岗位股分红总额 = 事业部经营利润 × 岗位股分红提取比例

岗位股每股分红 = 岗位股分红总额 ÷ 当期事业部岗位股总股本

当分红提取比例不变时，事业部岗位股不断增发授予新的合伙人，合伙人要想保持个人分红额不变，必须提高事业部经营利润。同时，老合伙人需对新进合伙人进行严格的筛选或监督，让新合伙人发挥最大价值，保证所有合伙人的利益。

总而言之，如果大家的企业是电商公司，那么，对于电商公司来说，以上这种精细化的股权激励和合伙裂变模式，不仅能帮助其实现组织架构的扁平化管理，还能极大地激发员工的积极性和创造力。这种模式可以使每个员工都成为公司发展的参与者和受益者，共同推动电商平台朝着更加高效、灵活和创新的方向发展。随着股权激励机制的深入实施，公司内部将形成一种自我驱动、自我优化的良性循环，为自身的持续增长和创新提供强大的内部动力。

09

第 9 章 资金裂变

《大唐秦王词话》[1] 中有这样一句话：“自古道三军未动，粮草先行，兵精粮足，战无不胜。”

企业现有的资金规模和融资能力，对企业的开疆拓土起到了决定性的作用。如何运用现有的资源，筹措到足够的现金，真正实现“钱生钱”的裂变模式呢？

最典型的方式就是传统的贸易商投入一笔钱，通过不断地买入卖出商品，实现资金流与商品流的流通，将生意越做越大。例如，宠物食品行业，投入 1 000 万元，一年能够转十圈，做到 10 000 万元的规模体量，哪怕净利润率只有 10%，净资产回报率也能达到 100%。[2]

那么，如果我们通过资金裂变的方式融得更多的创业资金，企业规模是否更大呢？企业创业时期，大家普通的认知是要融资要么是债权要么是股权，债权就找银行，股权就找财务投资人。殊不知，还有股权众筹、资产对标、分红对标、企业债、债权转股权、股权融资、

1 《大唐秦王词话》是明代诸圣邻编著的长篇鼓词底本（或称小说），六十四回。刊行于明代万历年间。

2　投资回报率 = 净利润 ÷ 初期总投资 =10 000×10%÷1 000=100%

产业金融等模式。

因此，在本章，我们就来重点探讨一下资金裂变的多种模式。

9.1 股权众筹模式

股权众筹是向特定对象融资，融资方式为正常的股权融资行为，融资后用于正常生产经营活动。根据众筹对象的不同，可以划分为员工众筹、上下游产业链众筹和消费者众筹。

9.1.1 股权众筹与非法集资的差异点

在区分股权众筹与非法集资时，我们可以从以下几方面进行考量。

1. 运作方式不同

众筹是一种新经济的运作形态，从项目的启动、市场定位、众筹计划的发布、产品的研发、产品的制作等各环节的信息都需要全方位公布，公开透明是众筹的核心价值观。而非法集资，其发起方公开的信息是非常有限的，往往带有一定的隐蔽性和欺骗性。股权众筹与非法集资最大的差异点，在于是否向特定对象融资和融资后是否用于指定项目的运营。股权众筹是以及时披露众筹项目的运营情况，不得损害众筹投资人的利益为准则的。

股权众筹模式多种多样，本节只探讨向特定对象众筹且众筹资金真实运营项目。

股权众筹主要分为三种运作类型，即项目制股权众筹、直接股权众筹和间接股权众筹。

项目制股权众筹是指筹资人向特定对象众筹融资，且运用于指定项目，筹资人对指定项目建立经营性报表，出资人仅享有指定项目的分红权，不持有筹资人公司或项目的股权，个人以其所投资资金承担有限责任。

直接股权众筹是指筹资人出让公司的股权，由特定对象进行出资认购，享有公司股东的一切权益。

间接股权众筹是指筹资人出让公司的股权，由特定对象合伙出资设立有限合伙企业，有限合伙企业持有公司的股权，出资人间接持有公司的股权，出资人仅享有公司的分红权和增值权，不享有公司的决策权。

2. 行为特征不同

非法集资是指违反金融管理法律规定，采用公共或者变相公开方式，向社会公众吸收资金或者变相吸收资金，并承诺在一定期限内以货币、实物、股权等方式还本付息或者给付回报的行为，非法吸收公众存款用于货币资本的经营或个人享乐，非用于正常生产经营活动，则定性为非法集资。

股权众筹是向特定对象融资,融资方式为正常的股权融资行为，融资后用于正常生产经营活动，且及时披露企业财务情况，在此前提下，股权众筹是合法的，只是融资对象由基金机构转向自然人而已。根据股权众筹的对象不同，又可以分为员工众筹、上下游产业链众筹和消费者众筹。

通过上述分析可以看出，股权众筹与非法集资在运作方式、行为特征方面存在明显差异。正确理解和区分这些差异，对于保护投资者权益和维护金融市场秩序至关重要。

9.1.2 员工众筹

员工股权激励天然就是股权众筹的一种模式，企业方出让一部分股权让员工自愿认购，从而众筹到企业运营的资金。华为采用的

“虚拟受限股”不仅凝聚了人心，也筹集到了足够的资金，与员工绑定为命运合伙人使华为渡过了一次又一次的难关。早期，由于有限责任公司 50 名股东人数的限制，股份制公司上市前股东人数也不能超过 200 人的限制，员工众筹的模式受限。

随着有限合伙企业的出现，以及员工有限合伙企业可认定为一名法人股东，不再穿透至自然人时，员工众筹模式得到了更加广泛的运用。

有限合伙企业运用员工众筹方式如图 9-1 所示，主体公司为有限责任公司，创始股东为 1 人时，有限合伙企业最多可以设立 49 个，而每个有限合伙企业可以众筹 49 名员工股东，合计可众筹的对象为 2 401 名。

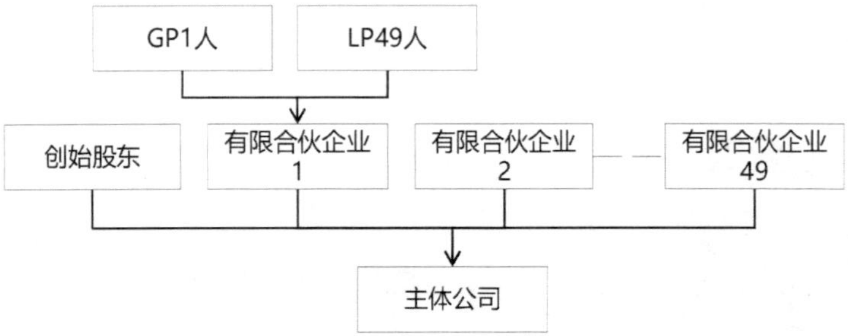

图 9-1　员工众筹有限合伙企业的运用

通过这种创新的员工众筹模式，企业不仅能够有效地筹集到运营资金，还能增强员工的归属感和忠诚度，将员工转变为企业的合作伙伴。这种模式的广泛应用，展示了在现代商业环境中，灵活运用股权激励和众筹机制对于激发企业内部活力、促进共同成长的重要性。

9.1.3 上下游产业链众筹

一家企业的经营状况能从多个方面反映出来，比如，从上游供应商的采购规模可以看出生产是否正常，从采购款的支付及时性可以看出其资金是否充沛；从下游客户端订单需求可以看出业绩的增长能力，从客户的付款周期可以看出行业的发展前景。而且，企业发展到一定阶段，也需要进行产业链的延伸，保证上游供应商供货的及时性和产品的品质，下游的延伸让公司产品的营收更有保障。

因此，企业融资时，可以向其上下游产业链进行股权融资，当面向多家供应商进行股权融资时，称为上下游产业链股权众筹。

上下游产业链股权众筹通常采用少量多批次的融资方案，首先，确定融资金额和股权占比；其次，确定众筹对象；再次，众筹投资人合资设立有限合伙企业；最后，通过有限合伙企业持有投资标的的股权。具体如图 9-2 所示。

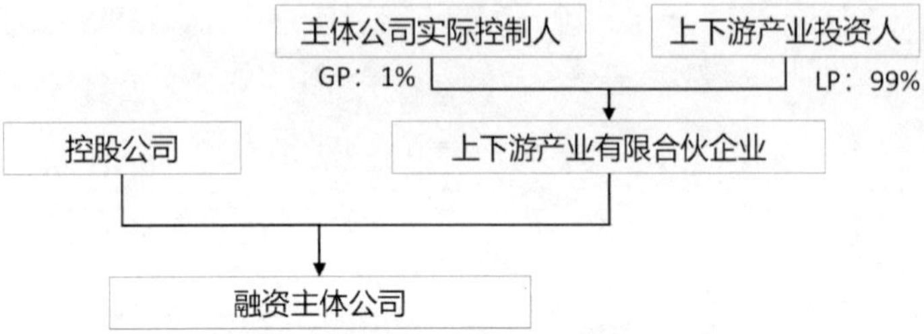

图 9-2　上下游产业链股权众筹架构

上下游产业链股权众筹，广泛应用于经销商激励中。如东方雨虹上市前释放出一定的股权，授予业绩达标的经销商，让经销商既能赚到卖产品的钱，又能赚到上游公司的分红，还能参与上游公司上市时所产生的股权溢价。

比如，北京东方雨虹防水技术股份有限公司（以下简称“东方雨虹”）上市后仍持续释放股权激励经销商，深度绑定下游合伙人，保持公司业绩的持续增长。甚至，公司上市后对优质经销商采用股权置换的方式，一半现金一半股票收购下游企业，改变了下游经销商股权不值钱的历史问题和经销商股东的退出难题，原本不可传承、不可变现的股权转化为可传承、可变现的上市公司股票。

总而言之，上下游产业链众筹模式有效地将企业的资金需求与产业链合作伙伴的资本投入相结合，通过股权众筹构建起一个更加紧密和高效的产业链生态系统。这种模式不仅有助于企业拓宽融资渠道，还促进了产业链上下游之间的协同发展，为企业的长期稳定发展提供了有力支持。

9.1.4 消费者众筹

连锁型企业具有得天独厚的优势，比如投资金额小、回报周期快，每个连锁门店都可以独立核算、独立经营。连锁型企业快速发展，除了选择好的产品、地理位置、经营管理人才，更离不开资金裂变和人才裂变，恰恰有这么一群有钱又有闲的中产消费者追求“睡后收入”。让中产消费者成为连锁门店的股东，甚至成为门店店长，这种让消费者投资的现象，称为消费者众筹。消费者众筹可分为会员权益众筹和门店股权众筹。

企业将产品提前向消费者预售，消费者根据认购的金额享有不同的会员权益，企业将预售众筹的资金用于企业的生产和经营，此种行为称为会员权益众筹。

例如，2015 年 8 月 12 日，亚朵酒店与淘宝网首次合作众筹酒店项目，众筹 200 万元用于支持亚朵旗下加盟店的建设。消费者根据所投资金额享受不同的权益：众筹出资 2 元，就可以获得亚朵酒店延迟退房的资格，同时还可以参与抽奖，有机会抽到 8 000 元的床垫；众筹出资 400 元，可以在亚朵酒店住一晚价值 650 元的房间，包含早餐和下午茶；众筹出资 5 000 元，亚朵酒店不仅赠送 5 000

元的储值卡，还赠送 8 000 元的床垫；众筹出资 3 万元，亚朵酒店赠送一张 8 000 元的床垫，等项目落地后，归还本金。会员权益众筹既解决了项目前期运营资金的难点，还为消费者提供了一个清晰可见的回报机制，众筹金额与会员权益一一对应。

亚朵酒店的案例展示了如何通过会员权益众筹，将消费者转变为品牌的忠实拥趸，同时为企业提供了一条新的资金和市场渠道。会员权益众筹这种创新的融资方式，不仅为企业提供了项目前期所需的资金支持，而且通过提供具体的消费权益，增强了消费者的参与感和忠诚度。

9.1.5 股权众筹案例——消费者成股东

某围棋培训公司计划新开一家围棋校区，拟计划投资 40 万元，并向持续消费 1 万元以上的会员释放 40% 的股权，向消费者众筹 16 万元，每 4 000 元占股 1%，最低认购股权比例为 1%，最高认购股权上限比例为 4%，也就是说最多可向 40 名消费者股权众筹，最少 10 名消费者股权众筹。所有消费者合资设立有限合伙企业，通过有限合伙企业再投资设立新校区有限责任公司。

消费者需按投资额的 20% 缴纳加盟费，如消费者认购 1% 的股权，投资款 4 000 元，加盟费就是 800 元，消费者实际投资 4 800 元。本校区股权众筹获得投资款 40 万元，校区公司获得 3.2 万元的加盟费。消费者收回成本之前，按个人实际出资占总投资款的比例 1.11%（0.48 ÷ 43.2）分红，消费者收回成本之后，按实际持股比例进行分红，公司优先保障众筹投资人收回本金。

有经营管理能力的消费者通过公司的管理培训认证可参与校区的经营管理，称为校区经营合伙人；仅仅出资不参与经营管理的，称为校区投资合伙人。不同类型的合伙人享有不同的职责与权益，具体如表 9-1 所示。

表 9-1 校区经营合伙人与校区投资合伙人的权益

合伙人	职责	收益	附加价值
校区经营合伙人	负责校区的经营管理；开发校区会员	校区分红 + 增值；校区股权被并购；参与围棋公司股权激励；按市场价值认购围棋公司股权，股权认购额不超过合伙人投资额	赠送价值 5 000 元的围棋比赛门票；赠送一对一课后辅导课时 20 课时；赠送一副价值 1 000 元的棋盘
校区投资合伙人	品牌宣传；开发校区会员	校区分红 + 增值；校区股权被并购；按市场价值认购围棋公司股权，股权认购额不超过合伙人投资额	赠送价值 5 000 元的围棋比赛门票；一对一课后辅导课时 10 课时；赠送一副价值 500 元的棋盘

最终，通过这种创新的消费者股权众筹模式，围棋培训公司不仅成功地筹集到了新校区的启动资金，还构建了一个由忠实消费者组成的股东群体，这些股东不仅在经济上投资于公司，更在品牌推广和会员开发上发挥了积极作用。同时，这种模式为消费者提供了参与企业经营和享受额外增值服务的机会，实现了企业与消费者之间的深度绑定和共赢发展。

这种结合了资本、管理和消费者资源的众筹方式，为连锁型企业的扩张提供了新的思路和实践案例，展现了消费者众筹在现代商业模式中的巨大潜力和价值。

9.2 资产对标模式

主体公司进行股权融资的资金，主要运用于单一项目或指定区域的重资产投资，如厂房、设备等固定资产，单一项目具有较可观的投资变现能力。将单一项目进行股权融资，主体公司与投资人合资设立项目子公司，项目子公司的资产所有权与投资人实际投资金额挂钩，此种模式称为资产对标模式。

下面我们通过一个具体案例来了解一下这种模式。

市级子公司计划落地 20 个门店，单个门店投资额为 100 万元，市级子公司合计资金需求为 2 000 万元。主体公司出资 500 万元，设立主体市级子公司，该笔资金主要用于项目运营，主体公司授权子公司运营主体公司品牌开设连锁门店。市级子公司采用资产对标模式进行股权融资，定向增资 40% 的股权融资 2 000 万元，招募市级合伙人 20 名，每人出资 100 万元，市级合伙人共同成立有限合伙企业，有限合伙企业再增资投入市级公司中。

主体公司持有市级公司 60% 的股权，但是只享有 20% 的分红权，投资人持有市级公司 40% 的股权，但是享有 80% 的分红权。也就是说，有限合伙人出资 100 万元持有市级子公司 2% 的股权，但是享有 4% 的分红权和市级公司净资产 4% 的所有权。同时，优秀的市级合伙人可以参与市级公司的运营，而且有机会认购与投资额等价值的主体公司的股权。主体公司将根据资本运作需求按市场价格回购市级合伙人的股权或置换为主体公司的股权（见图 9-3）。

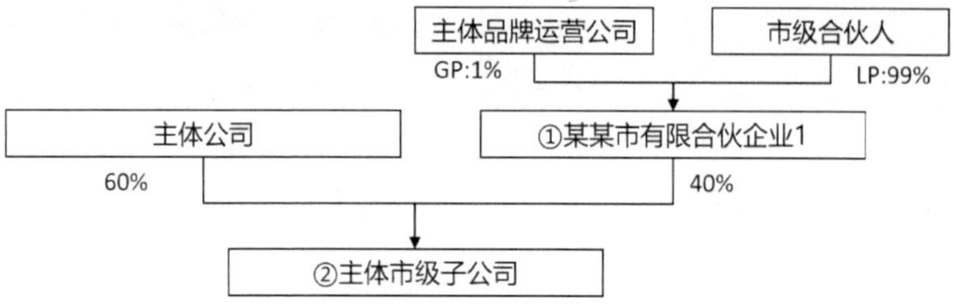

图 9-3　资产对标模式的股权结构

通过图 9-3 展示的股权结构可以看出，资产对标模式实现了主体公司与投资者之间的利益共享和风险共担，同时赋予了投资者更多的参与权和控制权。这种模式实施成功，不仅会促进项目的快速落地和扩张，也能为投资者带来稳健的投资回报，实现资本与项目之间的有效对接，为连锁型企业的资本运作提供新的思路和解决方案。

因此，资产对标模式通过将实体项目的资产与投资直接挂钩，为投资者提供了一种清晰、直接的投资回报路径。这种模式不仅确保了投资资金的有效利用和风险控制，还增强了投资者对项目成功的信心。

9.3 分红对标模式

项目投资人进行全额项目资金投资，委托主体公司进行运营管理，业绩达成后约定一定比例的分红，称为分红对标模式。

下面通过一则案例来深入了解这一模式。

广西螺蛳粉餐饮公司具有较强门店运营管理能力，且培养了一批门店店长，有许多中产投资人有钱但吃不了经营餐饮店的苦，希望能够只出钱，坐等分红。因此，公司设立区域运营公司，负责该区域加盟商门店的运营管理，投资人出钱且承担门店的亏损。区域运营公司与投资人签署托管协议，投资人投资成本收回来之前享有 90% 的分红权，区域运营公司享有 10% 的分红权；投资人投资成本收回来之后享有 50% 的分红权，区域运营公司享有 50% 的分红权。

分红对标模式为投资人提供了一种低风险、高回报的投资选择，尤其适合那些资金充裕但不愿或不能直接参与日常经营的投资者。以上广西螺蛳粉餐饮公司的案例，就展示了企业是如何通过分红对标模式，结合专业的门店运营管理能力和投资人的资金，实现双方共赢的。

分红对标模式下，投资人在收回投资成本之前，较高的分红权将会激励投资人的信心和满意度，而在成本收回之后，分红权的调整又能平衡双方的利益，确保区域运营公司在成功运营门店后也能获得相应的回报。

这种灵活的分红结构，不仅减轻了投资人的经营负担，也为区域运营公司提供了持续经营和扩张的动力，体现了分红对标模式在现代商业模式中的创新应用和实际价值。

9.4 企业债

企业依照法定程序发行，约定在一定期限内还本付息的有价证券，称为企业债。

企业债相较于公司债的概念更宽、更广，公司债是企业债中的一种。《公司法》（2004 年版）对公司债有明确的约定：“股份有限公司、国有独资公司和两个以上的国有企业或者其他两个以上的国有投资主体投资设立的有限责任公司，为筹集生产经营资金，可以依照本法发行公司债券。”

企业债与公司借款最大的差异点，在于“发行”两字，允许发行也就意味着可以公开向社会募集资金，而企业的借款融资只能是面向少数的知根知底的投资。企业债允许向社会募集，所以企业债的发行要符合国家法律法规的要求，而且不是随便一家公司就能发行的。中央企业发行企业债券，由中国人民银行会同原国家计划委员会审批；地方企业发行企业债券，由中国人民银行省、自治区、直辖市、计划单列市分行向同级计划主管部门审批。

9.4.1 企业债的类型

企业债券根据期限的长短、记名与否、是否担保、赎回约定、票面利率、是否转股权、发行方式等方面，划分为以下几种。

（1）按照期限长短划分为短期企业债券（1 年以内）、中期企业债券（1 年以上 5 年以内）和长期企业债券（5 年以上）。

（2）按照是否记名划分为记名企业债券和不记名企业债券。记名企业债券上登记有债券持有人的姓名，债券持有人领取利息时要凭印章或其他有效的身份证明。记名企业债券允许转让情况下，转让时要在债券上签名，同时在发行公司中进行登记备案。

（3）按照有无担保可以划分为信用债券和担保债券。信用等级高的债券发行人，发行债券无须担保，称为信用债券；以抵押、质押、保证等方式发行的债券，称为担保债券。

（4）按照是否可以提前赎回划分为可提前赎回债券和不可提前赎回债券。可提前赎回企业债券约定了企业方在债券到期前具有定期或随时购回全部或部分债券的权利，没有约定的则是不可提前赎回企业债券。

（5）按照债券票面利率是否变动分为固定利率债券（利率固定不变）、浮动利率债券（随市场利率变动）和累进利率债券（利率随债券期限累进增加）。

（6）按照投资者对债券处理是否具有选择权可分为附有选择权的企业债券和不附有选择权的企业债券。债券处理的选择权可以分为是否允许转让企业债，是否可退还、是否可以按规定的价格转换为企业股票、可凭认股权证购买约定的公司股票。

（7）按企业债券发行方式可分为公募债券和私募债券。公募债券与私募债券最大的差别在于是否可以公开向社会投资人发行，可以公开发行的称为公募债券；只能以特定的少数投资者为对象发行的称为私募债券。

9.4.2 企业债发行要求

企业债券发行的条件比较笼统，主要从企业规模、财务会计制度、偿债能力、企业经济效益、资金用途进行约定。但是，《公司法》对于发行公司债券具有更加详细与数据化的要求。

（1）公司资产的保证：股份有限公司的净资产额不低于人民币 3 000 万元，有限责任公司的净资产额不低于人民币 6 000 万元。

（2）公司债券总量的限额：累计债券余额总额不超过净资产额的 40%。

（3）偿债能力的要求：最近三年平均可分配利润足以支付公司债券一年的利息。

（4）资金用途：筹集的资金投向符合国家产业政策。

（5）债券的利率限定：不得超过国务院限定的利率水平。

（6）国务院规定的其他条件。

企业债作为一种有效的融资工具，其发行要求和类型体现了资本市场对企业融资行为的规范和监管。而《公司法》中对公司债发行的具体要求，进一步强化了企业债发行的规范性，确保了企业能够依据法律法规，合理利用债务融资工具，优化资本结构，降低融资成本，从而推动企业的稳健发展和产业的升级。

企业债的多样化类型和严格的发行要求，共同构成了中国资本市场的重要组成部分，为企业提供了灵活的融资渠道，也为投资者提供了多样化的投资选择。

9.5 债权转股权模式

债券持有人可按照公司发行可转债时所约定的价格选择将债券转换成公司的普通股票，或者不想转换的可以继续持有债券，直到偿还期满时收取本金和利息，或者在流通市场出售变现。此种债券称为可转券，该债券利率一般低于普通公司的债券利率，企业发行可转换债券可以降低筹资成本，而且企业方在一定条件下拥有强制赎回债券的权利。

在本节中，我们以神马实业股份有限公司（以下简称"神马股份"）的可转债作为案例解读。

2020 年 5 月，神马股份以发行可转换公司债券方式（41 723.47 万元）购买中国平煤神马集团持有的尼龙化工公司的股权。

9.5.1 可转债种类与面值

发行可转换公司债券的种类为可转换为上市公司 A 股股票的债券。每张面值为人民币 100 元，按照面值发行。

9.5.2 转股价格

可转换公司债券的初始转股价格参照本次购买资产所发行股份的标准定价，即 6.58 元 / 股。

9.5.3 转股份来源

公司新发行的股份或公司因回购股份形成的库存股。

9.5.4 债券期限

可转换公司债券的期限为自发行之日起 6 年。

9.5.5 转股期限

转股期自发行结束之日起满 12 个月后第一个交易日起至可转换公司债券到期日止。在此期间，可转换公司债券持有人可根据约定行使转股权。

9.5.6 有条件回售条款

在可转换公司债券的最后两个计息年度，持有人所持可转换公司债券满足解锁条件后，如公司股票连续 30 个交易日的收盘价格均低于当期转股价格的 70%，则可转换公司债券持有人有权行使提前回售权，将满足解锁条件的可转换公司债券的全部或部分以面值加当期应计利息的金额回售给上市公司。

9.5.7 有条件强制转股条件

当可转换公司债券持有人所持可转换公司债券满足解锁条件后，在可转换公司债券转股期内，如神马股份股票连续 30 个交易日的收盘价格不低于当期转股价格的 130% 时，上市公司董事会有权提出强制转股方案，并提交股东大会表决，该方案须经出席股东大会的股东所持表决权的 2/3 以上通过方可实施，股东大会进行表决时，持有本次发行的可转换公司债券的股东应当回避。

在上述案例中，神马股份的案例展示了债权转股权模式在实践中的灵活性和创新性，这种模式不仅为公司提供了一种降低融资成本的方式，还为债券持有人提供了额外的投资选择。

通过可转换公司债券，投资者可以在持有债券的同时享受潜在的股权增值机会，而公司则能够在保持财务灵活性的同时，吸引更多的投资者参与公司的长期发展。

这种融资方式的巧妙设计，体现了资本市场在适应市场变化和满足不同投资需求方面的成熟度，也为其他企业提供了一个有效的资本运作和财务规划的参考模型。

9.6 股权融资模式

股权融资是指公司通过吸引内外部投资人，运用增资扩股的方式，获得部分公司股权的融资方式。投资人将资金投入公司，公司原有股东所持股权比例被同比例稀释。股权融资所获得的资金，公司无须还本付息（有特殊约定除外），但新股东将与老股东同样分享公司的盈利与增长。

在股权融资过程中，投资方和企业方就双方不同的利益诉求点，提出各自的利益保障。通常需要经过投资意向确认、企业尽职调查、项目投资可行性分析、投资谈判、投资方案达成一致和投融资协议签署等流程。投融资双方在投资谈判过程中除了确认估值和股权比例，重点谈判的是财务管控、业绩承诺和公司治理三个方面。

9.6.1 财务管控

在探讨财务管控时，我们首先需要了解财务管控的核心要素，其中包括对历史未分配利润的处理及财务权限的划分。

1. 历史未分配利润

在引进新股东，公司具有较大未分配利润时，大部分老股东会认为在新股东进来之前需要将未分配利润与老股东进行分配，新股东不应该享有未分配利润的分配权，而是享有未来企业利润的分配权。实际上的历史未分配利润是这样的吗？那么，我们就要回归到资产负债表、现金流量表和损益表三张表的逻辑关系了。

首先，损益表体现账面利润。损益表是公司当年度盈利能力的体现，扣除企业所得税后为净利润值，该净利润值为账面净利润值。每年公司股东会决议提取当年度净利润可分配比例，未分配部分净利润进入资产负债表未分配利润科目中。由于企业的资金都是流动的，公司盈利时会再投资购买生产资料形成固定资产或库存，或者客户未按时支付款项导致赚到的是应收账款，形成有利润但无现金的情况。有未分配利润，但缺乏现金流的情形下，就无法进行股东利润分配。

其次，现金流量表是公司资金链的体现。现金流量表主要分为经营、投资和融资三类，反映一定时期内（如月度、季度或年度）公司经营活动、投资活动和筹资活动对其现金及现金等价物所产生影响的财务报表。当现金流量表中的经营、投资和筹资净现金流均为正数时，表明企业资金流正常，且有足够的资金应对企业的经营风险，通常在这种情况下可以进行较大比例的企业比例分红。

最后，资产负债表反映权益表和现金流量表的账面表现。资产负债表中所有者权益就是净资产，是公司真实资产的体现，公司所有资产扣除所有负债有所结余，则公司净资产为正，反之公司资不抵债。所有者权益由实收资本、资本公积、盈余公积和未分配利润构成。其中，盈余公积分为法定盈余公积和任意盈余公积，公司分配当年税后利润时，应当提取利润的 10% 列入公司法定盈余公积金，法定盈余公积金累计额为公司注册资本的 50% 以上的，可以不再提取。公司税后利润提取盈余公积金后，剩余部分可由股东会决定当年度利润分配方案，股东利润分配完成后结余部分留存为公司未分配利润。

通过损益表、现金流量表和资产负债表的关系可以看出，未分配利润是公司多年经营的成果，是公司的余粮和储备金，同时账上的未分配利润并不是 100% 公司的现金。因此，引进新股东时，原有股东是有权利进行未分配利润的，比如可以先通过股东会决议进行分红，公司流动资金充裕时再行发放。当然，投资者是按公司净资产进行估值投资，或者双方共同协商约定不得进行未分配利润分红时，原有未分配利润就同比例归属公司所有老股东了。

2. 财务权限划分

根据新修订的《公司法》第五十七条的规定，股东可以要求查阅或复制公司的重要文件，比如公司章程、股东会会议记录、董事会会议决议等。现在，股东不仅具有查看财务报表的权利，而且具有查阅会计账簿以及会计凭证的权利。也就是说，股东如果对财务有异议则可以仔细对账、查账，甚至可以聘请会计师事务所、律师事务所等专业中介机构辅助。

当然，如果公司认为股东查账的目的不正当，可能会对公司利益造成损害，是可以合理拒绝的。当发生此情形时，公司需要在 15 日内提供书面答复，说明拒绝的理由。股东如有异议，还可以走诉讼途径，向人民法院提起诉讼。

因此，新公司法下为了避免未来不必要的财务纠纷，我们建议公司每一季度披露一次财务情况，股东有异议的及时查阅会计账簿直至问题解决，最终所有股东在披露的财务报表上签字确认，避免后续因为会计账簿的丢失而引起不必要的麻烦。

由于初创企业往往存在财务制度不健全，财务人员不专业或者大股东拥有完全的财务控制权等问题，为了保障公司财务的合法合规和投资者的利益，投资机构在财务权限上会做出一定的划分，比如公司财务总监的聘请、组建审计委员会、每年度指定审计机构审计、投资者外派财务总监等。

9.6.2 业绩承诺

投资方与融资方在企业估值、投资结果、股权战略等目标不一致的情况下，双方协商并达成一致协议，约定被投资企业达成一定业绩要求时，双方承诺按照各自诉求进行投资调整。根据业绩承诺诉求点，可以划分为业绩对赌、并购对赌、股权置换、上市对赌等。

1. 业绩对赌

对赌协议，又称“估值调整机制”，是投资方与融资方就企业估值难以达成一致的情况下，双方先达成初步估值，未来融资方达成一定业绩条件时，再按照融资方期待的估值方式进行股权比例调整，若融资方未能达成业绩条件，则给予投资方一定的现金或股权补偿。

根据补偿结果不同，业绩对赌可以分为股权调整型、股权稀释型、控制权转移型、货币补偿型、股权回购型、股权激励型、股权优先型、综合型对赌协议。

股权调整型是指融资方未能实现对赌业绩目标时，将无偿或以象征性的低廉价格转让约定的部分股权给投资方的对赌协议。

股权稀释型是指融资方应同意投资方以低廉价格再对企业进行增资的对赌协议。

控制权转移型是指投资方将以象征性低廉价格获得一定股权比例达到对企业控制的对赌协议。

货币补偿型是指融资方对投资方进行约定数量的货币补偿的对赌协议。

股权回购型是指融资方有按约定的条件和价格（投资款加上一定的回报）对投资方的股权进行回购的对赌协议。

股权优先型是指投资方将获得优先分红权、优先清算权等权利的对赌协议。

股权激励型是指投资方达成对赌业绩目标时，投资方应向企业经营管理者无偿或以象征性价格转让一部分股权给企业进行激励的对赌协议。

综合运用三种以上业绩对赌模式，称为综合型对赌协议。以股权稀释型为例，融资方对赌调整公式：

增资入股价 = 原投资入股价 × 折扣率

增资入股金额 = 增资入股价 × 增资股数

增资比例 = 增资股数 ÷（原有总股数 + 增资股数）

投后估值 = 增资入股价 ×（原有总股数 + 增资股数）

调整后股权比例 = 原有股权比例 ×（1 － 投资方增资比例）

2. 并购对赌

由于中小企业资产、业务、财务的独立性不够，导致并购方无法判断企业的盈利能力，并购估值高了并购方觉得不合适，并购估值低了被并购方觉得不合适。因此，并购方与被并购方就并购前提条件达成一致后再进行股权并购，如健全被并购方的财务制度、未来三年平均净利润目标、未来三年平均营收目标等。

举例：上市公司 A 拟并购北京数字科技公司，两家公司业务相似性较高，公司 A 完成收购后能够有效地资源整合，丰富产品渠道和客户群体，且能够赋能被并购方的产品类型提升盈利空间。双方就并购对赌达成一致，若北京数字科技公司能完成以下业绩要求，则公司 A 收购北京数字科技公司 51% 股权。

具体并购条件如下：

（1）2023—2025 年，北京数字科技公司直接以公司 A 名义中标或签订的业务项目留存利润分别不低于300万、360万和432万元，复合增长率不低于20%。

（2）2023—2025年，北京数字科技公司直接以公司A名义中标或签订的业务项目留存利润不低于1 100万元，则视同完成业绩承诺的约定。但是，2023年不得低于300万元。

（3）并购期间，北京数字科技公司核心管理团队具有独立的经营管理权，且不得离职。

具体并购方式如下：

（1）北京数字科技公司估值=2023年至2025年推荐且直接以公司A名义中标或签订业务项目贡献的留存利润的平均值的10倍+北京数字科技公司净利润三年平均值的9倍。

（2）并购条件达成后，触发公司A收购北京数字科技公司51%股权，北京数字科技公司可选择是否同意按约定进行并购。

（3）并购条件未达成，公司A可选择不并购北京数字科技公司。

3. 股权置换

股权置换是并购对赌方式的一种延伸，达成并购对赌条件时，并购方以股权支付的方式并购被并购方的股权，该种方式称为股权置换。当然，股权置换时，既可以部分现金加部分股权进行支付，也可以全部股权进行置换，具体计算公式：

被并购方股权价值＝被并购方估值 × 并购股权比例

被并购方股权置换价值＝被并购方股权价值 × 股权置换比例

被并购方获得现金价值＝被并购方股权价值 ×（1－股权置换比例）

股权置换后并购方企业估值＝并购方并购前估值＋被并购方股权价值

被并购方持有并购方股权比例 = 被并购方股权置换价值 ÷ 股权置换后并购方企业估值

4. 上市对赌

上市对赌是指以企业上市为目的的承诺，即投资方与融资方约定企业上市时间点，未完成上市约定，则融资方进行回购投资方股权，甚至约定一定投资回报。

我们可以通过下面这家公司的案例来具体了解一下。

2020 年 9 月至 11 月，老娘舅餐饮股份有限公司（以下简称“老娘舅”）曾先后两次增资扩股引进机构投资者，共募资约 2 亿元，公司创始人杨国民与各投资方签署了包含对赌条款的增资协议。协议约定，若公司未能在 2022 年年底递交上市材料或者在 2025 年之前完成 IPO 上市，投资方有权要求对赌义务人回购其股权。

在对赌协议下，“老娘舅”2022 年 7 月向中国证监会递交主板 IPO 申报材料，最终于 2023 年 11 月撤销上市申请。为完成上市对赌协议，主板 IPO 被终止后，“老娘舅”只有申报北交所 IPO 一条路可走。2024 年 1 月 30 日，公司正式收到全国股转公司同意函，于 2 月 22 日正式挂牌新三板。随后，公司提交了在北交所上市辅导备案的申请材料。

在“老娘舅”这一案例中，其行动不仅涉及对赌义务的履行，也关系到公司未来的发展和投资者的利益保护，其上市—履行—继续上市的过程，充分展示了企业在面对上市对赌压力时的应对策略，也反映了资本市场中对赌协议对企业行为的重要影响。

9.6.3 公司治理

公司治理按权利体系可以划分为“三会一层”，即经营管理层向董事会汇报，董事会向股东会汇报，监事会对董事、高级管理人员执行公司职务的行为进行监督。投资机构通常会争取董事席位，以董事的身份参与公司的经营管理，同时争取一票否决权，起到关键性决策作用。

1. 董事

董事一般由公司股东会或职工民主选举产生具有实际权利管理公司事务的人员，是公司内部治理的主要力量，对内管理公司事务，对外代表公司进行经济活动。所有董事共同组建成董事会，其中，董事长、副董事长的产生办法由公司章程规定，一般由董事会选举产生。由于董事会是会议机构，最终人数一般是奇数。根据《公司法》（2018 年版）相关规定，有限责任公司董事会成员为 3 人至 13 人，股份有限公司董事会成员为 5 五人至 19 人。

由于董事会决议的表决实行一人一票，当公司股权比例较分散时，董事会中对董事席位占据越多，对公司的实际控制权越高。

当公司较小且实际控制人的股权比例超过 2/3 时，可以在公司章程中约定，公司的董事席位由控股公司或创始人推荐，股东会在董事推荐名额中推荐董事，进而控制公司董事会。股权融资时，可以寻找认可公司价值且认同该治理方式的投资人。

当然，前提条件是公司具备较高的投资价值，投资人愿意放弃对应的权利获得更高的投资回报。只要实控人股权比例不低于 1/3，则任何股东均无法修改该条款。

就拿阿里巴巴来说（阿里巴巴董事组成结构见图 9-4），根据《公司章程》，阿里巴巴合伙人委员会拥有提名董事会简单多数成员的专属权利，提名的董事候选人可以是公司合伙人，也可以是与公司合伙无关联但符合董事任职条件的其他人。合伙人委员会提名的每位董事人选，必须在年度股东大会上得到超过投票股东所持表决权的 1/2 同意方能当选。[1]

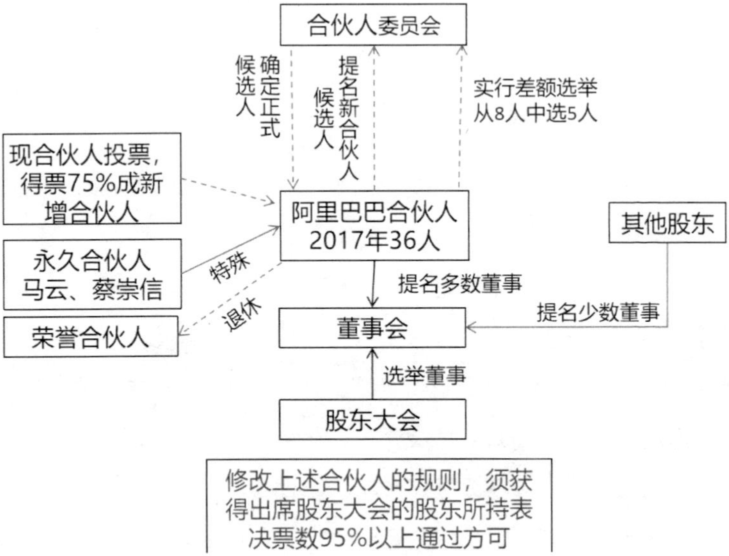

图 9–4　阿里巴巴董事组成结构

如果合伙人委员会提名的董事人选未获得股东选举，或在当选后因故离任董事，合伙人委员会有权委任另一人担任空缺职位所属组别的临时董事，直至下一届预定年度股东大会召开为止。在下一届预定年度股东大会上，上述临时董事或阿里巴巴合伙原提名董事人选的替代者（原提名人选除外）将参选董事，其任期为原提名人选所属董事组别的余下任期。

如果阿里巴巴董事会中，由合伙人委员会提名或委任的董事因任何原因少于简单多数时，包括先前由合伙人委员会提名的董事不再担任董事，或者合伙人委员会此前并未足额行使其提名或委任董事会简单多数成员的权利，合伙人委员会有权自行决定向董事会委

1　差额选举是指候选人数多于应选人数的选举方式，与等额选举相对。

任必要人数的增补董事，而无须任何其他股东行动，以确保合伙人委员会提名或委任的董事构成董事会成员的简单多数。

同时，阿里巴巴的公司章程还规定，要想修改合伙人制度里面的董事提名权，必须经出席股东大会的股东所持表决票数 95% 以上才行。这样一来，只要合伙人持股不低于 5%，那么公司的董事会就会牢牢地掌握在合伙人手上。

综上所述，公司治理结构中的“三会一层”架构确保了公司内部权力的平衡与监督。董事作为公司治理的核心力量，其席位与投票权成为投资机构与公司实际控制人争夺的焦点。

通过精心设计的董事会提名与选举机制，如阿里巴巴所采用的合伙人制度，公司能够在股权相对分散的情况下，依然保持对董事会的有效控制。这种治理模式不仅保护了创始人和核心团队的权益，也确保了公司战略的稳定性和连续性。同时，高度的治理灵活性和对关键决策的把控能力，为公司长远发展奠定了坚实的基础。

因此，在构建公司治理体系时，企业应根据自身实际情况，灵活借鉴并创新治理机制，以实现权力制衡、决策高效与公司价值的最大化。

2. 一票否决权

《公司法》规定，股东或董事可以通过公司章程约定在公司股东会或董事会审议相关事项时，拥有一票否决权。股权投资人就可以在某些与自身利益相冲突或不利于自身利益的表决事项上行使否决权。当实际控制人股权比例较低时，也可以拥有一票否决权，不受外部的干扰。具有一票否决权的股东或董事建议有且仅有一人，否则人数较多会产生博弈，其结果容易牺牲公司的整体利益。

举例：ofo 共享单车作为一家创业公司，内部竟然有 5 张“一票否决权”，除创始人戴威外，滴滴出行、阿里巴巴、经纬股份和金沙江创投四位战略投资人也都掌握一票否决权。这也成了 ofo 的“催命符”。

首先，15 亿美元融资，胎死腹中。2017 年，ofo 为了铺车和补贴疯狂烧钱，在资金短缺的情况下，滴滴出行 CEO 程维从日本拉来一笔 15 亿美元的融资，条件是戴威接受滴滴高管进入 ofo 协助其管理。2017 年 8 月，局面急转直下，戴威和滴滴出行交恶，赶走滴滴出行高管，彻底惹怒了程维。程维直接动用当初投资获得的“一票否决权”，拒绝在投资文件上签字，最终 15 亿美元融资胎死腹中。

其次，与摩拜单车合并，不欢而散。2017 年 10 月，在金沙江创投朱啸虎的撮合下，腾讯系下的 ofo 和摩拜计划合并，减少竞争，共创共赢。同时，合并后设立联席 CEO 制度，由摩拜 CEO 王晓峰和戴威分别担任，董事长任命权归属滴滴出行。这次合并，可以说是强强联合，但是损失的是戴威的部分控制权。为此，戴威行使了一票否决权，导致合并流产。自此事件之后，朱啸虎将 ofo 的股份卖给了阿里巴巴，为下一轮的战略决策的崩溃埋下伏笔。

再者，投资并不是企业的续命药丸。2018 年 4 月，滴滴出行高层推进收购 ofo，到了 8 月仅差临门一脚之时，新进投资人阿里巴巴继承了一票否决权，否掉了这次收购案。原因在于，阿里巴巴不仅投资了 ofo，还投资了竞品哈啰出行，若收购案完成，则共享单车将会成为腾讯的天下，对阿里巴巴的支付业务非常不利。

因此，各方的缠斗与斡旋，各方的利益与冲突，让 ofo 一步步走向毁灭。

总而言之，一票否决权在公司治理中虽具有重大影响力，但过度使用或滥用可能引发内部矛盾，阻碍公司战略决策，甚至导致企业走向衰败，这种反面案例便如 ofo 共享单车案例所示。因此，只有合理平衡各方利益与权力，才是确保公司持续健康发展的关键。

9.7 产业金融模式

结合产业优势，如现金流好、信誉高、优质应收账款等特点，向银行取得信用授信，向银行或融资租赁公司进行融资租赁，向合作方约定“收入分成”模式，这些模式统称为产业金融模式。

9.7.1 银行授信

银行授信是指银行根据客户的信用状况、财务状况以及经营情况等因素，对客户授予一定的信用额度，允许客户在一定期限内从银行获得贷款或进行信用交易。客户在授信期限内可以根据需要，自主选择是否进行借款或发生信用交易。授信额度一般是根据客户的信用状况、还款能力、所需资金等因素进行评估，授信额度较高的客户可以根据需要随时获得所需资金。

目前，银行授信不再是简单地以企业经营规模大小和抵押担保物为标准，更多的是通过建立产链信息数据库，为核心企业上下游、重点行业、商圈市场的个人经营者提供产业信用贷。

就比如集团型酒店主营品牌建设、加盟、运营，旗下拥有 1 000 家门店，所有门店均开户于授信银行处，为授信银行提供单店经营性数据、经营者信用评级和酒店投资经营分析报告。银行为酒店加盟者提供银行授信，加盟商自有资金投资一家酒店之后，就可以通过银行授信再开设新酒店，让重资产投资也具备了金融杠杆属性。

以江西九江银行“稀金贷”为例，它围绕产业金融、供应链金融两大模块，聚焦存货类、预付类、应收类、组合类4类场景，定制商贸通、保兑仓、智慧系列等N个具体产品。九江银行赣州分行为从事稀有金属原矿开采，稀有金属贸易、加工、生产的企业客群量身定做了“稀金贷”，为企业提供有色金属订单类的预付款和存货融资。

目前，银行授信已成为企业获取资金支持的重要手段，通过灵活多样的授信产品和模式，不仅可以满足企业多样化的融资需求，还能促进产业链上下游的协同发展，为实体经济注入新的活力。

9.7.2 融资租赁

融资租赁是一种经营性租赁，出租人根据承租人的意向购买相关生产资料，之后再租赁给承租人收取租金的一种商业行为。在租赁期内，租赁物件的所有权属于出租人所有，承租人拥有租赁物件的使用权。租期届满后，租金支付完毕并且承租人根据融资租赁合同的规定履行完全部义务后，承租人可以选择留购或退租，或租赁新物件。

创业初期资金紧缺，无法直接购买大型资产设备，只能以租赁的方式获得相关生产资料。

融资租赁可以划分为简单融资租赁、回租融资租赁、杠杆融资租赁、委托融资租赁、项目融资租赁、经营性融资租赁等。

简单融资租赁是指承租人选择要租赁的物件，出租人进行购买并出租。

回租融资租赁是指已使用过的物件所有者先按市场价格将物件卖给出租人，然后又以租赁的方式租回原来物件的一种方式。

杠杆融资租赁是指租赁公司根据超大型项目资金需求，以项目资金总需求额的20%成立项目管理公司，再向社会或银行融资剩余

80% 资金，再由项目管理公司进行物件购买并出租给承租人。

委托融资租赁是指拥有资金或设备的人，委托非银行金融机构从事融资租赁。

项目融资租赁是指项目方以融资租赁的方式出售自身的产品，项目方既是生产商又是出租方，整体的效益取决于项目方的现金流和产品效益。

经营性融资租赁是指租赁公司若从其他租赁公司融资租入的租赁物件，再转租给下一个承租人，通常采用这种方式解决跨境租赁的法律和操作程序问题。

9.7.3 收入分成融资

收入分成融资是基于公司稳定现金流收入，每日根据收入按比例分成，直至收回固定投资回报的一种模式。这种模式具有非股权融资、非债权融资、有限回报、共担风险、快速退出等特点。

非股权融资：投资方仅提供资金，不涉及股权融资，无须成为公司股东或合伙人。创始人可以保持原有股权结构和控制权，无须向投资人披露财务信息，投资人不需要参与公司的经营决策。融资方只需要绑定指定收入体系，投资人直接从银行分账体系中扣款。

非债权融资：投资方不要求融资方承担固定还款义务，投融资双方可以根据公司实际收入进行动态调整。融资方可根据经营状况和现金流需求，灵活地安排资金使用和回报。当企业收入增加时，可加快偿还投资方的资金；收入减少时，可减少或暂停向投资方的支付，而不会违约或影响信用。

有限回报：投资方不像股权投资长期持有，当其投资回报达到一定的倍数或收入分成达到一定期限时，投融资双方解除合作关系。

例如，投资方向融资方提供 100 万元的资金，约定融资方向投资方支付其每月收入的 10%，直至累计支付 200 万元或收入分成期限为 5 年为止。如果 5 年内投资方无法收回 200 万元回报，则双方合作关系照常解除。因此，投资方在选择融资标的时，通常要选择现金流好，净利润率不低于收入分成比例的企业。

共担风险：在合作期间，投资方承担投资金额的有限风险，融资方承担企业的经营风险。无论是融资方经营效益不好，还是投资方回本周期长，都有损失本金的可能。

快速退出：收入分成融资模式的退出机制比较简单，投资方在企业达到约定的回报倍数或期限后自动退出，不再享有任何权利或义务。投资方可迅速收回资金，无须等待企业上市或并购等；融资方也可快速摆脱投资方影响，无长期约束或负担。

综上所述，产业金融模式通过银行授信、融资租赁以及收入分成融资等多种方式，为不同发展阶段的企业提供了多样化的金融支持。这些模式不仅有效缓解了企业的资金压力，还促进了产业链的深度融合与协同发展，为企业的稳健成长和产业升级注入了强劲动力。随着金融创新的不断深化，产业金融模式将持续优化升级，为企业创造更加广阔的发展空间。

3 第三部分

励精图治篇

在元朝末年农民起义中，朱元璋和李自成都是农民起义者，那么为何朱元璋成功了，李自成却失败了呢？

首先，两者战略定位不同。

朱元璋以“驱除鞑虏”为口号，先平定南方再向北方进攻，代表的是所有汉人的利益，而李自成“均田免赋”的口号仅仅获得普通劳动者的支持。

其次，战争策略不同。

朱元璋一步一个脚印，稳扎稳打，拥有面积广阔且稳定的根据地，而李自成却是走到哪打到哪的流寇打法，表面上开疆拓土了整个北方，实则根基不稳，四面楚歌。

最后，励精图治的人才不同。

朱元璋的手下不仅囊括了如徐达、常遇春这样的勇猛武将，还聚集了李善长、刘伯温等深谙治国安邦之道的文臣。他们虽然出身草莽，但能够建立起正规的军事力量并不断发展壮大，而李自成的团队则自始至终保持着农民军的特质，即便成功夺取了政权，也缺乏治理天下的能力和智慧。

现今的企业，同样需要经过开拓期，从中小型企业向大型企业发展。在这一时期，企业家们需要在原有的基础上励精图治，巩固胜利的果实。要想企业发展，企业家们的思维就不能只停留在“赚钱”上，而是要将精力和目标锚定在企业“值钱”上。

因此，在这一部分，我们将为大家介绍企业价值评估的八大评估法，以及如何塑造企业的股权价值、股权价值如何落地、企业如何实现股改上市等方面的内容。

10

第 10 章 价值评估

10.1 市盈率评估法

市盈率评估法（Price-to-Earning Ratio，PE）是基于公司历史或未来盈利能力，评估公司现有整体价值的一种方法。计算公式：

公司价值 = 净利润 × 市盈率的倍数

其中，市盈率的倍数取决于投资人对企业可持续盈利能力的判断，而投资人会参考同行业上市公司市盈率的倍数来确定市盈率的倍数。

比如，某科技公司上一年度净利润为 1 000 万元，投资人给予10倍市盈率估值10 000万元[1]，投资1 000万元持有公司10%的股权。投资人对该笔股权投资做过净利润保持不变，净利润复合增长率分

1　运用小程序“股询询”股权估值工具可进行企业价值评估，具体操作指南见附录“股询询操作指南”。

别是 20% 和 30% 情形下的投资回报如表 10-1 所示。

表 10-1　投资回报表

假设情况	第一种情形		第二种情形		第三种情形	
	净利润保持不变（万元）	股权分红（万元）	净利润复合增长 20%（万元）	股权分红（万元）	净利润复合增长 30%（万元）	股权分红（万元）
第一年	1 000	100	1 200	120	1 300	130
第二年	1 000	100	1 440	144	1 690	169
第三年	1 000	100	1 728	173	2 197	220
第四年	1 000	100	2 074	207	2 856	286
第五年	1 000	100	2 488	249	3 713	371
第六年	1 000	100	2 986	299	4 827	483
第七年	1 000	100	3 583	358	6 275	627
第八年	1 000	100	4 300	430	8 157	816
第九年	1 000	100	5 160	516	10 604	1 060
第十年	1 000	100	6 192	619	13 786	1 379
投资回报率	10%		31%		55%	

假如公司未来十年净利润保持不变，投资人收回投资成本为十年，年投资回报率为 10%；假如公司净利润复合增长率为 20% 时，投资人五年多可收回成本，年投资回报率为 31%；假如公司净利润复合增长率为 30% 时，投资人四年多可收回成本，年投资回报率为 55%。投资人判断该公司复合增长率为 30% 是大概率事件，随着公司资金的注入盈利能力将更优。

根据选择净利润指标的标准，市盈率法可以划分为静态市盈率法、动态市盈率法和滚动市盈率法。

静态市盈率法是指公司采用近三年平均净利润值或上一年度净利润值评估公司价值的方法。

动态市盈率法是指公司采用未来三年平均净利润预测值或下一年度净利润预测值评估公司价值的方法。

滚动市盈率法是指公司采用近12个月平均净利润值评估公司价值的方法。

总而言之，市盈率评估法作为一种重要的公司价值评估工具，通过综合考虑公司的历史盈利能力和未来盈利预期，为投资者提供了评估公司价值的参考依据。根据不同的净利润指标选择标准，市盈率法还可进一步细分以适应不同情境下的评估需求。

在实际应用中，投资者应结合公司的具体情况、市场环境以及自身的投资目标和风险偏好，合理选择市盈率倍数和评估方法，以作出更加明智的投资决策。

同时，我们需要注意市盈率评估法的局限性，如对未来盈利预测的不确定性等。所以，在进行投资决策时，我们还需综合考虑其他财务指标、行业特性和投资策略。

10.2 市净率评估法

市净率评估法（Price-to-Book Ratio，PB）是基于公司账面净资产和净资产回报率，评估公司整体价值的一种方法。计算公式为：

公司价值＝净资产 × 市净率倍数

其中，市净率的倍数取决于公司净资产回报率的高低，净资产回报率越高则市净率的倍数越高，净资产回报率越低则市净率的倍数越低。

市净率倍数 = 企业价值 ÷ 企业净资产
= 上一年度净利润 × 市盈率倍数 ÷ 企业净资产
= 净资产回报率 × 市盈率倍数

市净率评估法通常运用于重资产和净资产回报率较低的企业，如传统的制造业和周期性行业（钢铁、化工、有色金属、农林牧渔、基建行业等）。市净率评估法不适用于轻资产型或靠人和品牌价值的企业，如咨询公司、传媒行业、互联网公司、品牌管理公司等。

总的来说，市净率评估法提供了一个从资产角度出发的公司价值评估视角，它可以帮助投资者识别那些市场价值可能被低估或高估的公司。

在使用市净率评估法时，投资者应该结合公司的具体情况和行业特点，以及其他财务指标和市场因素，进行全面的分析和判断。通过这种方法，投资者可以更好地了解公司的财务状况，从而作出更明智的投资决策。

10.3 市销率评估法

市销率评估法（Price-to-Sales，PS）是基于公司仍处于“跑马圈地”的快速发展期，持续投入未见回报，公司的净利润和净资产等财务指标无法真实反映公司整体价值，从而选择反映市场规模的指标营业收入作为评估公司整体价值的一种评估方法。计算公式为：

公司价值 = 营业收入 × 市销率倍数

其中，市销率的倍数不仅取决于公司的发展前景，也取决于公司净利润率的高低，公司的净利润率越高，市销率倍数越高，公司的净利润率越低，市销率倍数越低。

市销率倍数 = 公司价值 ÷ 营业收入

= 净利润 × 市盈率倍数 ÷ 营业收入

= 净利润率 × 市盈率倍数

市销率的倍数取决于多种因素，包括行业、盈利模式、商业模式、企业规模、经济周期和增长前景等。因此，市销率评估法并不适用于所有的行业和公司，需要根据具体的情况进行具体分析和判断，才能准确反映出企业的整体价值。比如重视研发的医药生物科技公司，这种公司具有投资大、研发周期长、产品变现慢等特点，在研发周期内几乎不产生营业收入，但是产品正式投产后能快速盈利且利润率较高，这样的企业就不适合采用市销率评估法。

一般来说，市销率倍数大多数会在 1 ~ 2 的范围内，少数超过 2。

市销率倍数小于 1，表示公司价值低于其销售收入，要么公司的发展前景不乐观，要么公司价值被低估，具有较大的增长空间。

市销率倍数在 1 ~ 2，表示公司价值高于销售收入，是相对合理的市销率倍数范围，不仅反映了一个企业的增长潜力和盈利能力，也考虑了市场上的竞争和行业周期等因素。

市销率倍数大于 2，表示公司价值被市场过度追捧，企业的营业收入未充分体现，需要进行进一步的分析和评估。

举例：从 2014 年 1 月一心堂药业集团股份有限公司（以下简称“一心堂”）上市起，医药连锁行业迎来上市潮，老百姓大药房连锁股份有限公司和益丰大药房连锁股份有限公司陆续于 2015 年登陆资本市场。医药连锁企业上市后，扩大其市场规模最快、最有效的方式就是并购区域性医药连锁企业，同时有利于上市公司的市值管理。

由于非上市的医药连锁企业大多数是以个体户的形式存在，且财务制度不健全、管理系统不完善等，所体现的净利润和净资产数据不具有参照性，但是营业收入指标能在收支系统中真实反映。因此，上市公司收购医药连锁企业时多采用市销率评估法。

2017 年 9 月，老百姓大药房拟收购通辽泽强大药房连锁有限责任公司 51% 的股权，给予通辽泽强公司 5.32 亿元的估值。整体收购评估的依据参照市销率 1 倍加公司现有净资产之和，在此基础上，双方确认并购价格。与此同时，双方签署业绩承诺：近三年零售业务销售额、净利润保持每年 20% 的增长，批发业务销售额、净利润保持每年 15% 的增长。

市销率评估法为企业提供了一个基于市场规模和销售能力的估值视角，有助于投资者和管理者在股权经营决策中做出更加合理的评估和规划。通过综合考虑市销率、业绩承诺以及其他财务和市场因素，企业可以更好地实现价值最大化和风险控制。

10.4 市梦率评估法

市梦率评估法（Price to Dream，PD）是基于对公司创始人梦想的认可，模糊确认企业价值的一种评估方法。市梦率评估法通常应用于初创型企业，在引进风险投资或天使投资时采用居多。

当然，投资机构在评估企业价值时，不会仅凭一个虚无缥缈的梦想就会给出较大的估值，它也是需要对创始团队、商业模式、盈利模式、市场规模、行业发展趋势进行全面风险评估之后，再给出合理的估值。

市梦率评估法对于创始人的口才和思维逻辑要求相当高，需要能够在极其短暂的时间内将企业价值介绍清晰，与投资者快速达成共识并下决心投资企业。

阿里巴巴创始人马云特别擅长运用市梦率评估法，他的梦想就是“让全天下没有难做的生意”。马云采用市梦率估值法，先后获得了软银中国[1]基金的投资。软银中国于2000年和2003年先后投资阿里巴巴和淘宝网共2 300万美元，帮助马云度过了创业困难期。

10.5 现金流折现评估法

现金流折现评估法（Discounted Cash Flow，DCF）是基于公司一定时期内的现金流预测值，并将其按一定利率折算为现有现金流总额，评估公司整体价值的一种方法。计算公式为：

$$P_0=(E_0CF_1)/(1+r)+(E_0CF_2)/(1+r)^2+\cdots\text{（延续到无限期）}$$

其中，P_0代表某一企业当前价值，E_0CF_n代表当前预测的未来第n期产生的自由现金流，r代表自由现金流的折现率，即资本成本。

现金流是企业的生命线，绝大多数企业倒闭破产的原因是现金流不足。企业哪怕不盈利，但要有足够的现金流，不管是预收款还是融资，或者借贷所获得的资金，只要企业具有获得现金流的能力，就能够维持经营。这也是为什么许多亏损型企业能够有较大估值的原因，如跑马圈地的滴滴出行、持续投资的京东等企业。

自由现金流是营利来的现金流量扣减维持现有营运所需的资本

1　软银中国，全称为软银中国资本（SBCVC）。软银中国资本成立于2000年，是一家领先的风险投资和私募股权基金管理公司。

支出和税金后的余额。企业可以用这些现金为公司的成长扩充，也可以作为发放给股东的股利，还可以清偿负债或是预留下来以备度过经济萧条期。

采用现金流折现评估法的企业需满足以下条件：

①具有稳定的现金流，且现金流是真实可预测的；

②所属行业具备长期存在的可能性，如人们刚需的衣、食、住、行四大行业；

③现金流构成简单易懂，不存在大量的拆借、担保、投资等资本开支。

现金流折现评估法是评估企业内在价值的一种重要工具，尤其适用于那些现金流稳定、可预测，并且行业具有长期存在潜力的企业。

通过现金流折现评估法，投资者可以更准确地理解企业未来的盈利潜力和风险，从而做出更合理的投资决策。

然而，这种方法也存在局限性，比如对未来现金流的预测往往涉及较大的不确定性，折现率的选择也会影响评估结果。

因此，在使用现金流折现评估法时，需要谨慎考虑各种可能影响现金流的因素，并结合其他估值方法和市场信息，以获得更全面的企业价值评估。

10.6 累计投资评估法

累计投资评估法是将企业自成立之初，至盈利阶段实际投资金额之和，作为企业价值评估的一种方法。计算公式为：

$$企业价值=P_1+P_2+P_3+\cdots+P_n$$

其中，P_1 是指企业成立第一个月的累计现金支出，P_n 是指企业经营性现金流为正的当月累计现金支出。

累计投资评估法一般运用于初创型企业早期对运营资金的需求评估，也适用于研发周期较长和企业变现周期较长的研发型企业，如医药研发公司。由于累计投资评估法只是从运营资金和投入成本的角度进行评估，不考虑企业品牌价值增值和股权资本溢价的情况，因此，其被广泛运用于企业内部股权激励和创始人融资。

比如，一家中医理疗馆根据半年内运营资金需求进行融资招商，这家中医理疗馆的累计投资总额为 86 万元，这个数字可以作为企业价值的一个初步估计。这个评估可以帮助创始人和潜在投资者理解企业在初期的资金需求，并据此进行资金筹集和风险评估。同时，这个累计投资额也可以作为企业内部股权激励和融资谈判的基础。

总而言之，累计投资评估法虽然不涉及企业的品牌价值和资本溢价，但它能够为初创型企业和研发型企业提供一个基于实际投入的估值框架，帮助企业和投资者在股权经营决策中作出更加合理的判断。这种方法强调了资金管理的重要性，并为企业提供了一个衡量自身价值和融资需求的实用工具。

10.7 同行对比评估法

同行对比评估法是基于同行业上市公司的市场公允价值评估数据，选择行业、产品、营业收入、净资产、净利润等财务指标相似的上市公司，对拟评估公司进行整体价值评估的一种评估方法。

我们可以从一些比较有代表性的电商公司的财务指标上来了解这一价值评估方法。表 10-2 展示了一些电商上市公司公开发行时，投资机构给予的市盈率倍数和市销率倍数。从表 10-2 中可以看出，同行业市盈率倍数平均值为 38 倍，则非上市公司市盈率倍数范围为 10 ~ 19 倍。

表 10-2　电商行业上市公司财务指标

上市公司	主营业务	IPO 前				
		营业收入（万元）	净利润（万元）	净资产（万元）	市盈率	市销率
涛涛车业	智能电动低速车包括电动滑板车、电动平衡车、电动自行车、电动高尔夫球车等新能源智能系列产品	75 166.35	7 189.57	27 852.32	35.78	3.42
小熊电器	创意小家电研发、设计、生产和销售，是一家在产品销售渠道上与互联网深度融合的企业	204 103.51	18 550.19	46 000	22.99	2.09
致欧科技	从事自有品牌家具系列、家居系列、庭院系列、宠物系列等家居类产品的研发、设计和销售	545 538.94	25 011.47	180 700	39.39	1.81

从表 10-2 中可以看出，不同电商上市公司的财务指标和市场估值倍数。这些数据可以作为评估非上市公司市盈率和市销率的参

考。例如，如果一个非上市公司与小熊电器在产品和市场定位上相似，那么它的市盈率可能也会接近小熊电器的22.99倍的一半。同理，如果非上市公司的业务模式与赛维时代相似，那么它的市销率可能会接近1.79倍的一半。

因此，同行对比评估法是一种相对估值方法，它通过比较同行业上市公司的市场公允价值来评估非上市公司的价值。这种方法的核心在于选择与目标公司在行业、产品、财务规模等方面相似的上市公司作为参照，以此来推断目标公司的价值。这种方法的优势在于它能够利用市场上已经形成的对上市公司的估值，为非上市公司提供一个市值基准。

10.8 混合评估法

混合评估法是基于多种企业价值评估法，选择多种评估方法进行对比、分析和调整的一种评估方法。混合评估法更能客观真实地反映企业的价值，让企业价值评估更加严谨合理。根据评估指标选择的多样性和对比性，可以将混合评估法分为权重混合评估法、对比混合评估法和动态混合评估法。

10.8.1 权重混合评估法

权重混合评估法是给予多种评估法不同的权重计算企业价值的一种评估方法，在实操中，经常将市盈率评估法、市净率评估法和市销率评估法结合使用。计算公式为：

企业价值＝权重A×市盈率评估价值＋权重B×市净率评估价值＋权重C×市销率评估价值（权重A+权重B+权重C=1）

比如品牌连锁酒店进行股权激励，公司以招商加盟为主，就是典型的轻资产运营公司，它适用于市销率和市盈率评估法，其评估的具体数额图表 10-3 所示。

表 10-3　某品牌连锁酒店价值评估（市销率 & 市盈率评估法）

市销率评估法			
市销率倍数	1.1	1.3	1.5
估值（万元）	21 608	25 537	29 465
市盈率评估法			
市盈率倍数	3	4	5
估值（万元）	14 323	19 097	23 872

因此，在对比了同行业评估法后，该品牌连锁酒店最终选择了市销率倍数 1.5 倍和市盈率倍数 5 倍的两种评估法，每一种评估法的权重各占 50%。则企业内部估值为（29 465+23 872）×50%=26 668（万元）。

10.8.2 对比混合评估法

对比混合评估法是基于多种评估所得的企业价值，通过对比分析选择其中一种评估法确认企业整体价值的一种方法。净资产是企业可以自由支配的财产，反映的是所有股东扣除负债后的权益。因此，在股权转让和员工股权激励评估企业价值时，原则上不低于企业 1 倍净资产。

对比混合评估法的具体运用方式：假如品牌连锁酒店净资产为 1 亿元，低于权重混合评估法评估的 2.387 2 亿元，则企业价值取 2.387 2 亿元；假如品牌连锁酒店净资产为 3 亿元，高于权重混合评估法评估的 2.3872 亿元，则企业价值为 3 亿元。

10.8.3 动态混合评估法

动态混合评估法是基于原有企业价值评估方法，动态调整企业估值的一种评估法。

比如，科技集团公司初期累计投资 1 050 万元，创始团队按 1 元/股认购公司股权，公司总股本为 1 050 万股。公司采用外部估值与内部估值并行的方式，规定公司当年度无外部投资人进入时，项目公司正常运营且营收入稳定增长时，项目公司内部估值增加 1 500 万/年；当项目公司增资扩股引进外部投资人时，项目公司内部估值按外部投资人投后估值 ×50%，且不得低于原有内部估值。

动态混合评估法既能塑造公司内部的股权价值，又能让激励对象认知股权的价值，也能在增资扩股时保持小股东的利益，不会因为资金压力而降低自身股权的价值。

第 11 章
塑造企业的股权价值

当我们掌握了企业价值评估法之后，在实操过程中，我们经常会发现每家企业的价值评估总有差异，哪怕行业、产品、盈利能力、评估方法都相似的企业，最终确定下来的企业价值都会有较大差异。那么，如何塑造企业的股权价值呢?

首先，我们需要进行产业定位，明确企业所在产业链的商业价值，以及企业未来的发展前景和空间。

其次，我们需要定位企业股权价值，投资人或内部员工持有股权未来的出路在哪里，是每年的分红，还是未来被并购，抑或是自己独立上市?

再次，我们需要匹配出与股权价值期望值相对应的公司战略目标值，全公司一盘棋，深度绑定股权价值与战略目标。

复次，我们需要测算出实现战略目标后与之匹配的股权价值，让合作伙伴们看到股权预期回报。

又次，我们要制定出公司的人才规划需求，通过股权激励吸引一批志同道合的合伙人加入企业，为企业高速发展提供源源不断的人才。

最后，借助股权的力量，整合上下游，提升股权的资本价值。

11.1 产业链定位

产业链定位是指剖析公司上下游产业链，明确公司产业链核心竞争力，确定公司产业链是技术推动型、资源带动型、需求拉动型或者综合联动型，再通过产业链价值分析，塑造公司股权价值的一种方式。

11.1.1 描绘产业链

产业链实际上就是产供销的过程，描述了从原材料到产品或最终服务到终端消费者手中的整个过程。产业链是以价值为导向，从上游到中游再到下游是一个不断增值的过程，每经历一个环节就会产生一些成本，所以自然有增值，直到被终端消费者买走，实现产业链的价值。

根据微笑曲线理论[1]，上下游利润空间大，中游受制于上下游，利润空间小。上游主要以研发、设计为主，掌握了大量的核心资源和技术，具有较强的技术壁垒，往往是具有较大利润空间或不充分竞争的行业。但是，上游也会碰上供给过剩、竞争激烈的情况，此时上游就会受制于下游终端需求的影响。

比如，电子产业链的上游半导体芯片是一个技术和资金壁垒较高的行业，而且竞争压力极低，但是受下游市场需求的影响，经营业绩往往有较大的波动。下游主要以品牌、渠道、物流、金融等现代服务业为主，为终端客户提供个性化的定制服务，具有较高的附加价值。

1　微笑曲线，又称“附加值曲线”，是一个重要的产业战略理论，它揭示了产业链中各环节附加值的高低分布情况，是国内科技业者宏碁集团创办人施振荣在 1992 年为了“再造宏碁”提出的理论。

根据企业与企业之间的联动性，我们可以将产业链划分为技术推动型产业链、资源带动型产业链、需求拉动型产业链和综合联动型产业链。

技术推动型产业链（见图 11-1）是以技术研发投入为主的上游企业为出发点，带动中下游企业的发展，往往是由高新技术产业链、TT 产业链等技术密集型龙头企业组成。它的上游企业是技术引领者，代表整个产业链的技术研发水平，对市场需求的变动响应能力较差，上游企业的任何一项技术变革或技术成果市场化，均会令中下游企业面临新的机遇和挑战。

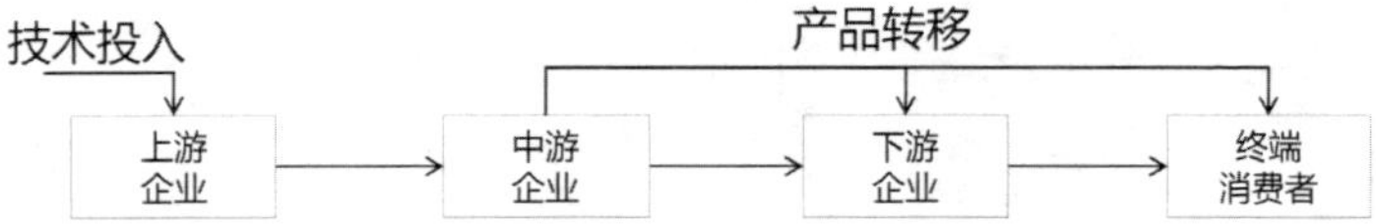

图 11-1　技术推动型产业链

资源带动型产业链（见图 11-2）是中游企业依托上游企业资源衍生、开发出新的产品产业链，上游企业基本处于垄断地位，中游企业对上游企业的资源依赖性特别高，如煤炭产业链、石油产业链等资源型企业。由于资源有限，中游企业间的竞争异常激烈。

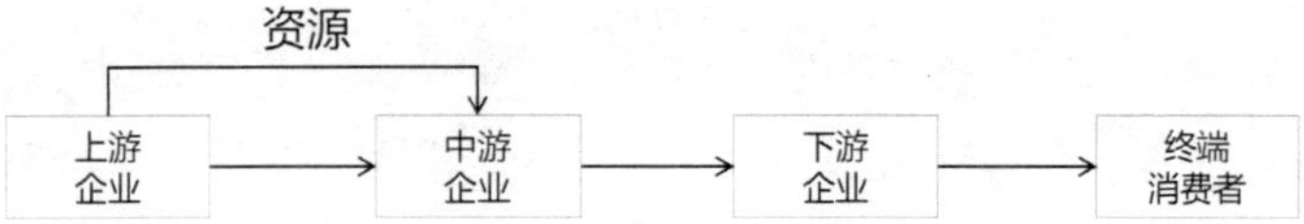

图 11-2　资源带动型产业链

需求拉动型产业链（见图 11-3）是以终端消费者需求为中心，对中游企业或下游企业提供消费者的个性化产品或服务。中下游企业为提升终端消费者的需求，对上游产业链提出技术需求。

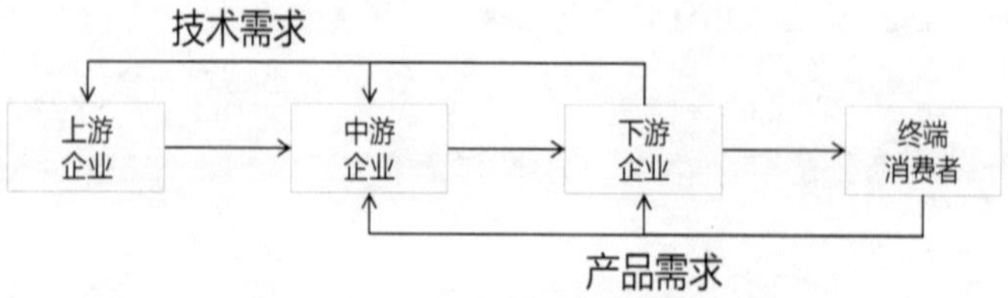

图 11-3　需求拉动型产业链

综合联动型产业链（见图 11-4）是技术推动型和需求拉动型的综合运用，不仅满足了当下终端消费者的需求，而且具有发展后劲足、发展导向明确的优点。

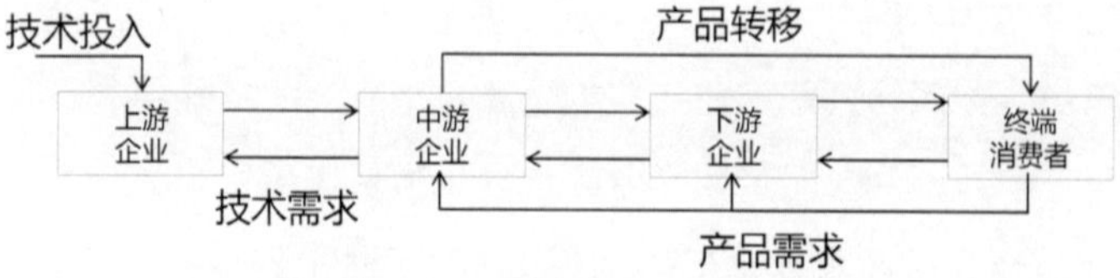

图 11-4　综合联动型产业链

产业链定位是企业战略规划中的关键环节，它不仅帮助企业明确自身在产业链中的位置和核心竞争力，还有助于企业根据产业链的类型（技术推动型、资源带动型、需求拉动型或综合联动型）制定相应的发展策略。通过深入分析产业链的各个环节，企业可以优化资源配置，提升价值链，增强市场竞争力，并最终实现股权价值的增长。

11.1.2 产业链价值分析

通过产业链的描绘，我们可以清晰地看到一家企业产业链条的长度，链条越长，企业的竞争力越强、利润空间越大。比如一家餐饮集团公司，既有农产品的种植，又有预制菜加工厂，还有餐饮连锁运营公司和食品电商平台，相当于具备了新鲜食材从农田到餐桌的完整产业生态链，具有较强的市场竞争力。

通过产业链的价值分析，我们可以判断出企业所处行业的市场规模、企业所处的竞争格局、企业的竞争力、企业未来的发展前景和向产业链延伸的机会和空间，了解企业是否具备资本运作的可能性和空间、能否从“赚钱”企业向“值钱”企业转型、企业与同行业上市公司 IPO 时财务指标差距有多大、企业股权价值塑造的方向是否正确、如何能够最大限度地提升股权价值等。

如何进行产业链的价值分析呢？分为以下六个步骤。

第一步：绘制产业链，将产业链上游、中游、下游的关联性产业和企业对标入座。

第二步：确认公司产业链条的长度及未来产业链延伸的方向。

第三步：预测公司所属行业的市场规模及增长空间。

第四步：对标同行业下的相关上市公司 IPO 时财务数据，确定公司战略性经营指标。

第五步：明确公司股权价值方向，不上市或并购或上市或自然发展。

第六步：制定公司股权价值规划，含经营规划、人才规划、股价模型。

11.1.3 轮滑企业股权价值分析案例

接下来，我们来通过实际案例分析企业的股权价值。股权价值分析通常分为以下几个步骤。

第一步：公司产品的行业定位。

某公司主要经营轮滑产品，根据市场分类可知，轮滑属于儿童体育器材中的一种，2021 年我国儿童体育器材行业市场规模达 1 843.4 亿元，同比 2020 年的 1 775.2 亿元增长了 3.84%，2022 年中国儿童体育器材行业市场规模达到1 986.3亿元，呈现上升趋势。

第二步：公司所属行业分析。

当前，我国轮滑鞋市场规模很大，年销售额达到数十亿元，其发展趋势显示出了稳定、健康和快速的状态。

轮滑市场正在逐渐增大，市场趋势正朝着“品质、品牌和科技创新”方向发展。一些具有创新能力的轮滑鞋厂商，不断在产品设计、零售渠道和管理方面进行创新和改进，以便在市场竞争中占有一席之地。

第三步：轮滑行业发展趋势。

轮滑滑板电商化：互联网作为营销渠道的补充，为消费者提供省钱、省时、个性化定制的产品。产品价格的信息透明化越来越高，传统信息不对称的盈利模式将退出舞台。

供应链整合：未来，轮滑和滑板的盈利能力主要体现在对各方资源的整合能力和创造力上。集品牌、设计、系统、供应链、营销于一体的平台，与同行比较更具有竞争力。

智能化、信息化：轮滑、滑板行业中的新技术场景使得行业用户有更好的体验。如何融合云计算、大数据、人工智能，为客户提供更加精准的用户体验，提升轮滑和滑板的趣味性，将是行业发展的必然趋势。

优化服务：轮滑滑板未来发展方向为优化服务，为用户提供高性价比的产品和服务。

第四步：同行业上市公司研究分析，是否具备上市的可能性。

国内并没有轮滑企业上市公司，但是集产品开发设计、品牌孵化及运营、供应链整合等于一体的电商平台公司在国内上市不再有难度，而且电商平台类公司估值倍数也较高，轮滑滑板电商化的发展具有较大的可行性。与之相关的上市公司情况如表11-1所示。

表 11-1 轮滑企业相关上市公司情况

公司	代码	主营业务	营业收入（万元）	净利润（万元）	净资产（万元）	市盈率	市销率
涛涛车业	301345	智能电动低速车包括电动滑板车、电动平衡车、电动自行车、电动高尔夫球车等新能源智能系列产品；	75 166.35	7 189.57	27 852.32	35.78	3.42
小熊电器	002959	创意小家电研发、设计、生产和销售，是一家在产品销售渠道与互联网深度融合企业	204 103.51	18 550.19	46 000	22.99	2.09
赛维时代	301381	集产品开发设计、品牌孵化及运营、供应链整合等于一体的平台，跨境出口电商业务	490 911.85	18 514.06	145500	47.4	1.79
致欧科技	301376	从事自有品牌家具系列、家居系列、庭院系列、宠物系列等家居类产品的研发、设计和销售	545 538.94	25 011.47	180 700	39.39	1.81
三态科技	301559	从事出口跨境电商零售和第三方出口跨境电商物流	158 817.7	14 076.69	51 000	45.19	4.01

第五步：股权战略。

基于轮滑公司具有一定的品牌知名度、电商运营和供应链的整合能力，最终企业将股权战略定位在集产品开发设计、品牌孵化及运营、供应链整合于一体的儿童运动装备平台，通过线上、线下多渠道营销和多品牌多品类产品研发，提升企业经营能力，瞄准创业板上市（见图 11-5）。

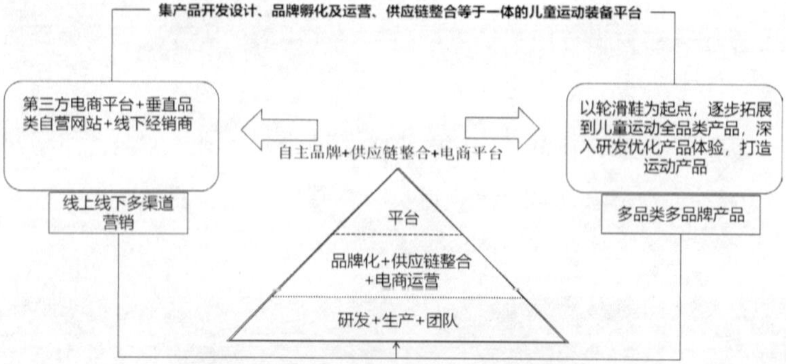

图 11-5　轮滑公司的股权战略定位

第六步：股权价值规划。

基于股权战略分析，制定出主体公司三年复合增长率为 30%，年度净利润为 8 000 万元的经营战略目标。并结合经营战略目标进行目标分解，将目标责任到人，最终分步、分年逐步实施。以实现战略目标为终极目标，顶层设计公司的组织架构、人才规划、业务规划如图 11-6 所示。

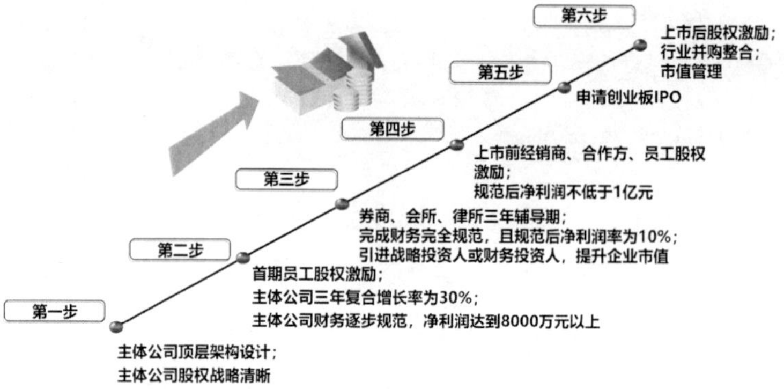

图 11-6　轮滑公司资本运作规划

以上就是某轮滑公司从产业链定位的角度，塑造企业股权价值的全过程。

通过上述分析可以看出，轮滑公司通过产业链定位，明确了其在儿童体育器材行业中的位置，并制定了相应的股权战略。公司通过聚焦产品开发、品牌运营和供应链整合，旨在构建一个多渠道、多品牌、多品类的儿童运动装备平台。通过设定具体的经营目标和实施计划，公司旨在实现快速增长，并最终瞄准创业板上市，以实现股权价值的最大化。这个过程不仅涉及对行业趋势的深入理解，还包括对公司内部资源和能力的整合，以及对外部市场机会的把握。最终，通过这种综合的战略规划和执行，轮滑公司提升了其市场竞争力，实现了可持续发展，并为股东创造了更大的价值。

11.2 股权价值定位

股权的价值不仅局限于被并购和上市，也不是只有被外部投资人进行估值了才有价值，股权的价值取决于被激励对象所需求的和所认可的价值。股权的价值主要分为可传承的股权、管理层收购、被并购、国内上市、境外上市。

11.2.1 可传承的股权

马斯洛需要层次理论（Maslow’s Hierarchy of Needs）将人类的需要分为五个层次，即生理需求（衣、食、住、行等最基本的生存需求）、安全需求（工作稳定、安全有保障）、社交需求（情感需求、公司的归属感和情绪价值）、尊重需求（成就、名声、地位和晋升机会等）和自我实现需求（追求实现自己的能力或者潜能，并使之完善化）。当激励对象的最低需求得到满足时，就会追求更高层级的需求，这些需求成为推动其持续奋斗的内在动力。

在观察了企业内部处于不同层次员工的需求表现后，我们发现，企业员工在满足生理需求的基础上，又分成了若干个层次，其中，主管层级的员工作为公司储备干部工作稳定，具有一定的安全保障；经理层级的员工作为中层管理干部对公司有归属感，追求个人的成就和晋升机会；高级管理层的员工具有一定的社会地位，追求个人价值和事业的认同感。

满足了生理需求的员工，都会希望付出的不亚于任何人的努力，能获得可传承的股权，从而给自己的下一代留下基本保障。即使公司不具备上市的可能性，只要持有的股权未来是可传承的，只要公司持续盈利就能持续享有分红，那么对他们来说就是极具吸引力的。

11.2.2 管理层收购

公司管理层通过自有资金、自筹资金或外部募集资金向公司实控人购买股权，使经营者转变为所有者，这种行为被称为管理层收购（Management Buy-Outs，MBO）。截至 2024 年，我国中小微企业就突破了 4 800 万家，其中 6% 左右的企业经营年限达到 30 年以上，而这些企业均面临交接班的问题。

这些企业中，能够实现二代传承的少之又少。“企二代”吃不了苦、与经营管理层不融合、一意孤行想转型等问题，都让企业主不得不做出选择：要么把企业卖掉，要么把企业交给有能力经营的管理层，实在不行，还会选择上市套现。其实，对于企业主而言，其最好的选择就是让管理层收购，这既能有效激励管理层，让管理层有奋斗的目标，又不至于将辛苦一辈子的企业卖给不相干的人，而且还能给子女留下可持续分红的股权财富，将来子女有能力接班时，也能够通过管理层收购的方式成为新的控制人，进而实现企业的传承。

举例：2015 年，绿地控股集团股份有限公司（以下简称“绿地集团”）完成员工资产重组，绿地管理层通过有限合伙企业的持股方式，以 10 万元控制 190 亿元的绿地集团，并借壳上海金丰投资成功上市。我们先来了解一下绿地集团的股权架构重组，以及重组后所带来的好处与坏处，就能知道此次事件背后的真相了。

早期，绿地集团也像华为一样有职工持股会，职工持股会的人数为 982 人，合计持有绿地集团股权比例为 29.09%。员工持股人数远远超过 200 人，不符合股份公司上市人数规定。同时分散了绿地管理层的管理权限，所以绿地的管理层就想出了层层控股的方式，让员工通过有限合伙企业间接持股。

绿地集团的管理层一共有 43 人，一共出资 10 万元。共同设立了上海格林兰投资管理有限公司。这家管理有限公司作为所有员工持股平台的普通合伙人，合并所有员工的表决权。

之后，又设立了 32 家有限合伙企业，名字从“上海格林兰壹投资管理中心”，一直到“上海格林兰叁拾贰投资管理中心”。而格林兰投资公司就是这 32 家合伙企业的 GP[1]，LP[2] 就是原来的持股员工。

后来，格林兰投资公司和这 32 家合伙企业又共同出资，成立了上海格林兰投资企业的有限合伙企业。同样，还是格林兰投资公司是 GP，其他 32 家合伙企业是 LP。

自此，格林兰彻底完成了员工通过有限合伙企业间接持股，其全部发展历程如图 11-7 所示。

1　即普通合伙人（General Partner，GP），泛指股权投资基金的管理机构或自然人，普通合伙人对合伙企业债务承担无限连带责任，有限合伙人以其认缴的出资额为限对合伙企业债务承担责任。

2　即有限合伙人（Limited Partner，LP），泛指为股权投资提供资金来源的群体，所投资基金并不限定于公司制或合伙制。

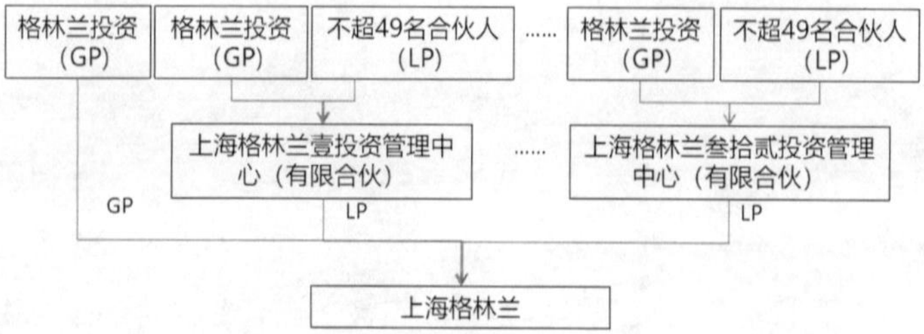

图 11–7　上海格林兰股权结构

在每一个小的有限合伙企业中，格林兰投资作为普通合伙人，只象征性出资 1 000 元即获得了管理权，累计出资额只有区区 3.2 万元。同时，格林兰投资作为普通合伙人，出资 6.8 万元，成立了大的有限合伙企业“上海格林兰”。绿地集团董事长张玉良通过注册资本仅有 10 万元的格林兰投资，控制了 3 766.55 万元的内部人持股权。

最后，上海格林兰有限合伙通过吸收合并职工持股会的方式，继承了职工持股会的全部资产和债权、债务，以及其他的一些权利和义务。这样，上海格林兰有限合伙企业就成为绿地集团的合法股东，职工持股会也就被顺利地清洗掉了，员工的股份也还在。绿地集团后来借壳上海金丰投资顺利上市了，从十大股东的信息来看，上海格林兰有限合伙便是最大的股东。绿地集团重组后股权架构如图 11–8 所示。

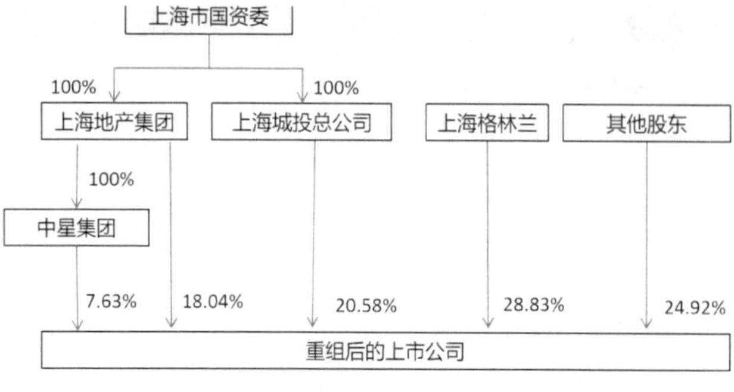

图 11–8　绿地集团重组后的股权架构

11.2.3 被并购

非上市公司被上市公司并购是一件常有的事情。对于上市公司来说，并购非上市公司一方面可以提升自身竞争力，另一方面可以快速抢占市场份额，提升盈利能力。对非上市公司来说，这也是一个很好的股权价值“飞升”的机会。在被上市企业并购的过程中，非上市企业只要做好被并购的准备，就能塑造好股权价值，从而在并购过程中达到利益最大化。以被并购为目标塑造股权价值，相当于企业一次性的上市套现。

比如，2004 年，黄德满[1]成立维也纳酒店有限公司，开始打造国内中端商务酒店领先连锁品牌，旗下品牌包括维纳斯皇家酒店、维也纳国际酒店、维也纳酒店、维也纳智好酒店、维也纳 3 好酒店等品牌系列，在国内拥有较高知名度。维也纳酒店在团队文化、市场把握、品牌孵化、管理模式等方面均拥有独特的优势和市场化理念。

不仅如此，维也纳酒店还具有不错的优良资产和盈利能力，截至 2015 年 12 月 31 日，维也纳酒店资产总额为 106 701.07 万元，资产净额为 48 438.26 万元。2015 年度，维也纳实现合并营业收入 146 157.28 万元，合并净利润 14 399.23 万元。

基于维也纳酒店在中高端有限服务酒店的品牌效应、企业文化、经营模式和财务状况等多方面较强的互补性和协同作用，上市公司锦江股份[2]积极推动双方的并购事宜，进一步拓展有限服务酒店市场的服务深度和业务广度。锦江股份给予维也纳人民币 21.86 亿元估值

1 黄德满，男，出生于广东省阳江。维也纳酒店集团创始人，CEO。中国酒店行业的商业模式创新者和实践者。被誉为“中国精品连锁酒店第一人”，深圳老字号餐饮联盟主席。

2 上海锦江国际酒店发展股份有限公司是中国最大的酒店、餐饮业上市公司，主营酒店管理、餐饮业务。公司于 1994 年 12 月在上海证券交易所上市。

（15.18倍市盈率），收购实控人持有维也纳酒店有限公司80%的股权，实控人仍保留20%的股权。保留实控人20%的股权是考虑到要稳定经营管理团队，以及完成两家公司的资源整合，当实控人完成对应业绩目标时，锦江股份可以持续并购实控人股权。截至2022年6月，黄德满持有维也纳酒店10%股权，锦江股份持有90%股权。

在这次并购案例中，维也纳酒店明显通过这次并购实现了股权价值的显著提升。锦江股份对维也纳酒店的估值为21.86亿元人民币，这一估值对应2015年静态市盈率约15.2倍，虽然低于国内酒店相关类上市公司均值，但对维也纳酒店来说，这是一次成功的资本运作，实现了从非上市公司到上市公司控股子公司的转变，从而获得了资本市场的认可和更高的股权价值。此外，维也纳酒店的创始人黄德满通过这次交易保留了部分股权，这不仅为他个人带来了财富的增长，也为维也纳酒店未来的发展潜力保留了空间。

总而言之，通过这次并购，维也纳酒店不仅提升了自身的品牌价值和市场竞争力，还为其股东和员工创造了可观的财富增值机会。

11.2.4 国内上市

国内上市是指企业为了解决发展资金，拥有长期的融资渠道，通过内部规范管理，保障企业长期健康发展，选择在国内公开发售其股票。国内上市地分为上海、深圳和北京三地证券交易所，分别为以下四大板块。

上海证券交易所的主板块突出“大盘蓝筹”[1]特色，重点支持业务模式成熟、经营业绩稳定、规模较大、具有行业代表性的优质企业。

---

1 “大盘蓝筹”是指上市公司在市场中有一定垄断性的市场潜力，有较好的盈利能力，且有一定的市场前景。在股市上，代表了本行业的特征，并能左右本行业在股市中的波动。

上海证券交易所的科创板块优先支持符合国家战略，拥有关键核心技术，科技创新能力突出，主要依靠核心技术开展生产经营，具有稳定的商业模式，市场认可度高，社会形象良好，具有较强成长性的企业。

深圳证券交易所的创业板块主要深入贯彻创新驱动发展战略，适应发展更多依靠创新、创造、创意的大趋势，主要服务成长型创新创业企业，支持传统产业与新技术、新产业、新业态、新模式深度融合。

北京证券交易所充分发挥对全国股转系统的示范引领作用，深入贯彻创新驱动发展战略，聚焦实体经济，主要服务创新型中小企业，重点支持先进制造业和现代服务业等领域，促进经济高质量发展。

表 11-2 中展示了不同板块上市的市值和财务指标要求。

表 11-2　不同板块上市的市值和财务指标

板块	情形	市值	净利润	营业收入	现金流净值
上海主板	标准一	—	最近三年净利润均为正且累计不低于 2 亿元；最近一年净利润不低于 1 亿元	最近三年累计不低于 15 亿元	最近三年累计不低于 2 亿元
	标准二	不低于 50 亿元	最近一年净利润为正	最近一年营业收入不低于 6 亿元	最近三年累计不低于 2.5 亿元
	标准三	不低于 100 亿元	最近一年净利润为正	最近一年营业收入不低于 8 亿元	—
创业板	标准一	—	最近两年净利润均为正且累计不低于 1 亿元且最近一年不低于 6 000 万元	—	—
	标准二	不低于 15 亿元	最近一年净利润为正	最近一年营业收入不低于 4 亿元	—

续表

板块	情形	市值	净利润	营业收入	现金流净值
创业板	标准三	不低于50亿元	—	最近一年营业收入不低于3亿元	—
科创板	标准一	不低于人民币10亿元	最近两年净利润均为正且累计值不低于5 000万元	—	—
		不低于人民币10亿元	最近一年净利润为正	最近一年不低于人民币1亿元	—
	标准二	不低于人民币15亿元	—	最近一年不低于人民币2亿元且最近三年累计研发投入占最近三年累计营业收入的比例不低于15%	—
	标准三	不低于人民币20亿元	—	最近一年不低于人民币3亿元	最近三年累计不低于人民币1亿元
	标准四	不低于人民币30亿元	—	最近一年不低于人民币3亿元	
	标准五	不低于人民币40亿元+研发成果	—	—	—

续表

板块	情形	市值	净利润	营业收入	现金流净值
北交所	标准一	不低于 2 亿元	最近两年不低于 1 500 万元或者最近一年不低于 2 500 万元且加权平均净资产收益率不低于 8%	—	—
	标准二	市值不低于 4 亿元	—	最近两年平均不低于 1 亿元且最近一年增长率不低于 30%	最近一年净额为正
	标准三	市值不低于 8 亿元	—	最近一年不低于 2 亿元且最近两年研发投入合计占最近两年营业收入合计比例不低于 8%	—
	标准四	市值不低于 15 亿元；最近两年研发投入合计不低于 5 000 万元	—	—	—
新三板基础层	标准一	—	最近两年均为正且累计不低于 800 万元，或者最近一年不低于 600 万元	—	—

续表

板块	情形	市值	净利润	营业收入	现金流净值
新三板基础层	标准二	—	最近两年平均不低于3 000万元且最近一年增长率不低于20%	—	净额均为正
		—	最近两年平均不低于5 000万元	—	净额均为正
	标准三	—	—	不低于3 000万元，且最近两年累计研发投入占最近两年累计营业收入比例不低于5%	—
	标准四	最近两年研发投入累计不低于1 000万元，且最近24个月或挂牌同时定向发行获得专业机构投资者股权投资金额不低于2 000万元			
	标准五	挂牌时即采取做市交易方式，挂牌同时向不少于4家做市商在内的对象定向发行股票，市值不低于1亿元			
挂牌新三板同时进入创新层	标准一	—	最近两年均不低于1 000万元，最近两年加权平均净资产收益率平均不低于6%	—	—
	标准二	—	—	最近两年平均不低于8 000万元，且持续增长，年均复合增长率不低于30%	—

续表

板块	情形	市值	净利润	营业收入	现金流净值
挂牌新三板同时进入创新层	标准三	最近两年研发投入不低于 2 500 万元，完成挂牌同时定向发行普通股后，融资金额不低于 4 000 万元 ，且公司股票市值不低于 3 亿元			
	标准四	在挂牌时即采取做市交易方式，完成挂牌同时定向发行普通股后，公司股票市值不低于 3 亿元，股本总额不少于 5 000 万元，做市商家数不少于 4 家，且做市商做市库存股均通过本次定向发行取得			

根据表 11-2 中，可以发现以下几种现象：

（1）上海主板上市财务指标难度最大且净利润不亏损。

（2）企业市值越高，净利润指标要求越低。

（3）亏损性企业也可以上市融资。

（4）北京证券交易所上市财务指标较低，但需先挂牌新三板基础层再进入创新层。

（5）科技型企业选择创业板或科创板；传统性企业选择主板；中小型企业优选北京证券交易所。

综上所述，国内企业可以根据自身行业特点和经营情况，选择正确的上市地。并根据上市地的条件和要求，制定企业上市的股权战略，规划出企业 3 ~ 5 年的财务指标，有目的、有步骤地实现上市梦。

11.2.5 境外上市

境外上市是指国内公司在境外证券交易所公开上市，向境外投资者发行股票融资成功。我国境外上市分为直接上市与间接上市两种模式。直接境外上市主要指国内公司直接向国外证券机构申请挂牌上市交易。间接境外上市是指国内企业注册境外公司，通过境外公司收购、股权置换等方式获得国内企业资产，并以境外公司在境外交易所上市。

境外上市地通常会选择美国和中国香港，我们重点看看两地上市的财务性指标（见表 11–3），从而了解怎样将其用于指导企业战略目标的制定。

表 11–3　美国和中国香港上市财务指标

上市地	情形	市值	净利润	营业收入	现金流净值
香港创业板	标准一	市值最低须达 5 亿港元	上市前三年累计 8 000 万港元且最近一年 3 500 万港元	—	—
	标准二	市值不低于 20 亿港元	—	近一年收入不少于 5 亿港元	近三年经营活动现金流入净额不低于 1 亿港元
	标准三	市值不低于 40 亿港元	—	近一年收入不少于 5 亿港元	
	标准四	市值不低于 1.5 亿港元	—	—	近两年现金流入净额不少于 3 000 万港元
美国纽交所主板	标准一	—	上市前三年累计 1 亿美元且最近两年每年不低于 2 500 万美元	—	—
	标准二	市值不低于 5 亿美元	—	近一年收入不少于 5 亿美元	上市前三年累计 1 亿美元且最近两年每年不低于 2 500 万美元
	标准三	市值不低于 7.5 亿美元	—	近一年收入不少于 7.5 亿美元	—
美国纳斯达克全球市场	标准一	公众股市值不低于 800 万美元	过去一年或三年中两年平均利润不低于 100 万美元	—	—

续表

上市地	情形	市值	净利润	营业收入	现金流净值
美国纳斯达克全球市场	标准二	公众股市值不低于 1 800 万美元，且股东权益不低于 3 000 万美元			
	标准三	总市值不低于 7 500 万美元，公众股市值不低于 2 000 万美元			
	标准四	公众股市值不低于 2 000 万美元，过去一年或三年中两年平均总资产和总收入不低于 7 500 万美元			

从表 11-3 中可以看出，不同境外上市地的财务指标要求各有侧重，企业在选择上市地点时需根据自身实际情况和战略目标进行考量。例如，若企业净利润和营业收入较为稳定，但现金流状况一般，则可能更适合选择香港主板的标准一或标准二；若企业市值较高，但盈利能力尚未完全释放，可以考虑美国纽交所主板的市值标准。

因此，企业在制定境外上市战略时，应深入分析各上市地的财务指标要求，结合自身的财务状况、市场定位、融资需求以及长期发展规划，选择最合适的上市地点和路径。同时，还需注意不同市场的监管环境、投资者偏好以及法律文化差异，确保上市过程顺利，并能在上市后有效融入国际市场，实现企业的可持续发展。

11.3 战略目标制定

企业在围绕股权战略制定企业未来 3 ~ 5 年的战略目标时，一般会涉及企业的财务目标、产品目标、组织目标、人才目标。现在，我们就从这个角度出发，采用鱼骨图分析法对公司战略目标进行拆解，直至目标到“人”。

在制定企业战略目标时，不同的发展路径和选择需要匹配相应的战略规划和目标分解。比如，通过股权价值定位分析选择传承的企业，需制定可传承的条件；选择管理层回购的企业，需逐步释放股权比例；选择国内上市的企业，需选择上市地和板块，并根据上市财务指标制定出可实现的目标和战略措施；选择海外上市的企业，需搭建海外上市架构和业务重组，尽可能实现境外资产证券化目标。

那么，在制定战略目标时，我们应该用哪些具体的方法来进行分析呢？在前文中，我们就已提到，采用鱼骨图分析法可以有效地将战略目标分解为更具体、更可操作的子目标。

接下来，我们以新三板连锁酒店公司为例，并假设以两年北交所 IPO 为目标，运用鱼骨图分析法分解其战略目标，则可以按照以下步骤进行（见图 11-9）。

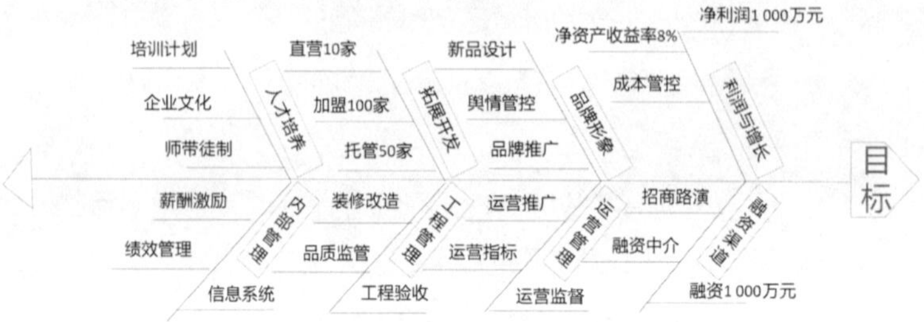

图 11-9　连锁酒店战略目标分解鱼骨图

第一步：根据股权价值定位，确定本年度财务指标。

第二步：采用头脑风暴法，选取对企业战略目标影响最大的 8 个因素，如图 11-9 中的人才培养、拓展开发、品牌形象、内部管理、工程管理、运营管理、融资渠道和利润与增长。

第三步：将影响战略目标的主要因素再向下分解为更加详细的因素，绘制成中骨，通常细化成可执行的目标。以“利润与增长”为例，可以分解为净利润目标 1 000 万元、净资产收益率 8%、加强费用预算和成本管控。

第四步：画出中骨后，仅仅把战略目标整体的框架梳理出来，还需要进一步分解，分解至每一个执行部门或个人，再按时间分解至月度、季度目标，最终构成一整套完整的股权战略目标。

通过运用鱼骨图分析法,企业可以将战略目标分解为一系列具体、可执行的目标，并明确责任人和时间节点，从而确保战略目标的实现。

11.4 公司市值预测

在做完目标制定后，我们就需要做公司市值预测了。一般来说，公司市值预测一般都是基于公司三年申报期财务指标的预测值，并参考同行业上市公司 IPO 时市盈率倍数进行的。

下面，我们以某轮滑电商公司股权战略为例，来具体分析如何对公司市值进行预测。

某轮滑电商公司股权战略定位于创业板，战略目标规划为“三年成长期 + 三年辅导期”实现七年 IPO 目标，2024—2026 年为三年“成长期”（每年营业收入复合增长率保持在 30% 以上，净利润率保持在 12% 以上），2027—2029 年为三年“辅导期”（每年营业收入复合增长率保持在 20% 以上，净利润率保持在 10% 以上）。公司市盈率也随着市场规模扩张而提升，参考同行 IPO 平均市盈率倍数为 35 倍，2030 年公司 IPO 时市值能达到 47.83 亿元（见表 11-4）。

表 11-4　轮滑电商公司市值预测

年份	2023	2024	2025	2026	2027	2028	2029	2030
营业收入（万元）	30 000	39 000	50 700	65 910	79 092	94 910.4	113 892	136 670.97
净利润率	12%	12%	12%	12%	10%	10%	10%	10%

续表

年份	2023	2024	2025	2026	2027	2028	2029	2030
净利润（万元）	3 600	4 680	6 084	7 909.2	7 909.2	9 491.04	11 389.2	13 667.09
市盈率	8	8	8	8	15	20	25	35
估值（万元）	28 800	37 440	48 672	63 273	118 638	189 820	284 731.2	478 348.41

注：三年成长期（复合增长率 30%），三年辅导期（复合增长率 20%），2030 年申报 IPO。

通过上述分析可以看出，该轮滑电商公司通过明确的增长目标和合理的财务规划，在 7 年内实现了从成长期到辅导期的顺利过渡，并预计在 2030 年 IPO 时达到 47.83 亿元的市值，这不仅体现了公司战略规划的成效，也展示了市值预测在企业股权战略中的重要性和实际应用。

11.5 合伙人规划

根据战略目标分解，我们还需要进一步优化企业组织架构，并将公司人才划分为舵手团成员、战略管理层、任务管理层和任务执行层四个层次。

舵手团成员通常为公司副总经理级及以上人员构成；战略管理层为一级中心部门总监构成；任务管理层由各大部门经理级人员构成；任务执行层由各大部门主管或核心骨干构成。根据战略目标分解，对现人才进行盘点，并制订人才编制计划，拟订合伙人招募计划。以下是一份合伙人人才规划表模板（见表 11-5）。

表 11-5 合伙人人才规划

部门	舵手团成员		战略管理层		任务管理层		任务执行层	
	职位	人数	职位	人数	职位	人数	职位	人数
总裁办	总经理	1						
	副总经理	3						
	董秘	1						
供应链中心			总监	1				
采购部					经理	1	骨干	1
仓储中心					经理	1	骨干	1
研发中心			总监	1	经理	1	技术骨干	5
人力资源中心			总监	1	经理	1	骨干	1
销售中心			总监	4				
海军					经理	1	骨干	2
陆军					经理	1	骨干	2
空军					经理	1	骨干	2
设计					经理	1	骨干	2
财务中心			总监	1	经理	1	骨干	2
品牌部			总监	1				
市场部			总监	1				

部门	舵手团成员		战略管理层		任务管理层		任务执行层	
	职位	人数	职位	人数	职位	人数	职位	人数
信息中心			总监	1	经理	1	骨干	2
法务中心			总监	1				
合计人数		5		12		10		20
上市后人均市值（万元）		5 000		2 000		800		400
上市后市值合计（万元）		25 000		24 000		8 000		8 000
激励股占比		5.23%		5.02%		1.67%		1.67%

通过上述合伙人人才规划表，企业可以明确各层级合伙人的关键职责和人数，同时结合上市后的市值预期，合理规划股权激励方案。这样的规划不仅有助于激发团队的积极性和创造力，还能确保公司在上市过程中人才结构的稳定性和持续性，为企业的长期发展和市场竞争力提供坚实的人才支持。

因此，在做合伙人规划时，企业要始终秉持“以终为始”原则，测算股权激励总量。根据不同城市的生活水平和高管的薪资结构，以及激励对象对上市后个人财富的心理预期情况，模拟出上市后不同层次的人均市值。

11.6 资本运作

公司股权价值不仅需要从核心竞争力、团队的凝聚力和市场占有率进行塑造，更需要通过外部资源整合、上下游产业链的合作、产业链并购等资本运作，来提升股权价值。

11.6.1 资源整合，产业合伙

资源整合和产业合伙是企业快速发展的重要策略，尤其在初创阶段和市场竞争激烈的行业中显得尤为关键。以下我们通过蒙牛的案例具体了解一下。

1999 年，牛根生[1]离开伊利集团，随后创办了蒙牛乳业（集团）股份有限公司（以下简称“蒙牛”）。创办之初，牛根生根本没有工厂、奶源甚至品牌知名度。然而，牛根生运用资源整合的方式，让蒙牛迅速成为国家农业产业化重点龙头企业和乳制品行业龙头企业。

蒙牛用品牌担保，包销农民生产出的牛奶，让农民用信用社贷款买牛，没花一分钱，让 300 万名农民为蒙牛养牛，解决了奶源问题。蒙牛还与乳品生产厂合作，将工厂、设备等生产资源化为己用，解决了生产问题。此外，蒙牛还通过个体户投资买车，解决了运输车问题。蒙牛还通过股权吸引土地资源入股，再明股实债吸引银行资金，并通过经销商股权激励整合了业务资源（见图 11-10）。

1 牛根生，汉族，1958 年 1 月 25 日出生于内蒙古呼和浩特。企业家、慈善家，内蒙古蒙牛乳业集团创始人。曾任蒙牛乳业非执行董事。

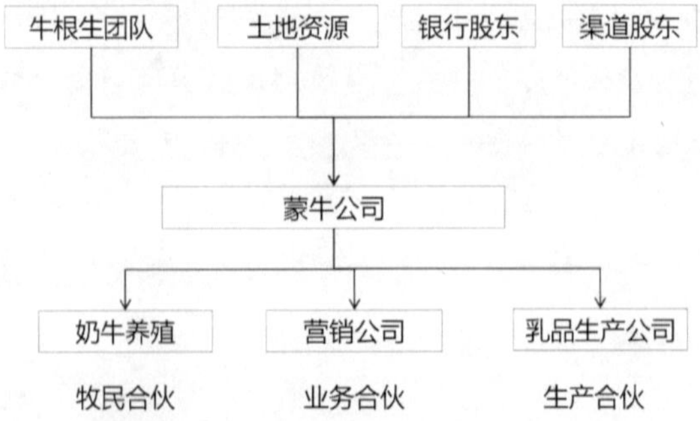

图 11-10　蒙牛公司资源整合示意

从图 11-10 可知，蒙牛通过资源整合和产业合伙的策略，实现了资源的最大化利用和互惠互利，这种创新的商业模式不仅快速解决了创业初期的多重难题，还为其后来的快速发展和行业领导地位的确立奠定了坚实的基础。

牛根生的成功案例充分展示了企业家精神和资源整合能力在现代企业发展中的重要性。因此，对于企业家来说，创业的过程也是资源整合的过程，能把一切可用的资源整合过来为己所用，就是成功。每整合一种资源，企业的护城河就加深一分，企业的股权价值就提升一分。

11.6.2 经销商激励，跑赢竞争对手

在当今激烈的市场竞争中，企业之间的较量不仅是产品和资本的比拼，更是对渠道控制和市场响应速度的挑战。经销商作为连接企业与市场的重要桥梁，其积极性和效率直接影响企业的市场表现。因此，如何有效激励经销商，使其与企业形成合力，共同在市场上快速奔跑，成为企业战略规划中的关键一环。

接下来，我们将通过泸州老窖的案例，深入探讨经销商股权激励如何成为企业跑赢竞争对手的加速器。

泸州老窖股份有限公司（以下简称“泸州老窖”）自 2004 年开始采用经销商股权激励的模式，有效绑定经销商与企业利益，让其快速实现跨越式发展，其发展过程主要划分为两大阶段。

第一阶段（2004—2012 年）：建立柒泉模式 1.0，绑定经销商。

首先，泸州老窖定向增发，授予经销商期权激励，经销商每卖一瓶酒能赚产品的差价，还能赚股权溢价。

随后，泸州老窖鼓励区域销售人员与经销商共同出资设立泸州老窖核心品牌，即专营品牌的柒泉营销服务公司，最终共同设立了 7 个省的柒泉营销服务公司。泸州老窖销售公司向柒泉营销公司按出厂价供货，柒泉营销公司按批发价向经销商供货，经销商再向销售终端进行分销。经销商可以赚取零售价与批发价的价差收益，还能享有柒泉公司分红和泸州老窖的股票分红与增值。

第二阶段（2015—2018 年）：升级柒泉模式，强势回归。

首先，与柒泉公司中优秀经销商组建品牌专营公司，如国窖品牌专营公司、窖龄品牌专营公司、特曲品牌专营公司。

随后，品牌专营公司下设数十家专营子公司，负责各个区域销售渠道，子公司下只设一级经销商或团购商或终端。

通过泸州老窖的经销商股权激励案例可以看出，这种模式不仅增强了经销商的忠诚度和销售动力，而且通过利益共享极大地提升了销售效率和市场竞争力。泸州老窖的柒泉模式有效地将经销商转变为公司的合作伙伴，实现了厂商与经销商之间的深度绑定，这种创新的激励机制帮助泸州老窖在激烈的市场竞争中跑赢了竞争对手，实现了品牌的快速增长和市场份额的扩大。

12

第 12 章
股权合伙落地实施

同一件事，操作顺序的不同，会给人截然不同的感受。

就像我们实施合伙人制度时，常常会收到这样的咨询："是在实施股权合伙时融资好呢，还是融资时实施股权合伙好呢？"前者，实施股权合伙时融资，说明公司股权值钱，有外部机构认可股权价值；后者，公司融资的同时还在做股权合伙，会让人误以为公司缺钱了，做完股权融资再合伙，股价就会涨得太高。

因此，落地股权合伙方案的好坏将会决定企业股权价值的高低。股权合伙方案落地得好，是能够凝聚人心、吸引优秀人才、提升和股权价值，能做到股散人聚的；股权合伙方案落地得不好，将给企业带来人才流失，让员工对企业丧失信心，造成业绩波动、股散人散的。

因此，在落地实施股权合伙方案时，我们要把握好以下几点：有信心、有决心；懂分配、要合理；知动态、看未来；能实施、会运用。

12.1 有信心、有决心

掌舵人和合伙人要有经营好企业的信心，要有落地实施好股权合伙方案的信心，要有塑造好企业股权价值的信心。同时，要有坚决贯彻落实股权合伙方案的决心，要有破釜沉舟般的决心。

12.1.1 合伙人有信心

王通[1]在其《中说》中提到："以利相交，利尽则散；以势相交，势败则倾；以权相交，权失则弃；以情相交，情断则伤。唯以心相交，方能成其久远。"这告诉我们，当我们寻找合伙人时，以金钱相交，找到的是唯利是图之辈；以势力相交，找到的是狐假虎威之辈；以权力相交，找到的是机关算尽之辈；唯有找到三观正且一致的合伙人，才是企业做正、做久之道。

合伙人与企业之间"以心相交"的方式就是企业文化的熏陶与认可，对企业有信心、有信仰时，才能打造出无坚不摧的团队。企业的信仰来自企业的使命、愿景和价值观。

企业的使命可以理解为企业"是什么""应该做什么""存在的意义"。例如，华为的使命是"聚焦客户关注的挑战和压力，提供有竞争力的通信解决方案和服务，持续为客户创造最大价值"。阿里巴巴的使命是"让天下没有难做的生意"。

企业愿景可以理解为"要成为怎样的企业"，即企业的未来状态和理想目标。例如，迪士尼公司的愿景是"成为全球的超级娱乐

1 王通（584—617 年），字仲淹，又称文中子，隋朝时期著名教育家、思想家。王通死后，众弟子为了纪念他，弘扬他在儒学发展中所作的贡献，仿孔子门徒作《论语》而编《中说》（又称《文中子中说》《文中子》等）一书，用讲授记录的形式保存下王通讲课时的主要内容。

公司”。

企业价值观可以理解为“企业应该如何做”“企业的基本信念”“企业的行为准则”。例如，联想集团的价值观包括“成就客户、创业创新、精准求实、诚信正直”。

企业使命、愿景、价值观不仅能指导企业的战略方向，更是企业股权价值的起点，也是合伙人信心的源头。一家集饲料、种鸡种猪养殖于一体的企业，传统的养殖企业具有周期性强、风险高等特点，为了改变传统的养殖企业背景，该企业将其使命调整为了“综合良种繁育服务商”，摇身一变，就成为动物育种科技公司，企业的股权价值得到了极大的提升，合伙人的信心也随之增长。其根本原因就在于，“综合良种繁育服务商”给了合伙人更多的想象空间和信心，看清了企业股权战略价值。

因此，塑造好企业的未来与梦想，合伙人对企业就越有信心，越有信心就越愿意合伙，越愿意合伙就越愿意看重事业的长期性与稳定性，就更倾向于追求事业的成功与认同感。

12.1.2 掌舵人有信心

企业在追逐梦想的航船上，所有合伙人，都是划桨者、搏击者，唯有在掌舵人指挥下喊着同一个号子，朝着同一个方向，同舟共济、击水弄潮，方能在新时代的浪潮中，赢得主动、赢得优势、赢得未来！掌舵人的任何一个决定，将影响整只航船的行驶。好的掌舵人一定是充满自信的。自信的掌舵人能够挖掘到比他更聪明、更有经验和更有能力的合伙人；他能够听取团队的建议，弥补自身的不足，做出正确的决定。不自信的掌舵人会躲避、犹豫不前，在用人上会选择听话易控制的人。

在实施落地股权合伙时，掌舵人信心不足主要是因为对股权合伙的认知不足，从而产生许多顾虑和担心，这些顾虑通常表现为以下几方面。

1. 分配股权时，担心失去控制权

以股权激励方式授予员工激励股（实股）时，激励对象持有有限合伙企业财产份额，再通过有限合伙企业间接持有公司股权。有限合伙企业执行事务合伙人或普通合伙人，代表所有激励对象参与公司股东会，并行使表决权和签字权。如果激励股来源于实控人转让，则实控人在股东会的投票权保持不变；如果激励股来源于增资扩股，则实控人在股东会的投票权增加，对公司的控制权不减反增。

2. 实股激励时，担心不好退出

有限合伙企业行为主要受《中华人民共和国合伙企业法》与《合伙协议》的约束，有限责任公司行为主要受《公司法》与《公司章程》的约束。合伙人可以在合伙协议中对合伙人的入伙、退伙、财产份额继承及对外转让作出更严格的规定。

同时，可以约定自《合伙协议》签署之日起，如有限合伙人退伙情形，则普通合伙人有权回购有限合伙人所持全部或剩余合伙企业财产份额，并应在接到普通合伙人通知后配合本合伙企业办理工商变更手续，否则视为违约，违约金为其取回财产价值的 0.1%/ 天，并且普通合伙人有权决定不对其进行任何利润分配。在合伙协议的约定下，即使合伙人不愿意配合工商变更，也不享有股东的任何权益，不影响公司的正常运营。

3. 用股权激励，还是用现金激励？

短期激励最好的方式，就是现金激励。现金激励对于合伙人来说是最松散的合作关系，因为奖金薪酬并非不可或缺的，从竞争对手那里也能获得。而股权不仅不花钱，还让合伙人投钱进入公司，是一种得钱的激励。激励对象投资入股至公司，在公司有一份恒产，激励对象个人收益与公司整体收益形成深度的捆绑关系，公司多赚钱，个人就多分红，公司亏钱，则个人共同承担经营亏损。

因此，股权激励优于现金激励，前提条件是激励对象给公司投钱，而不是公司赠送激励对象股权。对于激励对象而言，赠与的股权即使损失了也不心疼。当然，股权激励目的在于留人用人，激励对象出资困难时，可以采用其余办法让激励对象在不影响生活的前提下出资入股，比如，可以协商约定投资款从月薪中扣除，可以分期支付、分红回填或向实控人个人借款。

4. 实施个别持股，还是全员持股?

授予股权的激励对象一定是对公司有能力的、有贡献的，而不是全员持股。因为股权本身是稀缺品，不是人人都可以持有，但是人人都有机会持有。目前，华为是持有股权最多的企业，持有股权的人数达到 8 万多人，但仅仅占总员工数的 50%。那么，全员持股是否能够实现呢？当全员的年终奖与公司经营净利润挂钩时就能全员持股，净利润目标达成时，提取一定比例利润作为可分配利润，进行按劳分配，也可以理解为干股的全员激励。

5. 害怕股东随意要求查账

《公司法》规定，股东可以要求查阅公司会计账簿、会计凭证。股东查账，应当向公司提出书面请求，说明目的。公司有合理根据认为股东查阅会计账簿、会计凭证有不正当目的，可能损害公司合法利益的，可以拒绝提供查阅，并应当自股东提出书面请求之日起 15 日内书面答复股东并说明理由。公司拒绝提供查阅的，股东可以向人民法院提起诉讼。

通过有限合伙企业持股平台持有公司股权，有限合伙人可以查阅有限合伙企业的财务情况，若想要了解其投资公司股权价值，则需要聘请评估公司进行股权价值评估；普通合伙人可以要求查阅公司会计账簿、会计凭证。因此，建议最少每一季度召开股东会，就公司财务报表和财务情况进行沟通确认，所有股东无异议的情况下签章确认，及时规避追究历史账、会计凭证缺失和费用支出事项不清晰等问题。

6. 员工持股后，“躺平”怎么办？

股权激励是希望员工持股后，能够从主人翁的角度为公司经营发展贡献力量，持续性为公司创造价值，而不是持有股权后坐等分红、坐享其成。为防止合伙人“躺平”、躺赢，需要设定公司层面和个人层面的考核体系，只有两者均达到预期才可实行分红、行权、注册、继承等权力。

12.1.3 掌舵人要有决心

自古以来，改革的成功与否，取决于掌舵人对改革的决心。秦孝公一心壮大秦国，全力支持商鞅变法，最终改变秦国面貌，使新法深入人心。而清朝光绪帝主持的戊戌变法仅仅维持百日就失败，除了慈禧太后的强烈抵制，他自身的决心不够也是一大因素。

一家企业在人才流失严重、人才引不进来、业绩和利润不增反减、没有新增长点的情形下，如果掌舵人还不进行股权合伙，那么面对的将是企业的逐步消亡。当然，改革总是有阵痛期的，想必大家都知道《扁鹊见蔡桓公》[1] 的故事，这个故事便告诉了我们“长痛不如短痛，养痈必然遗患”。

股权合伙肯定有阵痛，但必会迎来新生；不释放股权或许能安享一定周期内的红利，却损失了长期的股权价值。同时，股权合伙

1 《扁鹊见蔡桓公》是战国时期思想家韩非创作的一篇散文。此文讲述了蔡桓公讳疾忌医，最后病入骨髓、体痛致死的寓言故事。意在告诫世人特别是为政者，应该勇于正视现实，直面个人灾难、社会危机，及早采取救治措施。

并不是一蹴而就的，而是一件长期的事，是需要“立木建信”[1]建立员工的信任机制，是需要“以终为始”塑造股权价值，是需要“三位一体”建立合伙人的筛选机制，是需要“动态调整”建立合伙人的考核体系，是需要“设身处地”设计合伙人的退出机制。

在股权改革过程中，总是有一些人离去或反对，只有掌舵者异于常人的决心才能成功。

12.1.4 案例分析：“瀚川智能”如何循序渐进培养合伙人

苏州瀚川智能科技股份有限公司（以下简称“瀚川智能”）成立于2007年，聚焦汽车电动化、智能化领域，为汽车、新能源等领域用户提供自动化装备、核心零部件和工业软件整体解决方案及服务。它于2019年成功上市，是科创板首批上市企业。瀚川智能确定2021年7月1日为股权激励首次授予日，授予价格为8.82元/股，向符合授予条件的98名激励对象授予180万股限制性股票；确定2023年9月20日为股权激励预留授予日，授予价格为12.34元/股（调整后），向符合授予条件的14名激励对象授予50.966万股限制性股票。

瀚川智能授予的112名激励对象，是通过层层筛选和培养的，在上市前就建立起合伙人的培养体系，先参与期股或干股激励，通过层层考核才有机会转为实股，最终成为工商注册股东（见图12-1）。

1　指“商鞅立木建信”的历史典故。它是战国时期在秦国发生的一个事件，讲述的是变法新法规颁布前，商鞅担心老百姓不相信，就命人在国都市场的南门立了一根三丈高的木头，用十金招募能把它搬到北门的人。但百姓没有人敢去搬动，于是商鞅又下命令将赏金提升至五十金。终于有一个人把木头搬到了北门，商鞅立即赏了他五十金。商鞅用这个办法表明新法令不会欺骗百姓，这才公布了新法。

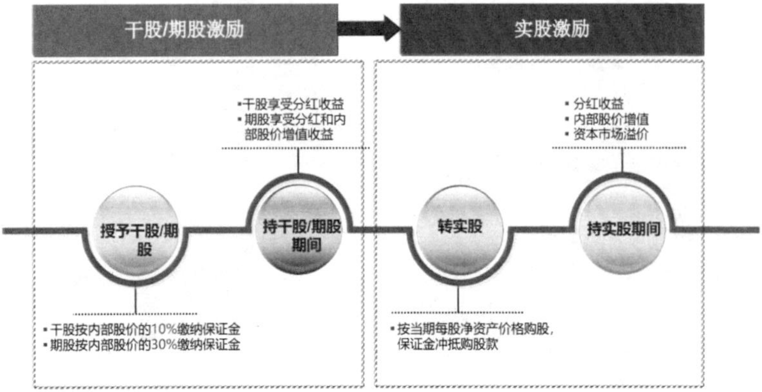

图 12-1　合伙人筛选培养体系

瀚川智能通过精心设计的合伙人筛选培养体系，实现了从员工到合伙人的转变，这种循序渐进的培养机制不仅确保了激励对象的质量和忠诚度，还促进了公司文化的传承和战略目标的实现。通过这种方式，瀚川智能成功地将员工的个人发展与公司的长远利益紧密结合，为公司的持续创新和行业领导地位的巩固奠定了坚实的人才基础。

12.2 懂分配、要合理

股权合伙不是论资排辈，也不是任人唯亲，而是一种责任的分担，更是岗位价值的认可。如果股权分配不合理，企业一定少不了烦恼。合理的分配规则也不一定能够解决所有的不公，只有根据每个企业的实际情况和激励对象的预期量体裁衣。

12.2.1 股权无小事，合理来分配

我们可以通过“沙漠分钱币”的故事，来看看股权分配的合理性。

一位商人走在沙漠中，干粮和水都用完了，袋子里只剩7个金币。正在他饿得走不动的时候，遇上了分别带4个饼和3个饼的甲、乙两位路人。商人在甲、乙两位路人的帮助下，顺利走出了沙漠。为了感谢他们，商人把7个金币送给甲、乙两人，让他们自己分配。

甲认为应该按各自出的饼数分配金币，即甲4个金币，乙3个金币。

乙认为沙漠中大家的贡献都一样，都是倾其所有，应该平分，即每人3.5个金币。

甲、乙两人争论不下，商人为了不伤害恩人的感情，请了名智者进行协调。

智者设计了一套金币分配方案，把每块饼分成3份，那么甲有12份，乙有9份，共21份，每人吃7份。甲、乙自己吃7份，剩下的给商人，甲能给商人5份，乙只能给商人2份。按科学的方案分配，甲应该分5个金币，乙分2个金币。

智者告诉乙，按贡献价值来说，你只能分到2个金币，现在甲觉得你的理财能力强，愿意多分1个金币给你，期望你能带他理财。

智者又告诉甲，按贡献价值来说，你是能分到5个金币的。但是乙具有生金之术，未来能够帮你赚到更多的钱，前提是你能多分给他1个金币。

在智者的帮助下，甲、乙两人同意按4∶3的比例进行分配，双方还一起合资设立公司，由乙担任总经理，共同创业、共同分享。

在这个故事中，智者扮演着第三方咨询机构的角色，从价值贡献角度上还原分配金币事实（甲拿5个，乙拿2个），从未来投资价值和心理预期上说服甲方接受4个金币，从金币事实和甲方合作意向上说服乙方接受 3 个金币。

因此，股权合伙合理分配股权时，不能光讲原则，也不能光讲情怀，而是应该在科学合理的分配原则下，分步实施、单点突破、全面推行，推进股权分配事宜。

12.2.2 股权分配规则

在企业实施股权激励计划时，股权分配规则的设计至关重要，它不仅关系到激励效果的实现，还涉及公司的长远发展和员工的切身利益。那么，股权分配时一般有哪些比较具有实操性的规则呢？

1. 按岗位价值分配

根据岗位层级、岗位类型、人岗匹配度、绩效考核、历史贡献度、公司级别系数、个人特殊贡献等多维度衡量出每个拟激励岗位的价值贡献。科学合理的分配原则不仅能让激励对象信服，还能让未参与的激励对象了解股权分配。

未来激励对象要想获得更多的股权，可以提升不同维度的岗位价值，这就有了更清晰明了的努力方向。而且，让激励对象知晓公司重视岗位价值，对于新、老员工都是一视同仁，同样也规避了“拍脑袋”式的股权分配，避免“不患寡而患不均”的局面。

2. 按股数分配，不按百分比分配

授予激励对象 1 万股，每股 1 元的分配方式，称为绝对数授予，激励对象所获得的股份数量永远不会变。无论公司总股数是否增加或者减少，其个人已获得的股数保持不变，只是他所持有的股权比例自然被稀释了。

授予激励对象 1% 的股权，价值 10 万元的分配方式，称为相对数授予。此种方式是常用的方式，但往往忽略了公司员工对股权认知的不足。企业家眼中的 1% 与激励对象眼中的 1% 股权完全不一样，企业家认为在创业时期授予的股权1%随着多轮的股权稀释，股权比例远远低于1%，而激励对象认为个人持有的1%就是不变的。

3. 股权分配需造势，塑造股权稀缺性

股权分配方案设计好之后，需要宣传造势，塑造股权的稀缺性。

首先，要公示首期入选合伙人名单的条件，让员工根据自身情况对号入座，符合条件的可以提交股权激励入股申请书，不符合条件的可以根据公司规章制度进行职级重新评定或岗位调整，以期达到激励条件，离激励条件较远的则可以以此为标准，提升自身的岗位价值和能力，争取下一批入选。

其次，股权合伙方案培训，向拟激励对象进行公开正式的股权激励方案宣讲培训，让其认识到股权的价值，股权激励的形式，股权分配的原则，股权出资认购的方式，股权分红、兑现、行权的条件和股权退出的机制。

再次，对符合激励资格的对象进行资格认定，告知公司授予的股权数量，确认激励对象愿意认购的股权数量，最好能够留有一定的时间让激励对象回家商议，确保激励对象的家人也知晓其成为股东的事，不仅能有效提升家庭地位，还能得到家人的支持，避免因公司加班事宜产生不必要的家庭矛盾。

最后，举行一个隆重的股权授予仪式，正式签署股权激励制度，最好能请律师或第三方作为公证方，保证股权激励的权威性，提升激励对象对股权价值的认同感，吸引其余员工对股权的重视度。

4. 第三方或人力资源作为执行者

股权分配时，不可能保证所有激励对象都满意，只能尽可能地保持公正、公平、公开。在这个过程中，要么是第三方咨询机构在推动执行，要么是公司人力资源部门在推动执行，一定不要是实际控制人主导，否则不满意的炮火集中到实际控制人，实际控制人将没有太大的缓和余地。

实际控制人也要全权授权给第三方和人力资源部门推动执行，不要因为个别人员的人情需求而破坏了整体的股权激励方案。股权分配原则如若轻易变更，将变得不再严谨和神圣，可能带来全盘皆输的局面。

12.2.3 案例分析："容百科技"凝聚人心的股权合理分配

宁波容百新能源科技股份有限公司（以下简称"容百科技"）是一家高科技新能源材料行业的跨国型集团公司，专业从事锂电池正极材料的研发、生产和销售，由中、韩两支均拥有20余年锂电池正极材料行业成功创业经验的团队共同打造，公司于2019年7月22日登陆上交所科创板，成为科创板首批25家上市公司之一。

容百科技十分重视对高科技型管理人才的培养和激励，在上市前就实施股权激励，而且制定了严格的合伙人筛选体系。

首先，确定甄选原则。优秀的经营负责人、技术（研发）骨干、业务骨干、管理骨干、优秀的技术工人，以及非常有潜力的新人是激励的重点。

其次，制定激励对象入选的标准。

①岗位级别：至少在五级以上。

②业绩条件：上一年度考核成绩70分以上。

③一年内没有受到严重警告以上处分的。

④具备特殊才能、突出贡献或特别有潜力的员工。

⑤符合以上四个条件的激励对象，如有入股意愿，需续签三年服务期并签署相关配套性协议。

最后，激励对象办理资格确认手续。

①部门负责人提名。

②人力资源中心审核，并补充提名拟激励对象。

③上级的上级领导审核，并补充提名拟激励对象。

④分管高层进行复核。

⑤股权激励提名委员会审核。

⑥董事会确认股权激励方案和拟激励对象名单。

⑦股东会审批股权激励方案和拟激励对象名单。

容百科技通过明确的甄选原则和严格的筛选体系，确保了股权激励计划的公正性和有效性，这种合理且透明的股权分配机制不仅凝聚了公司核心团队，也激发了员工的积极性和创造力。通过这样的股权激励，容百科技成功地将个人目标与公司发展紧密结合，为公司的持续创新和行业竞争力的提升提供了强有力的人才支持和团队凝聚力。

12.3 知动态、看未来

在实际咨询案例中，我们的团队一直秉持“以终为始”的理念进行股权合伙方案设计，即根据公司现状，规划未来 3 ~ 5 年期望达到的三年营收和净利润的保底目标、平衡目标和冲刺目标；依据战略目标的实现情况测算合伙人的股权分红和价值，并根据不同的战略目标，进行合伙人股权价值回报测算，最终确认激励对象的个量问题。简单来说，就是假设公司完成冲刺目标，合伙人股权价值与其五年薪资总和为 1 ：1，那么，我们就要计算激励对象需持有多少股权。

基于此种理念，我们发现在落地实施过程中，公司的组织架构、人事任命、人员结构、业绩目标、考核标准、合伙人预期值都在不断的调整中，未来的规划与现实总是有差距的，那么就需要有一套动态的调整机制，持续优化股权合伙方案，持续激励有价值贡献的合伙人。

12.3.1 职级升降

在企业管理和人力资源发展中，职级的升降是一个重要环节，它直接关系到员工的薪酬、福利以及职业发展路径。对于实施股权激励计划的企业而言，职级变动对员工所持有的股权激励股份则会产生直接影响。

1. 职级升职

在激励期内，若激励对象职位升迁，在满足入围条件和有预留股的情况下，参照新岗位的激励标准，按当期内部股价增授相应激励股，缴纳增授部分保证金或出资款，对应公式如下：

$$Q = Q^0 \times N^1/N^0$$

其中，Q^0为调整前的激励股数；N^0为调整前的个人分配系数；N^1为调整后的个人分配系数；Q为调整后的激励股数。增授激励股为$Q-Q^0$。

2. 职级降职

在激励期内，若激励对象被降职或降级，在满足入围条件的情况下，参照新的岗位调整激励股数量，在岗位调整后的最近窗口期内，公司有权收回激励对象所持超出新岗位持股标准的激励股，并退还相应保证金或出资款，未分配收益不兑现，并纳入预留股统一管理，对应公式如下：

$$Q = Q^0 \times N^1/N^0$$

其中，Q^0为调整前的激励股数；N^0为调整前的个人分配系数；N^1为调整后的个人分配系数；Q为调整后的激励股数。减少激励股数为Q^0-Q。

若激励对象被降职至非激励岗位，则其持有的全部激励股自动灭失，公司退还保证金或出资款。

12.3.2 岗位调动

若激励对象调任至其他激励平台，调动当月，激励股由原所在持股平台按当期内部股价收回，并纳入预留股统一管理。调动当月开始按照新平台的激励标准及激励模式参与激励。激励对象发生调动情形时，其当年个人分红额按激励股持有期间进行分期计算。

举例：激励对象于当年9月调动至新平台，调动前在原平台持股数量为6万股，每股分红1元；调岗后在新平台持股数量为8万股，每股分红0.5元。则该激励对象当年个人分红额=6×1×9÷12+8×0.5×3÷12=5.5（万元）。

通过这样的岗位调动股权处理机制，企业能够确保激励对象的股权收益与其实际贡献相匹配，同时保持股权激励计划的连续性和公平性，激励员工在新岗位上继续发挥潜力，为公司创造更大价值。

12.3.3 绩效考核

个人绩效考核根据岗位不同，若产生以下任意一种情况，则视为考核不合格。

①根据晋降制度，被降级。

②根据绩效评估，个人考核KPI总分数达不到最低要求，具体以公司KPI考核方案为准。

若个人考核不合格，那么我们则可以对其所持激励股做以下处理，具体系数及得分如表 12-1 所示。

①激励股当年不得申请行权、不得兑现。

②若激励对象连续两年考核均不合格，则其所持全部激励股由公司按原始购股价与当期内部股价的孰低者进行回购。

表 12-1　个人年度考核结果影响表

个人年度 KPI 考核得分 F	个人分红系数	行权与兑现调整
90 分< F ≤ 100 分	1.0	正常行权或兑现
80 分< F ≤ 90 分	0.9	
70 分< F ≤ 80 分	0.8	
60 分< F ≤ 70 分	0.7	
F ≤ 60 分	个人分红系数 = 实际分数 /100	不可行权，且不可兑现

通过将绩效考核结果与股权激励直接挂钩，企业能够确保激励计划的有效性，激励员工提高工作效率和质量，也能为公司培养和保留高绩效人才提供有力工具。

12.3.4 红线条款

企业红线条款是指企业内部规章制度约定的不得触犯的条款。若触犯红线条款，轻则开除处理，重则企业追究法律责任。激励对象持有期股期间触犯红线，则公司有权立即收回其所持全部期股，不退还激励对象实缴保证金，未分配收益自动灭失。若当期内部股权价值低于原始出资额，则激励对象需按原始出资额与股权价值的差额补足损失。

激励对象持有实股期间触犯红线，则持股平台普通合伙人或其指定对象按原始出资额与当期内部股权价值的孰低者收回激励对象所持全部实股，激励对象应支付同等金额的违约金。激励对象行为给公司造成损失的，另行赔偿公司损失。

企业红线条款的设定是维护公司利益、保护商业机密和确保员工行为规范的重要手段，对于触犯红线条款的激励对象，公司便可以采取严厉措施，以儆效尤，确保企业的健康稳定发展和企业文化的正向传播。

12.3.5 持股年限

持股年限是股权激励计划中一个关键的考量因素，它直接关联到激励对象的长期承诺和对企业的贡献。通过设定持股年限，企业可以确保员工对公司的长期投入和忠诚，同时能为员工提供实现个人财富增长的途径。

激励对象持有限制性的实股，限制性的条件也可以根据激励对象的考核和持股年限进行动态调整（见图 12-2）。特别是没有上市计划的公司，股权价值的定位与激励对象事业的认同感、退休后“睡后收入”的追求密切相关。

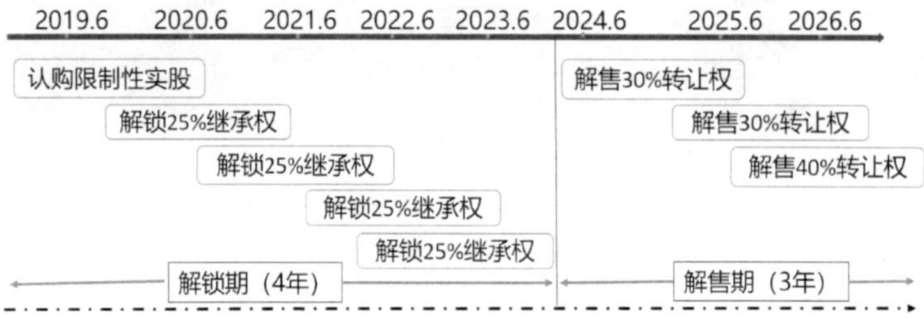

图 12-2 限制性实股继承权和转让权动态调整

因此，可以设定一定年限内解锁继承权和转让权，如四年内解锁继承权，持股年限达到四年后，可以由合伙人继承人继承，再设三年的解售期，解售公司内部股权可以转让，符合一定条件的激励对象甚至只要经过其余股东同意，便可以转让给外部股东。

12.3.6 合伙人股权价值预期调整

当激励对象不满足于现有的股权价值，希望更多的股权和更高的股权价值时，则可以进行业绩对赌，让激励对象可以在高于冲刺目标的情况下，多获股权授予。

比如，某集团公司拟招募创始合伙人，创始合伙人希望能够获得百万年薪加10%的投资股。由于新项目存在一定的经营风险和创业资金有限，无法一次性满足创始合伙人的诉求。因此，该企业设计了创始合伙人持有投资股10%、干股5%，另外再授予10%的期权（业绩目标达成可按原始估值认购公司股权）的股权合伙方案；另外，创始合伙人薪酬采用年薪制，月度基本工资与年度绩效奖金比例为60%：40%；每年度总经理年薪采用浮动薪酬，当年年薪＝上一年度年薪＋上一年度干股分红总额；创始合伙人总年薪上限为150万元。具体设计如表12-2所示。

表12-2　创始合伙人薪酬和股权合伙方案

年份	营业收入（万元）	净利润(万元)	基本工资（万元/月）	绩效工资（万元/年）	干股比例	干股分红金额/元	年薪（万元/年）
2024	2 000	100	2	16	5%	5	45
2025	24 000	500	2.25	18	5%	25	70
2026	80 000	1 600	3.5	28	5%	80	150

在实操中，通过业绩对赌和股权价值预期调整机制，企业不仅能够吸引和激励顶尖人才，还能有效地将个人目标与公司发展目标对齐，实现风险共担和利益共享，从而推动企业快速成长和创新。

12.3.7 案例分析：某知名连锁酒店动态调整防“躺平”方案

某知名连锁酒店从创业伊始就采用了股权合伙，吸引了一批又一批的战略管理层成为公司的合伙人，为了防止激励对象持有股权后躺平和躺赢，该知名连锁酒店采用了绩效考核的动态调整机制。

首先，绩效正态分布排名。参照绩效考核办法，所有激励对象（含已激励对象与拟激励对象）采用“活力曲线”进行绩效正态分布排名。依据正态分布结果，确定及调整激励股数量，其中最差的 10% 是需要优化和调整的。“活力曲线”如图 12-3 所示。

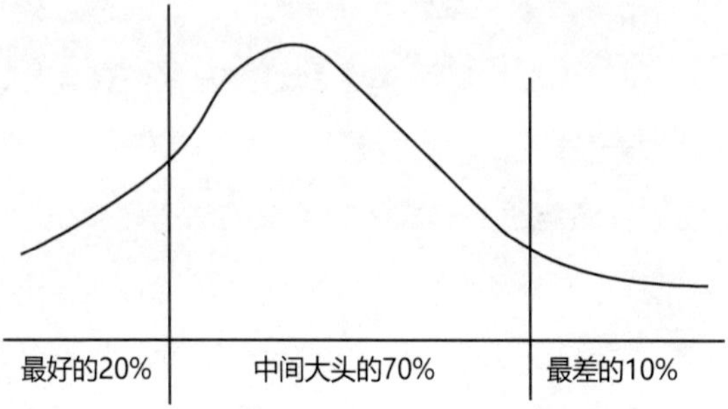

图 12-3　绩效正态分布排名活力曲线

其次，绩效排名应用。根据绩效成绩将激励对象划分为卓越、优秀、合格、需改进和不满意，每一等级对应绩效评级系数，符合增授条件的激励对象可向公司提出申请，减少股权数量则由公司统一执行。绩效排名应用如表 12-5 所示。

激励对象调整后股权数量 = 激励对象原有股权数量 × 绩效评系系数

表 12-3　绩效排名应用

考核等级	绩效评级系数
卓越：至多 5%	1.3
优秀：至多 15%	1.1
合格	1.0
需改进：至少 5%	0.5
不满意：至少 5%	0.0

若激励对象年度绩效排名结果为“需改进”，则激励对象的持股天花板减半。若激励对象连续两个年度绩效排名结果为“需改进”，则按绩效排名结果“不满意”办理退股手续。若激励对象年度绩效排名结果为“不满意”，则取消激励对象资格，公司按“激励对象因个人原因”办理退股，收回原激励对象所持有的所有激励股数量。

该知名连锁酒店通过实施绩效考核的动态调整机制，有效地避免了合伙人制度中可能出现的“躺平”现象，确保了股权激励与员工的实际表现紧密相关。这种以绩效为导向的股权调整策略不仅激励了员工持续提升业绩，也为公司培养了一支积极主动、业绩卓越的管理团队，从而推动了企业的持续发展和竞争力提升。

12.4 能实施、会运用

定制化的股权合伙方案，必定是在众多可变因素中选择最适合的因素，最终形成完整的股权合伙方案。股权合伙方案没有最优的，只有最适合的，而且需要根据企业的不同发展时期，不断地升级调整股权合伙方案。因此，设计股权合伙方案时，一定要知其然，知其所以然，灵活地实施、运用股权合伙方案。

12.4.1 因地制宜，个性化定制

股权合伙方案简单地说，就是由“股、人、时、价、量、调整、退出”七步构成，每一个激励平台均可设计一套股权合伙方案。在任何一步，都会有多种运用工具和运用情形产生，每一步的选择不同，都会构成不同的股权合伙方案。在实际落地过程中，一定要因地制宜，个性化定制适合企业的方案。表 12-4 是笔者团队在多年的股权咨询指导工作中，总结出来的股权合伙方案的可变因素。

表 12-4　股权合伙方案的可变因素

要素	股权合伙方案设计的可变因素	变化数量	设计目的
股权布局	自然利润中心、人为利润中心、成本中心平台的划分	1+N[1]套股权激励方案	关者有其股
股权激励方式	实股：限制性股票、股票期权、自然人持股、间接实股	4	划分合伙人类型，不同级别享有不同的权利
	期股：是否转实股，是否兑现增值收益	4	
	期权：是否提前兑现部分增值收益；是否转期股；是否转实股	6	
	干股：存量分红；增量分红；存量分红 + 累计制增量分红	3+N	
	增值权：内部估值兑现；外部估值兑现	2	
行权比例	1/3 ： 1/3 ： 1/3 40% ： 40% ： 20% 40% ： 30% ： 30%	N	中长期锁定

1　N 是指不确定数量，具有无限种可能的意思。

续表

要素	股权合伙方案设计的可变因素	变化数量	设计目的
授予方式	一次性授予，自主选择最低认缴比例；一次性核算，分批授予；一次性认购或分批次认购	4	股权价值的认同感
保证金比例	是否缴纳保证金	2	有恒产者有恒心
激励对象选择条件	司龄；主要业务岗位；职级；业绩贡献；历史贡献；技能；专利奖项；岗位匹配度；高潜人才；重点培养人才；绩效考核分	N	人人平等，人人有机会，人人有股权
激励周期	2 年至 5 年时间；分为锁定期、解锁期、禁售期、解售期	4	中长期目标锁定
激励平台估值	市盈率、市销率、市净率、注册资本、市场估值、现金流折现法、市梦率	7	股权价值的塑造
内部股权增长机制	销售收入、净利润、毛利润、门店纯利润、开店数量、净资产、会员数量、电商销售收入、孵化平台、投资项目数	N	股权价值数字化
股价确认方式	折扣；买一送一（送的是否同等权利，送的时间周期）	4	股权优惠
分配系数	历史贡献系数、岗位层级、岗位类型、人岗匹配度、人才盘点系数、技能等级	N	晋升通道与个人价值体现
转实股条件	五年中三年战略目标实现；每年目标完成率为 90%；上市股改前；引进资本前	N	树立正确的价值观

企业在设计股权合伙方案时，必须综合考虑各种可变因素，以确保方案的适应性和有效性。通过灵活运用以上这些因素，企业是能够大致制订出既符合自身特色又能满足员工期望的股权激励计划，从而激发团队的潜力，推动企业持续发展的。总之，一个成功的股权合伙方案需要企业深刻理解其背后的逻辑，并能够根据实际

情况进行个性化定制和适时调整。

12.4.2 案例分析：华为奋斗者承诺书

企业开始正式股权合伙时，一定要结合自身企业文化的特色，打造形成自己的股权文化。华为落地实施股权合伙后，便公示了一篇奋斗者承诺书。

华为奋斗者承诺书

作为华为的一员，我郑重承诺：

一、奋斗为了公司的发展：作为华为员工，我将全力以赴地工作，为公司的长远发展奋斗。我将以积极的态度参与各项工作，克服困难，努力创造出更大的价值。

二、奋斗为了客户的满意：我深知客户是公司的血液，没有客户的认可和满意就没有华为的成功。因此，我将尽我所能为客户提供高质量的产品和服务，不断超越客户的期望，实现客户的满意。

三、奋斗为了团队的协作：在华为，我们强调团队合作，相互支持和帮助。我将积极参与团队活动，尊重和信任团队成员，共同追求团队的目标。我将与团队紧密合作，克服个人利益和矛盾，以团队的成功为重。

四、奋斗为了个人的成长：我相信个人的成长和公司的发展是相辅相成的。因此，我将积极学习和提升自己的技能和知识，不断适应公司的变化和发展。我将主动参与培训和学习机会，争取成为更具专业素质和领导力的人才。

五、奋斗为了社会的进步：作为一家全球化企业，华为更应为社会的进步贡献自己的力量。我将尊重社会的规则和法律，积极履行企业的社会责任。我将关注环保和可持续发展，并努力为社会发展作出贡献。

在此，我郑重承诺履行以上承诺，为华为的发展和成功而努力奋斗！

华为奋斗者承诺书告诉我们，成为华为公司的股东，也就是成为一名企业家，不仅要关注个人的成长，还要关心公司的发展、客户的满意、团队的协作和社会的进步。而作为员工股东，也要有作为企业家的品质，要去做有意义的冒险，要有梦想、敢于创造、敢于面对失败，要自由地思考和行动，尽情地为企业创造价值。

第 13 章
股改上市

随着企业不断发展壮大，股权战略定位于上市的企业，也将面临新的挑战。比如主办券商的选择、辅导期内的财务规范、辅导期内的经营业绩保障、历史股权的处理、资产业务的重组、股份制改制、公司发行估值与定价等挑战。

图 13–1 企业股改上市的五个阶段

在这个过程中，如何做才能提前避坑少走弯路、有效提升股权价值、保障合伙人的利益最大化等，将是本章将要讲述的重点。企业股改上市主要分为五个阶段，分别为上市筹备、聘请中介机构、股份制改造（券商辅导）、上市核准申报材料制作及申报阶段、股票发行上市阶段（见图 13-1）。

以上的每个阶段都至关重要，需要企业细致规划和严格执行。通过这些阶段的精心准备和实施，企业才能确保其股改上市之路更加顺畅，为未来的资本市场之路打下坚实的基础。

13.1 上市筹备阶段

企业进入股权上市阶段，意味着公司股权战略实施到了至关重要的环节。以前久拖未决的事情，必须在上市筹备阶段解决，如股权架构的调整，拟上市公司子公司是否全资并购，采用哪三年的财务数据进行申报，是否实施股权激励，是否收购同行企业加大市场规模，聘请哪个券商，律师事务所和会计师事务所，如何加大拟上市公司的内部控制和规范运营等问题。

13.1.1 股权架构设计

2021 年 2 月，中国证监会发布《监管规则适用指引——关于申请首发上市企业股东信息披露》（以下简称《指引》），对违规代持、影子股东、突击入股、多层嵌套等 IPO 乱象加强监管。

《指引》重点提到股权结构的稳定性和确定性，要求拟上市公司清理股份代持（代持股还原），不能有不确权和有争议的股权情况存在；提交申报材料前 12 个月内入股的新增股东要求锁定 36 个月；加强对入股价格异常（员工股权激励定价和资源方入股定价）、多层嵌套股东（隐藏在拟上市公司名义股东背后）的监管，要求穿透核查。

由此可以看出，公司上市申报12个月内最好不要有太大的股权结构变更，否则将被重点关注。许多拟上市公司出于历史股东问题或股权架构设计缺失等原因，没有设计符合实控人发展的股权架构（如设立家族控股公司和员工持股的有限合伙企业），导致企业上市后实控人持股比例较低，上市后极其可能失去公司的控制权。

实际上，并没有明确规定拟上市公司不得进行股权架构调整，只是上市前的股权架构调整需额外披露调整的目的、价格、股东、出资、税务等信息资料，对于中介机构而言增加工作量不说，还有可能影响上市进度。因此，企业最好在上市辅导期前把股权架构调整到位，这样不仅不会影响到自身上市进度，还能增强实控人的控制权，规避突击入股和股权结构不清晰等问题。

13.1.2 融资并购

上市辅导期前，拟上市公司需进行产业链布局，提升公司整体的股权价值。确认公司股权价值最直接的方式就是股权融资，融资金额越大，释放股权比例越低，说明股权价值越高，越多投资机构投资，说明公司的发展前景越好。在此期间，要把控融资的节奏，不要把股权释放过多。当公司制订出上市计划，且聘请中介机构进场时，将会有更多的投资机构慕名而来，企业的融资将不再是难事。

前期，为了进行产业链布局，主体公司投资控股了多家产业子公司，释放出一定比例的股权给子公司合伙人。后期，为了提升主体公司盈利能力，解决主体公司与子公司之间的关联交易，以及进一步激励子公司合伙人，主体公司将采取“股权置换”的方式收回子公司其余股东的股权，并将其股权置换成主体公司的股权。

除了并购自家控股的子公司，主体公司还可以增资扩股，获得专项的投资并购资金，收购同行业经营效益较好的企业。这一方面能够进一步解决同业竞争，提升市场占有率；另一方面还能稳步提升公司盈利能力，进一步提升估值。

因此，在上市筹备阶段，企业除了自身业务要做好，还要尽可能孵化出更多的产业公司，寻找更多拟并购标的公司，为公司上市提供足够的运作空间。

13.1.3 券商尽职调查诊断

一家企业在上市筹备阶段，一定要请专业的券商为企业做上市诊断。让券商全面地对公司的股权架构、经营状况、财务状况、业务前景、法律合规、人力资源、股权激励、资本运作的合规性等方面进行细致的调查和审核。

券商机构通过调查诊断，可以真实地评估出公司的价值和风险，并提出公司上市的可行性方案、税收成本、公司内控制度、资本运作等有效建议，让企业能够为上市做好充足的准备和心理预期；还可以评估出自身承接该项目产生的机会，并制定科学合理的业务策略，辅导企业尽快上市；还可以为其他专业投资机构提供投资判断依据，有券商的专业背书，投资机构更愿意参与，企业股权价值更容易获得认可。

券商尽职调查诊断，包含以下主要内容。

（1）股权架构：券商需了解公司现有的股权架构，以及股权的历史沿革。需了解历次股权架构调整的估值定价、税收缴纳、资金流水、股权转让或增资协议、股权变更的股东会决议等流程是否真实完整，避免历史股权变更的不完整性而产生不必要的股权纠纷。试想一下，企业在临门一脚要上市时，突然跑出个小股东提出诉讼，说公司侵害小股东权益，其出让股权非自愿行为，那企业肯定要暂缓上市了。

（2）财务状况调查：券商审核公司的财务报表，了解公司的财务状况和经营成果。此外，券商重点会关注公司的内部控制制度、审计报告、税务情况等方面，确保公司的财务数据真实可靠。特别是财务制度不健全和不规范的企业，券商审核可以测算出完全规范后公司真实的净利润及税务成本，制定财务规范的要求，配合企业上市规划。

（3）业务状况调查：券商评估公司的业务前景，关注公司的战略规划、营销策略、管理团队、市场地位、竞争格局、行业趋势、商业模式、技术实力等方面，进一步判断公司的可持续性发展能力和业务的增长空间，以便开始行业研究，为后续承销股票增加卖点。

（4）法律合规调查：券商调查公司的法律合规情况，关注公司是否存在法律纠纷或潜在的法律风险，包括且不限于公司治理结构、合规经营、环境保护、社会责任等方面。

（5）人力资源调查：券商调查公司的人力资源状况，关注公司是否存在人才流失或人力资源不足等问题，包括公司的人才结构、激励机制、企业文化等方面，以及公司实施股权激励的合规性，就如何处理虚拟股和股权支付等问题提出相关建议。

总之，上市筹备阶段券商尽职调查是一项非常重要的工作，对于投资者和券商的决策具有举足轻重的影响。通常，券商的尽职调查阶段是不收取费用的，会计师事务所和律师事务所会根据工作量收取一定的基础费用。券商在完成尽职调查后，企业方与券商双向选择，最终确定合作的券商，券商会与拟上市公司签署一揽子协议，确定上市前的辅导费用（不限时间限制，直至上市成功）、上市承销费用（券商主要盈利点）。

13.2 聘请中介机构

企业发行上市，需要多家中介机构进行分工合作，包括证券公司、会计师事务所、资产评估公司、律师事务所。通过了解中介机构标准和工作内容，更有助于企业主选择适合的中介机构，对 IPO 上市更有信心。

13.2.1 发行费用

企业首次公开发行（IPO）费用主要包含中介机构费用、信息披露费用和交易所费用。2024 年上半年科创板发行费用最高，创业板发行费率最高为 13.95%。不同板块的总发行费用见如表 13-1 所示。

表 13-1　不同板块的总发行费用

2024 年 1 月至 6 月		
板块	总发行费用（万元）	发行费率（%）
沪主板	9 571	7.89
深主板	7 813	10.94
创业板	7 174	13.95
科创板	10 318	10.42
北交所	2 401	13.42

中介机构费用主要包括券商的保荐费和承销费、会计师的审计和验资费用、律师的法律顾问费用、信息披露费用、交易所费用。

1. 券商的保荐费和承销费

根据 2024 年 1 月至 6 月数据显示，市面上这一时期券商的保荐费承销费一般是 2 500 万～3 000 万元。主板的费率较低，主要是企业发行规模比较大所致，科创板发行数量较多，绝对金额也是各板块中最高的。不同板块的保荐承销费用如表 13-2 所示。

表 13-2　不同板块的保荐承销费用

2024 年 1 月至 6 月		
板块	保荐承销费用（万元）	保荐承销费率（%）
沪主板	7 149	5.89
深主板	5 263	7.37
创业板	4 517	8.78
科创板	7 796	7.87
北交所	1 679	9.38

2. 会计师的审计和验资费用

随着沪深交易所 IPO 政策收紧，北交所成为企业上市的新目标。由于监管层持续要求中介机构加强对 IPO 项目的审计质量和程序执行，以确保风险得到严格控制。北交所新股发行费率呈现上升趋势，虽然北交所总发行额不高，但审计和验资费用和各板块差不多，这也是北交所审计和验资费用率较高的原因。不同板块审计和验资费用如表 13-3 所示（2024 年 1 月至 6 月数据）。

表 13-3　不同板块审计验资费用表

2024 年 1 月至 6 月		
板块	审计和验资费用（万元）	审计和验资费率（%）
沪主板	1 247	1.03
深主板	1 251	1.75
创业板	1 307	2.54

续表

2024 年 1 月至 6 月		
板块	审计和验资费用（万元）	审计和验资费率（%）
科创板	1 261	1.27
北交所	447	2.50

3. 律师费用

律师 IPO 收费标准主要根据案件的复杂程度、涉及的财产数额以及律师的工作量来决定。2024 年上半年律师费平均费用在 625.4 万元，其中创业板和北交所相对较高。不同板块的律师费用如表 13–4 所示（2024 年 1 月至 6 月数据）。

表 13–4　不同板块的律师费用

2024 年 1 月至 6 月		
板块	律师费用（万元）	律师费率（%）
沪主板	651	0.54
深主板	712	1.00
创业板	841	1.64
科创板	703	0.71
北交所	220	1.23

4. 信息披露费用

券商信息披露费用主要有三块，分别是证券交易所、各大交易平台等法定的信息披露媒体费用；其他报纸、电视、新媒体平台等媒体的合作费用；舆情监测，路演安排、上市酒会庆典等财经公关的费用。不同板块的信息披露费用见表 13–5（2024 年 1 月至 6 月数据）。

表 13–5　不同板块信息的披露费用

2024 年 1 月至 6 月		
板块	信息披露费用（万元）	信息披露费率（%）
沪主板	448	0.37
深主板	531	0.74
创业板	458	0.89
科创板	506	0.51
北交所	69	0.39

5. 交易所费用

交易所的费用较低，主要是上市初费和上市年费，截至 2024 年中，市场上的初费在 15 万～ 30 万元，年费在 5 万～ 10 万元，视发行规模而定，发行规模大的收费高。

13.2.2 挑选中介机构的原则

许多企业在选择中介机构时，为了保证企业顺利 IPO，总是会倾向于选头部券商、费用贵的券商、做过同行业的券商。但是，这样做往往会使企业忽略了自身企业的体量，以及自身是否符合券商的要求。而且，券商项目信息搜寻、内部立项与外部商洽、初步尽职调查与合同签署的承揽工作团队，与负责项目尽职调查、相关文案的制作，履行相关决策流程，完成对外报批工作至资金募集前等承做的工作团队，与承揽团队也不一定是一个团队，企业在挑选时一定要明确指定对应的团队。

那么，挑选中介机构应该秉持什么原则呢？

1. 选择规模匹配的券商

企业规模的大小，直接决定券商的工作质量，毕竟规模越大 IPO

成功率越高，承销费用也越高。当企业规模还不是很大，但还想尝试冲击 IPO 时，建议选择中小型券商，这样的券商能够选派一流专家现场工作，将公司 IPO 事宜放在优先位置。另外，也要了解券商的保荐人数量、信誉度和经验度，选择最匹配的券商。

2. 选择靠谱的团队

在选择的承揽、承做和承销的券商团队时，一定要选择具有投行项目经验、项目负责人有足够的社会资源和较强的协调能力、主办人员有相关从业经验和较强业务能力的团队。

3. 费用合理

选择中介费用较合理的券商，而不是明明自身企业难以承受，仍要打肿脸充胖子。另外，券商、会计师事务所和律师事务所产生的费用均是独立沟通洽谈的，选择了券商，并不一定要选择券商所推荐的会计师事务所和律师事务所，企业可以结合自身的费用预算选择中介机构。

在选择中介机构时，企业应综合考虑券商的规模、团队的专业性以及费用的合理性，以确保 IPO 过程的顺利进行。通过精心挑选与企业自身条件相匹配的中介团队，企业能够更有效地控制成本，同时获得高质量的服务，为成功上市打下坚实的基础。

13.3 股份制改造（券商辅导）

拟上市公司自股份有限公司成立后，持续经营时间应当在 3 年以上，而大多数企业创办时均是以有限公司形式存续的。因此，非股份公司上市前必须进行股份制改制。从有限公司改制为股份公司，主要分为五步进行。

13.3.1 确定成立途径

设立股份有限公司，可以采用发起和募集两种方式。公司发起人认购公司应发行的全部股份而设立股份公司的方式，称为发起设立的股份公司；公司发起人认购公司一部分应发行股份，其余股份向社会公开募集的方式，称为募集设立的股份公司。

两种方式相比较，可以看出发起设立筹资渠道较窄，仅限于由发起人认购全部股份，但是设立程序比较简便；而募集设立则筹资渠道广泛，适宜于规模较大的公司，但设立程序比较复杂。

13.3.2 制定改制方案

有限公司改制为股份公司，并不是简单的名称和组织形式上的变更。股份制改制是一项全面的企业重组和升级过程，涉及公司股权结构、内部管理架构、业务架构、财务结构、税收规划等方面，建立起以股东大会、董事会、监事会、经理层分权与制衡为特征的公司治理结构。公司整体变更设立，承继了股改公司的全部资产、负债和权益，整体变更前后公司业务流程未发生实质变化。

在股份制改制方案中，设计注册资本的多少将会对公司未来的市值产生一定的影响。注册资本过低，发行股价就偏高，到时股票市场的流动性就弱，流动性弱，则市值涨幅就不大；注册资本过高，发行股价过低，到时股票市场的流动性虽然强了，但是股价的波动性也强，股价稳定性不足。通常我们建议，首次公开发行股价为 5 元 / 股至 10 元 / 股之间较佳。计算公式为：

注册资本 =IPO 预估发行市值 ÷ 发行股价预期

假如预估发行市值为 20 亿元，发行股价预期值为 10 元 / 股，则股份公司注册资本为 2 亿股较佳。

净资产折股有两种方案：一种是将资本公积、盈余公积、未分配利润整体或部分转资股东，净资产高于股本的计入资本公积；另一种是保持实收资本不变，将盈余公积、未分配利润整体转增资本公积。股本不足时，采用第一种方式。股本足够时，采用第二种方式。

对于股本数量的判断，一般主板上市不低于 5 000 万元股本，其余不低于 3 000 万元股本，同时当股本高于 4 亿元时，上市发行股票可以不低于 10%。因此，股本的多少，需综合考虑上市后股价、上市融资比例、转增股本产生的税收成本等问题，最终确定一个合理值。

举例：2016 年 5 月 31 日，东莞市金富实业有限公司（以下简称“金富有限”）召开股东会，同意全体股东作为发起人，以发起方式设立股份有限公司，并以经立信会计师事务所（特殊普通合伙）审计的金富有限截至2015年12月31日的净资产218 485 817.24元，按照净资产与总股本 1 ：0.6 865 的比例折合成股份公司股本 15 000 万元，每股面值 1 元，共计 15 000 万股，净资产大于股本的金额 68 485 817.24 元作为股份公司的资本公积。同时，公司更名为金富科技股份有限公司（以下简称“金富科技”）。金富科技于 2020 年 11 月 6 日发行上市，发行价为 8.93 元 / 股。

《国家税务总局关于进一步加强高收入者个人所得税征收管理的通知》（国税发〔2010〕54 号）规定：“对以未分配利润、盈余公积和除股票溢价发行外的其他资本公积转增注册资本和股本的，要按照‘利息、股息、红利所得’项目，依据现行政策规定计征个人所得税。”2015 年 11 月 16 日，《国家税务总局关于股权奖励和转增股本个人所得税征管问题的公告》（国家税务总局公告 2015 年第 80 号），规定“非上市及未在全国中小企业股份转让系统挂牌的中小高新技术企业以未分配利润、盈余公积、资本公积向个人股东转增股本，并符合财税〔2015〕116号文件有关规定的，纳税人可分期缴纳个人所得税”。

也就是说，净资产折股过程中，公司股东是个人的需缴纳个人所得税，中小高新技术企业则可以申请分期缴纳。而公司股东是法人股东，则无须缴纳个人所得税。因此，股份制改制前将优化股权架构设计，设立控股公司，让实控人有更多的可操作空间，未分配利润可以分配给老股东，从而不缴纳个税，未分配利润分配后是以投资还是借款给公司，也可以选择，未分配利润折股也可以不缴纳个税。

13.3.3 聘请其余中介机构

在有限责任公司整体变更为股份有限公司的过程中，是以拟上市主体公司会计报表的净资产进行折股，而不是以主体公司合并报表的净资产折股。当主体公司净资产较低时，可以通过子公司分红的方式增加主体公司净资产。主体公司的净资产需要经过资产评估机构进行评估最终确认。

因此，股份制改制聘请证券公司作为主导方之后，还需要聘请有相应资质的会计师事务所、资产评估机构以及律师事务所，共同协同证券公司及改制企业完成审计、资产评估、出具法律意见等必要的工作。

13.3.4 申请设立资料

股份公司设立需准备工商变更申请书、公司决议和相关审计、验资报告，具体资料还需根据不同的改制类型和情况进行准备，股份公司设立资料清单如表13-6所示。

表 13-6　股份公司设立资料清单

资料类型	资料清单
企业变更登记	《企业变更（改制）登记申请表》 《法定代表人登记表》 《董事会成员、经理、监事任职证明》 《企业住所证明》 《企业名称变更预先核准通知书》 《营业执照》正、副本 《新公司章程》
公司决议	《原公司股东会决议》 《创立大会决议》 《董事会决议》 《监事会决议》
中介机构报告	《公司财务审计报告》 《验资报告》 《产权界定文件》

13.3.5 召开创立大会

公司发出召开创立大会通知，初步审议公司筹备情况及公司章程草案，并确定创立大会时间，发出召开创立大会的通知。召开创立大会及第一届董事会会议、第一届监事会会议。

股份制改造是企业上市前的关键步骤，涉及复杂的法律、财务和税务问题。通过精心规划和专业中介机构的协助，企业能够顺利完成从有限公司到股份有限公司的转变，为上市打下坚实的基础。在这整个过程中，企业需要严格遵守相关法律法规，确保所有步骤合法合规，以保障企业和股东的利益，同时为未来的资本市场活动铺平道路。

13.4 上市核准申报材料制作及申报阶段

新股发行机制先后经历过行政审批制、券商辅导证监会发审委审核制和注册制。

审核制强调政府机构的严格筛选和监管，证券监管机构不仅要进行形式审查，还要对发行人的财务状况、经营状况等进行实质性检查，并据此作出是否核准其发行的决定，政府机构对发行公司的质量监管起到了至关重要的作用。

而在注册制下，证券监管机构主要对发行人提供的文件进行形式审查，只要提交的文件符合法定格式和披露要求，就可以发行，政府机构不再对发行人的实际经营情况、财务状况或公司前景等诊断，投资者自行根据公开信息作出投资决策。

注册制相较审核制，发行上市流程更简单，发行上市时间更短。

实行注册制之后，公开发行股票的审核权力下放至三大交易所，证监会负责最终的注册。发行人向交易所提交发行上市申报材料尤为重要，申报材料的内容与格式必须符合中国证监会和交易所的相关规定。只有真实、准确、完整地披露发行人的实际经营情况，才能从源头上提高上市审核通过率。交易所收到发行上市申报材料后5个工作日内决定是否受理，告知发行人及其保荐人，并在交易所网站公示。

交易所受理上市申请材料后，由交易所设立的发行上市审核机构对发行上市申请材料进行审核，并出具相关审核报告。在这个过程中，审核机构通过提出问题、回答问题等多种方式，督促发行人及其保荐人、中介机构真实、准确、完整地披露信息，提高信息披露的针对性、有效性和可读性，提升信息披露质量。

之后，再由交易所上市委员会对审核报告和发行上市申请材料进行审议，提出审议意见。交易所审核通过的，向中国证监会报送发行人符合发行条件、上市条件和信息披露要求的审核意见、相关审核资料和发行人的发行上市申请材料。

此外，证监会对拟上市企业和中介机构存在违规情形的，依照《中华人民共和国证券法》等规定严肃问责。审核注册人员和上市委委员存在故意或重大过失、违反廉政纪律的，终身追究党纪政务责任。因此，上市委员会的审核还可能涉及会后事项、审核中止与终止、复审等程序。

交易所承担全面审核判断企业是否符合发行条件、上市条件和信息披露要求的责任，并形成审核意见。审核过程中，发现在审项目涉及重大敏感事项、重大无先例情况、重大舆情、重大违法线索的，及时向证监会请示报告。中国证监会对发行人是否符合国家产业政策和板块定位进行把关。

如果审核通过，审核意见和相关资料将报送中国证监会履行注册程序。中国证监会在 15 个工作日内对注册申请作出同意或不予注册的决定。如果同意，该决定自作出之日起 1 年内有效，上市公司需在有效期内发行证券。

13.5 股票发行上市阶段

在注册制下，投资机构对发行人的投资价值判断，直接决定了能否发行成功和发行定价的高低。因此，在审核通过后，主办券商需刊登招股说明书，并推出研究报告，准备投资机构分析员说明会和路演，向投资机构研究分析员作公司和发行的介绍，询价和促销，确定规模和定价范围。

13.5.1 发行定价机制

股票发行定价主要有三种方式，分别为直接定价、初步询价后定价和累计投标询价。

直接定价是指发行人与主承销商直接拟定的发行价格，但发行价格不可高于同行上市公司二级市场的平均市盈率，也不得高于已经或拟境外上市的价格，而且只能适合于首次公开发行股票数不超过 2 000 万股且无老股转让计划的盈利企业，尚未盈利的不可使用。

初步询价后定价是指发行人和主承销商根据网上投资者报价情况协商确定发行价格，网下投资者包含基金管理公司、投资机构、证券公司等专业投资机构。

累计投标询价是指经过初步询价后，发行人和主承销商确定发行价格区间，再由网下投资者报出购买意愿的价格和预计购买的数量，最终确定发行价格的方式。

目前，上市发行定价运用比较多的是累计投标询价，下面讲解一下计算方法。

一是确定询价区间。网下投资者填报配售对象信息、拟申购价格和该价格对应的拟申购数量，而且不同拟购价格不得超过 3 个。之后，发行人和主承销商剔除最高报价部分后，获得剩余报价平均值，根据该平均值确定发行价格区间，发行价格区间上限值不得超过下限值的 1.2 倍。比如，平均值为 10 元 / 股，则发行区间可以为 9 元 / 股至 10.8 元 / 股，或者 9.5 元 / 股至 11.4 元 / 股。

二是确定发行价格。网下申购配售对象的“拟申购价格”不低于发行价格区间下限，且未被作为最高报价部分被剔除，他们可以参与网下申购。网下申购配售对象超额认购发行股票的倍数小于 5

倍时，以询价下限为发行价；当超额认购发行股票的倍数大于5倍时，从申购价格最高的有效申购开始逐笔向下累计计算，直至超额认购倍数首次超过 5 倍为止，那么该价格就是发行价。

13.5.2 配售机制

发行人和主办券商将新发行的股票按照一定比例分配给不同类型的投资者，以满足不同投资者的需求和利益。通常，新股发行会采用法人投资者配售和二级市场投资者配售方式结合的配售机制，为确保新股发行的市值要求，二级市场投资者配售比例在 50% ~ 100%，而机构配售通常为 0 ~ 50%。

法人投资者主要为战略投资者和一般法人这两种类型。新股发行量在 8 000 万股以上的，对法人的配售比例原则上不应超过发行量的 50%；新股发行量在 20 000 万股以上的，可根据市场情况适当提高对法人配售的比例。

发行人可以参与战略投资者的选择，但不参与一般法人投资者的选择，一般法人投资者由主承销商确定，参与累计投标询价的投资者优先选择。

战略投资者主要包含五大类型。

第一类型为发行人在经营业务具有战略合作关系或长期合作愿景的大型企业或其下属企业，可以理解为上下游产业链公司，有助于企业长期可持续地发展。

第二类型为具有长期投资意愿的大型保险公司或其下属企业、国家级大型投资基金或其下属企业，确保公司市值的稳定性，不因投资机构的减持而引起企业市值的波动。

第三类型为以投资战略配售证券为投资策略，且以公开募集方式设立的封闭式运作基金，专业的投资机构有利于增强社会公众股民的信心。

第四类型为参与跟投的保荐人相关子公司。

第五类型为发行人的高级管理人员与核心员工参与本次战略配售设立的专项资产管理计划，有效的股权激励有利于提升公司整体的经营能力和经营业绩。

沪市、深市和北交所对战略投资机构的数量、配售比例、锁定期有所不同，具体可如表 13–7 所示。

表 13–7　沪市、深市和北交所对战略投资机构配售要求

	沪市 / 深市	北交所
战略投资者数量	发行新股数量不足 1 亿股的，参与战略配售的投资者数量应当不超过 10 名；发行新股数量 1 亿股以上的，参与战略配售的投资者数量应当不超过 35 名	战略投资者不得超过 10 名
战略投资者的配售比例	发行新股数量不足 1 亿股的，战略配售新股数量占本次公开发行新股数量的比例应当不超过 20%；发行新股数量 1 亿股以上、不足 4 亿股的，战略配售新股数量占本次公开发行新股数量的比例应当不超过 30%；4 亿股以上的，战略配售新股数量占本次公开发行新股数量的比例应当不超过 50%	发行新股数量不足 5 000 万股的，战略配售新股数量占本次公开发行新股数量的比例应当不超过 20%；5 000 万股以上的，战略配售新股数量占本次公开发行新股数量的比例应当不超过 30%；超过的应当在发行方案中充分说明理由
锁定期	不少于 12 个月	不少于 6 个月（发行人高级管理人员、核心员工通过专项资产计划、员工持股计划等参与战略配售取得的股份，不少于 12 个月）

由此可以看出，战略投资人、一般投资人和二级市场投资人配

售新股的比例是一种动态调整的机制，一方多配售了，就会有其他方配售的比例降低，最终认购的比例也有所不同。在发行人和主办券商的主导下，不影响发行市值的情况下，各方比例根据实际认购情况不断调整。

13.5.3 股票上市流程

拟上市公司取得核准上市的文件后，公司就可以刊登招股说明书，进行询价及路演等，并最终刊登上市公告。具体过程如图 13-2 所示。

注册制下的发行定价和配售机制，以及股票上市流程，共同构成了股票发行上市阶段的核心环节。这些环节不仅涉及复杂的规则和程序，还直接影响上市公司的市场表现和投资者的利益。因此，对于拟上市公司而言，深入了解并严格遵守这些流程和规则，是确保股票成功发行和上市的关键。

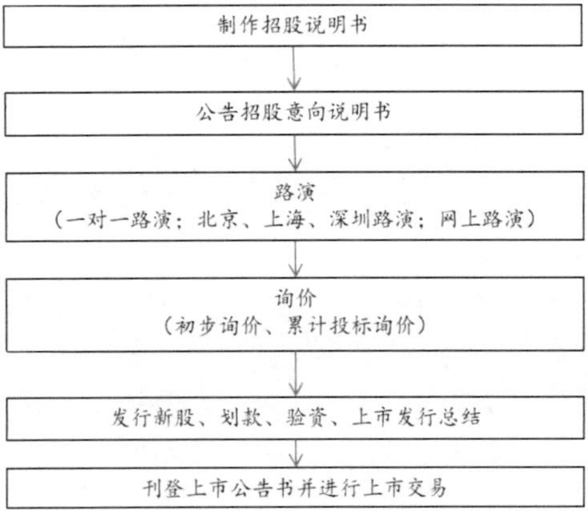

图 13-2　首次公开发行上市流程图

通过精心策划的询价、定价、配售和上市流程，公司能够实现与资本市场的顺利对接，为公司的长远发展奠定坚实的基础。

4 第四部分

论功行赏篇

当年，格力电器通过股权激励深度绑定经销商，自建起了线下营销渠道，格力与经销商关系，可以说是休戚与共、相互扶持、相互成就。但当格力董事长董明珠开始积极拥抱电商、开启渠道改革时，其与经销商的关系就转变了。格力与经销商逐渐产生矛盾，慢慢地，双方由暗战变明战。直到曾任格力电器董事的徐自发联合格力前高管黄辉经营新品牌飞利浦空调，并带走原格力多名骨干和研发人员，鼓动格力经销商群体转投飞利浦空调的怀抱，格力与经销商的矛盾就开始彻底白热化了。

2022 年 6 月底，由各地经销商大户组成的河北京海担保宣布，减持格力电器 1.1 亿股，占格力电器总股本的 1.86%，减持后持格力股份仅剩 6.47%。

上述案例说明，企业上市解禁期后，曾经肩并肩战斗过的合伙人将面临着退休、二次创业、项目跟投、自主创业等抉择。此时，有钱有闲的合伙人，最容易创建一家同业竞争的企业。因此，上市后的合伙人机制设计难度远超上市前。

本章要讲的“平台化公司 + 项目跟投制”模式，能让合伙人从股份的持有者转型为公司的创业者，充分激发合伙人的活力，持续为上市公司创造价值。

第 14 章 上市后股权激励

2016 年 5 月，《上市公司股权激励管理办法》审议通过，同年 8 月 13 日起施行。上市公司实施股权激励时，必须遵守《上市公司股权激励管理办法》等相关法律法规，必须向社会公众披露相关股权激励的信息，防止利益输送，确保股权激励计划是真正起到提升员工积极性、增强团队凝聚力和提升公司业绩的作用。

因此，企业在设计股权激励方案时，需充分解读《上市公司股权激励管理办法》，了解激励方式、激励对象、激励周期、激励价格、激励总量与个量、考核机制和退出机制等规则。

14.1 激励方式

上市公司可采用的股权激励方式相较非上市公司而言，具有一定的局限性，更是不被允许采用虚拟股的激励方式的。上市公司股权激励主流为限制性股票和股票期权，部分上市公司会采用中长期激励基金的方式。

14.1.1 限制性股票

上市公司授予符合激励条件的激励对象一定数量的股票，该股票具有一定年限的限售期和股票出售条件，激励对象只有在工作年限或业绩目标符合股权激励计划的规定条件后，才可以在限售期后出售股票，此种股票在解除限售前不得转让、用于担保或偿还债务。激励对象获得的股票具有种种限制性要求和条件的，称为限制性股票。

限制性股票来源可以是公司从二级市场回购后再授予，也可以是定向发行新的股票或者大股东自愿转让。在股权激励计划有效期内，解除限售后，满足解除限售条件的激励对象可以进行股票出售，未满足解除限售条件的激励对象持有的限制性股票由公司回购注销。

限制性股票需要激励对象出资购买，自认购之日起至限制性股票解禁之日止，所持有的限制性股票自负盈亏，若不满足解除限售条件的限制性股票，则由公司按出资认购款加上银行同期存款利率之和进行回购，回购价格可以事先约定好。

14.1.2 股票期权

股票期权是上市公司授予符合激励条件的激励对象，在一定期限内以一种事先约定的价格购买公司股票的权利。当公司的股票高于行权价格时，激励对象可以选择行权购买公司股票；当公司的股票低于行权价格时，激励对象可以放弃购买公司股票。股票期权不可以进行转让、抵押、质押、担保和偿还债务。

股票期权是公司给予激励对象的一种预期回报，前期可以不用出资，激励对象所获得的预期回报越高，其通过努力实现公司的激励目标难度就越大。当然，完成难度越大的目标，预期的回报也就越高。

14.1.3 中长期激励基金

中长期激励基金是激励对象完成与上市公司约定的年度业绩目标时，公司按照一定比例从净利润或增加值部分提取资金作为激励，分批或分期发放给激励对象，甚至可以要求激励对象全部或部分配比一定比例自筹资金，自二级市场购买本公司股票，并锁定一定期限，以达到留住人才长期激励的效果。

中长期激励基金不要求激励对象购买公司股票时，实质性的激励就是业绩目标达成奖或业绩目标超额奖。比如上市公司东方电缆为激励突出贡献者设立奖励基金，2020 年奖励基金总金额约为 4 615 万元，其中总裁夏峰获奖励 1 500 万元，董秘乐君杰获奖励 900 万元、财务总监柯军获奖励 900 万元。东方电缆奖励基金提取规则如表 14-1 所示。

表 14-1　东方电缆奖励基金提取规则

序号	计提条件	计提比例
1	8% ≤当年净资产收益率< 11%，且 0% ≤当年净利润同比增长率< 20%	当年净利润的 5%
2	9% ≤当年净资产收益率< 12%，且 20% ≤当年净利润同比增长率< 40%	当年净利润的 6%
3	10% ≤当年净资产收益率< 13%，且 40% ≤当年净利润同比增长率< 60%	当年净利润的 7%
4	12% ≤当年净资产收益率，且 60% ≤当年净利润同比增长率	当年净利润的 8%

提取的激励基金可用于现金奖励核心管理团队、激励与培养重点培养对象、充足公司“创新基金”资金、激励特殊贡献人员、公司股权激励等。

上市公司通过限制性股票、股票期权和中长期激励基金等多种激励方式，能够很好地激发核心团队的积极性和创造性，确保公司业绩的持续增长。这些激励机制不仅为员工提供了实现个人价值的平台，也为公司的长期发展注入了活力。

通过合理设计和实施这些激励计划，上市公司能够有效地将员工的个人目标与公司的发展战略紧密结合，共同推动企业向着既定目标前进。

14.2 激励对象

在实操中，上市公司必须明确一项原则，即股权激励对象应有明确的范围和条件，不满足激励条件的概不授予。

14.2.1 激励对象范围

上市公司的董事、高级管理人员、核心技术人员或者核心业务人员，以及公司认为应当激励的对公司经营业绩和未来发展有直接影响的其他员工，以及外籍员工任职上市公司董事、高级管理人员、核心技术人员或者核心业务人员的，均可以成为上市公司拟激励对象。

这些拟激励对象还需满足以下条件。

①最近 12 个月内未被证券交易所认定为不适当人选。

②最近12个月内未被中国证监会及其派出机构认定为不适当人选。

③最近12个月内未因重大违法违规行为被中国证监会及其派出机构行政处罚或者采取市场禁入措施。

④不在《公司法》规定的不得担任公司董事、高级管理人员名单的。

⑤符合法律法规规定和中国证监会认定的激励对象。

另外，单独或合计持有上市公司5%以上股份的股东或实际控制人及其配偶、父母、子女，以及独立董事和监事，均不得成为激励对象。

14.2.2 激励对象条件

并不是所有拟激励对象最终都会成为公司激励对象的，需要设定一定的门槛或条件，从这些拟激励对象中选拔出一批更优秀的人才成为公司的激励对象，即合伙人。公司可以从岗位职级、岗位类型、历史贡献、特殊贡献、人才盘点、绩效考核等多个维度设置条件，让激励对象看到公司需要合伙人的人物画像，那些未成为激励对象的人也有更清晰的努力方向。

通过明确激励对象的范围和条件，上市公司能够确保股权激励计划的公平性和有效性，同时激发关键人才的潜力和创造力。这样的机制不仅有助于提升公司的核心竞争力，还能够吸引和留住对公司发展至关重要的人才，为公司的长远发展奠定坚实的人力资源基础。

总之，上市公司在实施股权激励时，必须精心设计激励对象的选择标准，能够充分激励到那些对公司最有价值和最有贡献的员工。

14.3 激励周期

上市公司自股东会批准股权激励计划之日起，具有一定的有效期，在有效期内授予激励股、允许激励对象行权认购激励股、设定一定的禁售期、解锁后仍需按减持规则进行股票减持。

14.3.1 有效期

有效期是指上市公司拟股权激励计划，自授予激励股之日起至激励股解除限售或行权或回购为止的时间段。限制性股票有效期，是指首次授予登记日起至激励对象获授的限制性股票全部解除限售或回购注销之日止的时间段。股票期权的有效期，是授予激励对象之日起到股票期权失效为止的时间段。

一个完整的股权激励计划，通常是 3 ~ 5 年，激励有效期不能过短，否则将会导致股权激励计划的目标难以实现；激励有效期也不能过长，否则可能导致股权激励成本增加。

股权激励的有效期也可以理解为培养一名优秀合伙人或者淘汰一名不合格合伙人的时间周期，有效期内能够完成公司经营目标和个人业绩考核的合伙人才能真正成为公司的股东。

14.3.2 授予日

授予日是指上市公司授予激励对象限制性股票或股票期权的时间，而且授予日必须是上市公司股票交易日。上市公司股权激励计划经股东大会审议通过后，上市公司应当在 60 日内授予激励股并完成公告、登记，未能在 60 日内完成上述工作的，应当及时披露未完成的原因，并宣告终止实施股权激励，自公告之日起 3 个月内不得再次审议股权激励计划。

14.3.3 等待期与行权

股票期权授予日至股票期权首次可行权日之间的时间间隔称为

等待期，等待期不得少于 12 个月。等待期之后，激励对象可以按照激励计划行使购买上市公司股票的权利，按约定价格购买可行权的股票数量。

上市公司可以约定激励对象所持有的股票期权在有效期内分期行权，每期等待期不得少于 12 个月，每期可行权的股票期权比例不得超过激励对象获授股票期权总额的 50%，也就是说分期行权至少可以分两期。当激励对象的行权条件未满足时，股票期权不得行权或递延至下期行权，行权期结束后，不符合行权条件或符合行权条件但未行权的当期股票期权应当终止行权，上市公司应当及时注销。

为方便理解，列举以下实际案例供大家参考。表 14-2 为张家港富瑞特种装备股份有限公司（下称“富瑞特装”）股票期权行权周期与对应的行权比例。

表 14-2　富瑞特装股票期权行权周期与对应的行权比例

行权安排	行权时间	行权比例
首次授予的股票期权第一个行权期	自首次授予日起 12 个月后的首个交易日起至首次授予日起 24 个月内的最后一个交易日当日止	30%
首次授予的股票期权第二个行权期	自首次授予日起 24 个月后的首个交易日起至首次授予日起 36 个月内的最后一个交易日当日止	30%
首次授予的股票期权第三个行权期	自首次授予日起 36 个月后的首个交易日起至首次授予日起 48 个月内的最后一个交易日当日止	40%

通过富瑞特装的股票期权分权行权周期与行权比例的案例，我们可以看到，上市公司通过设定具体的行权时间表和比例，可以很好地帮助企业长期绑定关键人才，同时确保员工的激励与公司的长期发展目标保持一致。这样的安排不仅有助于激发员工的积极性，也为企业的稳定增长和市场竞争力提供了有力支持。

14.3.4 禁售期（锁定期）

禁售期是指激励对象取得上市公司限制性股票后，禁止在二级市场或以其他方式进行出售限制性股票的期限，自授予之日起，禁售期不得少于 12 个月。上市公司中小原始股东禁售期为 12 个月，大原始股东禁售期为 36 个月。

14.3.5 解锁期

禁售期结束后，当公司经营业绩符合激励计划规定的条件时，激励对象持有的限制性股票可以按激励计划分期解锁，分期解锁的时间间隔称为解锁期。

上市公司可以约定激励对象所持有的限制性股票在有效期内分期解锁，每期解锁期不得少于 12 个月，每期可解锁的限制性股票比例不得超过激励对象获授限制性股票总额的 50%，也就是说解锁期至少分两期。比如富瑞特装限制性股票解锁条件，具体如表 14-3 所示。

表 14-3　富瑞特装限制性股票解锁

解除限售期	业绩考核目标	解除限售比例
首次授予的限制性股票第一个解除限售期	2017 年净利润不低于 2 500 万元	30%
首次授予的限制性股票第二个解除限售期	2018 年净利润不低于 3 500 万元	30%

续表

解除限售期	业绩考核目标	解除限售比例
首次授予的限制性股票第三个解除限售期	2019 年净利润不低于 4 500 万元	40%

限制性股票解锁后，激励对象所持有的股票就可以在二级市场自由出售。解锁后，需依照公司法、证券法等相关法律法规、规范性文件和《公司章程》约定进行出售。公司董事和高级管理人员持有股票，其在任职期间每年转让的股份不得超过其所持有公司股份总数的 25%；在离职后半年内，不得转让其所持有的本公司股份。

为了规避激励对象为了一次性出售股票而进行离职，提升高管的稳定性，企业可以约定激励对象离职半年后每年出售股票上限值为离职时总股票数额的 20%。

未满足解除限售期业绩考核目标的，所有激励对象对应考核当年可解除限售的限制性股票均不得解除限售，而且公司有权按授予价格加上银行同期存款利息之和回购其股票。

解锁期的设置是上市公司对股权激励计划中激励对象持股行为的一种有效调控，旨在确保激励对象与公司长期利益的一致性，促进公司业绩的稳定增长。通过明确规定解锁条件和解锁节奏，公司能够激励高管和核心员工持续为公司的长期发展作出贡献，同时能保护公司和股东的利益，维护资本市场的稳定。

14.4 激励价格

上市公司在授予激励对象限制性股票或股票期权时，对授予价格给出了最低价格的指导意见。若超出该指导意见，则需要在股权激励计划中披露定价的依据和方式，而且需要聘请独立财务顾问，对股权激励计划的可行性、是否有利于上市公司的持续发展、相关定价依据和定价方法的合理性、是否损害上市公司利益以及对股东利益的影响发表专业意见。

表 14-4 为激励股授予价格参照表，可以为大家提供一条参考思路。

表 14-4　激励股授予价格参照表

	授予价格确定方法	价格下限
限制性股票	原则上不得低于下列价格的较高者： 1. 股权激励计划草案公布前 1 个交易日的公司股票交易均价的 50%； 2. 股权激励计划草案公布前 20 个交易日、60 个交易日或者 120 个交易日的公司股票交易均价之一的 50%	交易日均价的 50%
股票期权	原则上不得低于下列价格的较高者： 1. 股权激励计划草案公布前 1 个交易日的公司股票交易均价； 2. 股权激励计划草案公布前 20 个交易日、60 个交易日或者 120 个交易日的公司股票交易均价之一	交易日均价

从表 14-4 我们可以看出，上市公司在授予激励对象限制性股票或股票期权时，遵循着相应的定价规则，以确保股权激励计划的公平性和合理性，同时保护上市公司及其股东的利益。

14.5 激励总量与个量

上市公司实施股权激励时，首先，要确认仍在有效期内实施的股权激励总数量，占公司总股本的比例；其次，再测算出本次还可以实施股权激励的股票上限数量；最后，确定本期股权激励授予的数量。

可实施股权激励股票数 = 公司总股本 ×10% — 仍在有效期内实施的股权激励股数

根据《上市公司股权激励管理办法》的规定，上市公司全部在有效期内的股权激励股票总数累计不得超过公司股本总额的 10%，已经实施完毕解除限售的股票数量不包含在内。因此，可实施股权激励股票数为 0 时，公司需等待已实施股权激励的有效期结束后，才可以继续推进股权激励计划，并不是激励对象持有的股票累计总额不能超过 10%。

实施股权激励计划时，需设计股权激励股票的来源，主要分为向激励对象定向发行股票、二级市场回购已有股票、大股东转让股票等法律、行政法规允许的其他方式。表 14-5 为三种股票来源方式的对比分析。

表 14-5　三种股票来源方式对比分析

股票来源	公司总股本	资金去向	市值影响
定向增发	增加公司总股本	增资款流入公司	公司增加流动资金，增强股票流动性
二级市场回购	公司总股本保持不变	回购款流入股民	公司回购有利于稳定市值，增强股民信心
大股东转让	公司总股本保持不变	转让款流至转让方	大股东套现，避免大股东二级市场套现引发的市值波动

上市公司拟定本期股权激励总股票数额后，并不是一定要一次性授予完毕的，可以预留本期股权激励总股票数额 20% 用于后续人

才激励，但预留时间不得超过 12 个月，超过 12 个月未明确激励对象则预留股票数作废。

上市公司股权激励除在总量上有限制外，单一激励对象在有效期内的股权激励股票总额累计不得超过公司股本总额的 1%。要注意的是，这里并不是说单一激励对象持有股票数总比例不得超过 1%，只是仍未解锁或仍未确权的股票总额不得超过 1%。

总而言之，上市公司在实施股权激励时需遵守总量限制，合理设计激励股票来源，并注意单一激励对象的股权激励比例。在确保合规的前提下，通过灵活运用股权激励机制，上市公司才能有效吸引和留住关键人才，促进公司长期稳定发展。

14.6 考核机制

上市公司就是否授予激励股、限制性股票能否解禁、股票期权能否行权、中长期激励基金能否提取可分配奖金等问题，均需要设定考核机制，动态调整激励股的权益。调整激励股权益的方式包括：限制性股票全部或部分可出售、按约定价格回购限制性股票、股票期权全部或部分可行权、股票期权作废、提取中长期激励基金、当期中长期激励基金为 0 等。

上市公司股权激励计划的考核机制，主要包括上市公司业绩指标和激励对象个人绩效指标。

14.6.1 公司层面考核

上市公司业绩指标属于公司层面的考核，该指标主要通过本公司历史业绩指标同比法，或同行业公司相关指标对比分析法进行制定，具体如表 14-6 所示。

表 14-6　公司层面考核

<table>
<tr><th></th><th>基本要求</th><th>考核指标</th></tr>
<tr><td>历史业绩指标同比法</td><td>近三年财务数据同比</td><td rowspan="2">营利性指标：净利润增长率、主营业务收入增长率
股东回报指标：净资产收益率、每股收益、每股分红等</td></tr>
<tr><td>同行业公司相关指标对比分析法</td><td>对照公司不少于 3 家</td></tr>
</table>

公司考核指标同比增长率不得低于行业复合增长率，才能提升激励对象对股权激励方案的认可度，避免股民过度解读股权激励为福利政策，降低股权激励的作用，产生市值的波动。

14.6.2 个人层面考核

激励对象个人绩效指标属于个人层面的考核，上市公司可以自行设计并确定激励对象个人层面考核指标，通常与绩效考核结果挂钩。只有本公司层面业绩考核达标，才会看个人层面的考核结果，如果公司层面考核不达标，即使个人层面考核再优秀也不合格。根据个人考核成果或分值，设定一定分值对应标准系数（见表 14-7），激励股的标准系数上限值为 100%，中长期激励基金的标准上限值可突破 100%。

表 14-7　个人层面考核

考核结果	A	B	C	D	E
评分（S）	S ≥ 90	80 ≤ S<90	70 ≤ S<80	60 ≤ S<70	S<60
标准系数（%）	100	80	60	40	0

个人层面的考核系数，可运用于解除限售股额度和股票期权可

行权额度的动态调整。计算公式为：

当年实际解除限售额度 = 个人层面标准系数 × 个人当年计划解除限售额度

当年实际行权额度 = 个人层面标准系数 × 个人当年计划行权额度

总而言之，上市公司的股权激励计划需要通过公司层面和个人层面的考核机制，这样才能确保激励措施与公司业绩和个人贡献相匹配，从而有效激励员工，提升公司整体绩效，同时维护股东利益和市值稳定。

14.7 退出机制

上市公司股权激励终止实施的原因，主要分为公司层面和个人层面。

在公司层面，如果注册会计师对上市公司财务会计报表或内控报告无法表示意见，或公司自身 36 个月无利润分配情形，公司就要终止实施股权激励。

在个人层面，如果激励对象被证券交易所、中国证监会认定为不适当人选，或被行政处罚甚至禁入市场，以及不再担任激励岗位时，股权激励就需按照相关规定退出。具体情形与处理方式如表 14-8 所示。

表 14-8　上市公司股权激励退出情形及处理方式

	情形	处理方式
公司层面原因	1. 最近一个会计年度财务会计报告被注册会计师出具否定意见或者无法表示意见的审计报告； 2. 最近一个会计年度财务报告内部控制被注册会计师出具否定意见或无法表示意见的审计报告； 3. 上市后最近 36 个月内出现过未按法律法规、公司章程、公开承诺进行利润分配的情形； 4. 法律法规规定不得实行股权激励的； 5. 中国证监会认定的其他情形	终止实施股权激励计划，不得向激励对象继续授予新的权益，激励对象根据股权激励计划已获授但尚未行使的权益应当终止行使。因个人责任导致公司整体终止股权激励计划的，回购价格不得高于授予价格；其他情形导致公司整体终止股权激励计划的，回购价格不得高于授予价格加上银行同期存款利息之和
个人层面原因	1. 最近 12 个月内被证券交易所认定为不适当人选； 2. 最近 12 个月内被中国证监会及其派出机构认定为不适当人选； 3. 最近 12 个月内因重大违法违规行为被中国证监会及其派出机构行政处罚或者采取市场禁入措施； 4. 具有《公司法》规定的不得担任公司董事、高级管理人员情形的； 5. 法律法规规定不得参与上市公司股权激励的； 6. 中国证监会认定的其他情形	上市公司不得继续授予其权益，其已获授但尚未行使的权益应当终止行使。因个人责任导致公司整体终止股权激励计划的，回购价格不得高于授予价格；其他情形导致公司整体终止股权激励计划的，回购价格不得高于授予价格加上银行同期存款利息之和
其他原因	当期解除限售的条件未成就的，限制性股票不得解除限售或递延至下期解除限售	上市公司应当回购尚未解除限售的限制性股票；因个人绩效考核不合格等原因导致无法解除限售行为的，回购价格不得高于授予价格；因个人绩效考核不合格等原因导致无法解除限售行为等其他情形的，回购价格不得高于授予价格加上银行同期存款利息之和

从表 14-8 中可知，上市公司股权激励的退出机制涉及公司层面和个人层面的多种情形，一旦触发这些情形，公司必须终止股权激励计划，并按照规定处理已授予但未行使的权益，确保回购价格的合理性，以维护公司和激励对象的合法权益。

14.8 资本化与股权激励

上市公司资本运作下的股权激励一定不是单一的激励方式，而是多种激励方式相结合，这些激励方式相互补充、相互捆绑、相互促进，真正发挥上市公司股权激励的作用。如“上市公司限制性股票 + 产业投资基金”“上市公司子公司激励股 + 股权并购 / 独立上市”“事业部独立核算 + 股票期权 / 限制性股票”等多种股权激励方式，就是在实操中比较常用的激励方式。

14.8.1 上市公司资本化运作

企业上市后，相当于打通了企业股权融资的市场化通道，企业能够快速获得发展所需的资金、资源。上市后的企业，能够有效地整合内部资源和外部资金，全面推进内生式和外延式的增长，进一步提升企业竞争力，优化组织、管理、运营和风控系统。

而企业内生式的增长和外延式的增长，都是可以通过资本运作的方式来实现的。内生式增长主要从股权融资、内部产业链布局重组和股权激励等方面促进企业经营业绩的提升。外延式增长主要通过股权收购和股权并购的方式提升企业市场占有率和多元化发展。

企业内生式增长往往无法像外延式增长那么明显，它依靠自身内部培育和自我发展的变革效果也比较缓慢，而外延式的增长是直观明了且经营效果明显，因此，外延式的增长是上市公司市值管理的重要手段。

上市公司常常结合产业和金融工具重构外延式的增长模式，推动企业扩张，促进产业升级和盈利能力，不断追求市值的稳定与增长。以股权并购为主的资本运作方式主要分为六种类型：横向并购战略、纵向并购战略、混合并购战略、金融控股集团战略、生态链并购战略、投资集团战略，它们的特点和对应案例如表 14-9 所示。

表 14-9　股权并购的资本运作方式模式对比

模式	特点	案例
横向并购战略	1. 同类型企业，产品和销售模式有相似之处； 2. 消除竞争对手，扩大市场份额； 3. 集约化经营，规模化效益	青岛啤酒股份有限公司并购啤酒生产企业；福耀玻璃工业集团股份有限公司通过并购方式分别在俄罗斯、美国、德国等全球市场建成汽玻产能
纵向并购战略	1. 产业链上下游企业； 2. 降低采购成本，减少流通费用； 3. 加强原料和渠道控制，形成产业链竞争力	新紫光集团有限公司通过产业投资基金进行电子信息产业链并购；富士康科技集团电子产品产业链并购等
混合并购战略	1. 不同产业领域或产品； 2. 扩大经营范围，多元化经营； 3. 追求产业外利润，降低行业风险	华润（集团）有限公司、宏达高科控股股份有限公司等
金融控股集团战略	1. 从产业或金融出发，并购各类金融机构； 2. 通过股权并购或参股成为金融机构股东，获得金融牌照； 3. 各金融业务公司独立经营	九鼎企业集团（深圳）有限公司、中国泛海控股集团有限公司等
生态链并购战略	1. 并购服务于同一用户群体的企业； 2. 生态链上至少拥有一个核心企业，其他企业依靠核心企业获得用户和实现盈利	北京小米科技有限责任公司、北京京东世纪贸易有限公司、苏宁易购集团股份有限公司等

续表

模式	特点	案例
投资集团战略	1. 集团化主业，多元化投资； 2. 全方位的融资渠道； 3. 强大的投行团队	巴菲特的伯克希尔·哈撒韦公司、复星国际有限公司等

因此，上市公司完全可以通过多样化的资本运作策略，如横向并购、纵向并购、混合并购等，提升自身的市场竞争力和盈利能力，同时还能实现产业升级和市值增长，从而在激烈的市场竞争中保持领先地位。

14.8.2 上市公司资本化运作下的股权激励

我们要知道，上市公司的股价与公司经营业绩其实并不是正向关联关系，不是经营业绩越好，股价就越高。同样，股权激励产生的经营成果也需要一定时间周期，而人们往往误认为，上市公司股权激励就是一种变相的福利，以为激励对象个人获授的股权价值取决于二级市场股价的波动，他们只要完成公司和个人的保底目标能够符合套现要求即可。

实际上，股权激励是基于公司整体的薪酬、激励和绩效考核体系的中长期激励体系，不能照本宣科地按照《上市公司股权激励管理办法》的规定单一地采用限制性股票或股票期权等激励方式，需要从“以终为始”的角度，测算激励对象整体岗位价值回报总额（个人年度薪酬＋股权价值回报额），并告知股权激励是薪酬的一部分，是岗位价值的体现，是付出不亚于任何人努力的回报，股权激励并不是投资行为，也不是一夜暴富的工具，更不是一劳永逸的退休保障。

下面，我们就来分享几种比较常见的上市公司资本运作下的股权激励方式。

1. 上市公司限制性股票 + 产业投资基金

上市公司外延式增长需求旺盛，纷纷采用“上市公司 + 产业基金”的模式设立产业基金。截至 2024 年 7 月 31 日，就有 174 家上市公司发布要设立产业基金的公告，其中有 64 家完成，107 家还在进行，仅有 3 家终止。

上市公司产业基金的设立，是公司开展产业链并购整合的开始。产业并购整合过程中，并购产业公司是一件花钱但相对较容易的事。而如何让被并购企业融合上市公司体系内，形成产业互补和产业规模效应，让上市公司成功转型为平台化公司，就需要运营管理团队从企业文化、组织系统、财务系统、供应链等全方面整合，整合得越好产业投资效益越高，产业整合效果越好，上市公司市值越高。

因此，上市公司需要号召核心高层共同参与投资基金，形成利益共同体，一荣俱荣、一损俱损。同时上市公司发行限制性股票，这不仅让激励对象关心产业投资的每一个项目，也能让激励对象关心产业投资对上市公司市值的影响。

产业投资基金的设立模式可以分为结构化基金和非结构化基金，上市公司高管都可以作为优先有限合伙人投资产业化基金。

结构化产业基金是由上市公司资金、投资机构资金和投资机构募集过来的投资基金，其中上市公司作为劣后级资金，承担较大的风险和拥有较高的投资回报，投资机构作为夹层，主要发起优先级资金的募集，优先投资人资金由上市公司或其大股东提供保本和收益承诺。结构化基金投资的项目最终会通过 IPO、上市公司收购、管理层回购等方式进行退出，具体如图 14-1 所示。

非结构化基金由上市公司联合其他机构共同出资设立产业投资基金，不存在优先劣后的差别，其退出方式与结构化基金相似。如苏宁云商发起设立的产业并购基金，如图 14-2 所示。

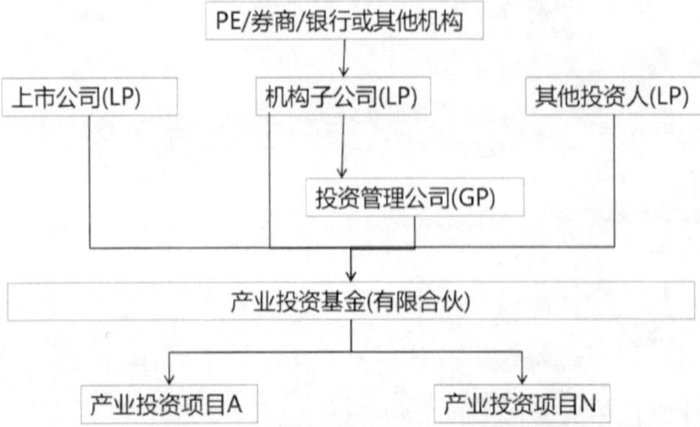

图 14-1　上市公司结构化产业基金构成

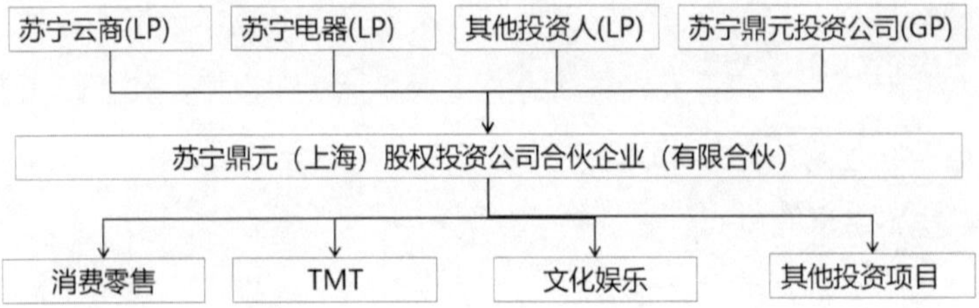

图 14-2　苏宁云商产业并购基金

因此，上市公司通过设立产业基金，无论是结构化还是非结构化模式，都能够有效地推动产业链的并购整合，促进公司转型和市值增长。同时，通过限制性股票激励核心团队，上市公司也确保了利益的一致性，增强了对产业投资项目的关注和投入，从而提高了整体的投资效益和产业整合效果。

2. 持有上市公司子公司激励股 + 股权并购 / 独立上市

在资本化运作需求下，上市公司面临许多新产业、新模式、新团队方面的问题，比如大量创新创业人才的缺失。同时，内部现有的管理人才经过多年的打拼，也觉得终于“上岸”了，只要每天关注股市变动就能挣得盆满钵满，这种心态下，一大批老员工只想着退居二线或者离职套现。那作为还要运作发展的上市公司，如何能够稳住这批老功臣，又如何能够吸引新生力量加入进来进行创造呢？

上市公司可以寻找有能力、有冲劲、想创业的管理团队，为其提供产业基金、现成的资源和人脉，两者共同合资设立新的产业公司或者经营管理并购后的产业公司。此时，上市公司可以让核心高层在产业子公司持有股权，并与高管团队业绩对赌，达到一定经营业绩条件时，再允许创业子公司独立上市或由上市公司并购管理股权（现金 + 股权的方式）。

通过这种方式，上市公司不仅可以有效促进上市公司团队的个人价值与公司利益高度绑定，也可以享受来自二级市场带来的溢价收益。而且，子公司股权激励的方式更加灵活和直接，其业绩指标既可控又直观，充分体现了“关者有其股”的思想理念。

接下来，通过实际案例来了解这一点。

2024 年，上市公司经纬恒润全资子公司向北京润科通用技术有限公司定向增资 3 128 万元，增资方均为润科通用及其分子公司的劳动合同员工，通过四个员工持股平台［天津润泽通恒投资合伙企业（有限合伙）、天津润祺通恒投资合伙企业（有限合伙）、天津润升通恒投资合伙企业（有限合伙）、天津锦润恒业投资合伙企业（有限合伙］进行增资。

本次增资完成后，公司对润科通用的持股比例下降至 87.0412%，润科通用由公司全资子公司变为公司的控股子公司。

润科通用市场评估值为 73 217.550 0 万元人民币，每 1 元注册资本对应的股东权益价值为 13.31 元。润科通用资产净值 23 998.071 403 元人民币，每 1 元注册资本对应的股东权益价值为 4.36 元。经过上市公司、三方机构与激励对象充分沟通、协商一致确定增资的价格为

3.82 元 / 出资额。认购价格与上述评估值之间的差额，将根据相关法律法规要求确认为股份支付费用。增资后的润科通用股权结构如图 14–3 所示。

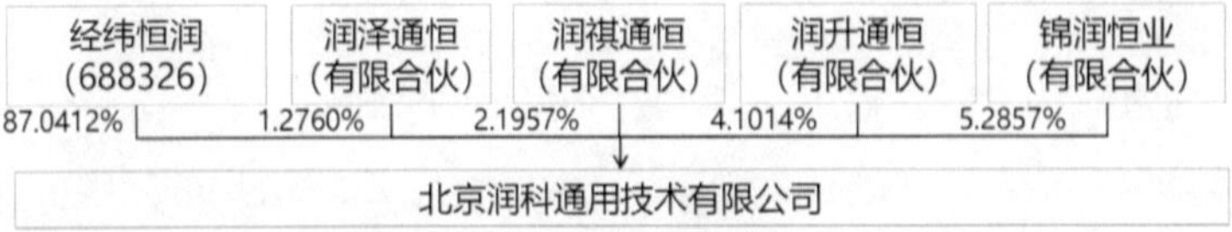

图 14–3　增资后的润科通用股权结构

通过这个案例可以看出，上市公司经纬恒润通过子公司润科通用的股权激励计划，实现了对核心员工的激励和绑定。这种策略不仅有助于稳定老员工，还能吸引新人才，促进公司的持续发展和创新。

增资后，润科通用的股权结构发生了变化，员工通过持股平台参与到公司的股权中，这不仅增强了员工的归属感和积极性，也为公司带来了新的活力。同时，这种股权激励机制也为公司未来可能的独立上市或进一步的资本运作打下了基础。总的来说，这是一种有效的激励和资本运作策略，有助于实现公司、员工和股东的共赢。

3. 事业部独立核算 + 股票期权 / 限制性股票

上市公司并不是一开始就会直接以设立子公司的形式进行产业布局，大多数是先以内部孵化项目的形式，待项目成熟后再进行分拆独立子公司，甚至一些项目长期是以事业部的形式存续。

从经营管理角度出发，上市公司内部事业部也是可以建立经营性报表，以事业部经营性业绩为考核指标，业绩达标后可以提取经营性利润激励事业部核心骨干。也可以像中长期激励基金一样，根据事业部激励奖金的多少授予上市公司限制性股票或股票期权。相关计算公式为：

上市公司股票数额＝事业部激励奖金的 2 倍 ÷ 上市公司 20 日均价

上市公司股票期权数额＝事业部激励奖金 ÷ 上市公司 20 日均价

通过这种方式，上市公司能够将事业部的业绩与核心员工的长期激励紧密结合，促进事业部的持续发展和员工的忠诚度提升。

14.8.3 上市公司股份支付

上市公司为了激励核心高层，稳定团队，授予核心骨干限制性股份或股票期权，当授予激励股的价格低于市场公允价时，激励对象所获得股权所产生的价差收益需计入成本或费用，而该成本或费用并没有实际支付，而是转入公司资本公积，这种行为称为股份支付。

实际上，我们可以理解为，公司以较低的股权价值授予激励对象，激励对象为之付出劳动或服务，其获得股权的价差收益实质上是上市公司的管理成本，该管理成本在未来激励对象出售股票时由二级市场买单。股份支付成本的高低，将直接影响公司的当期损益，设计股权激励时就需要科学合理地计算股权支付成本，不要因为股权支付成本过高影响公司的市值管理。股权支付可以分为已行权和未行权两种方式分别进行计算，它们分别对应限制性股票和股票期权。

1. 限制性股票的股份支付

上市公司 20 个交易日、60 个交易日或者 120 个交易日的交易均价最高值为 10 元 / 股，授予 30 名自然人股东 100 万股，授予价格为 5 元 / 股，股权激励计划中设计 3 年锁定期和 3 年解锁期，同时要求激励对象服务年限不得低于 5 年。

股权激励计划实行后立即行权的，上市公司需按市场公允价和授予价的价差和数量，计算股权支付成本，作为年上市公司工资薪金支付，核算企业所得税时可以税前抵扣。

股权支付成本＝（公允价格—授予价格）× 激励股数

股权支付成本为 500 万元，由于限制性股票分期解禁，会计处理时可以分期计提管理费用，即每年计提 100 万元。股权支付成本增加 100 万元，当期净利润降低 100 万元，同时企业所得税筹划 25 万元（按企业所得税 25% 计算）。

上市公司需在限制性股票解禁的次月 15 日前向主管税务机关报送"上市公司股权激励个人所得税延期纳税备案表"进行报备。激励对象如果没有进行个人所得税递延纳税备案，则激励对象所获得的价差收益则需要并入"工资、薪金所得"，适用 3% ~ 45% 的累进税率核算个人所得税。激励对象进行个人所得税递延纳税备案的，其个人所得税可以递延至限制性股票进行出售时再缴，适用于"财产转让所得"20% 的税率缴纳个人所得税。

2. 股票期权的股份支付

上市公司 20 个交易日、60 个交易日或者 120 个交易日的交易均价最高值为 10 元 / 股，授予 30 名自然人股东 100 万股，授予价格为 10 元 / 股，股票公允价格为 12 元 / 股。激励对象有 3 年等待期，服务年限不得低于 5 年。3 年等待期后，激励对象行权，行权时公司股票价值为 20 元 / 股。

股票期权授予日，上市公司需确认股权支付成本，该股权支付成本不得作为税前抵扣，只能在股票期权行权时作为税前抵扣，该股权支付成本可以根据等待期限进行分摊。计算公式为：

等待期股权支付成本＝（授予日股票公允价格—授予价格）×

股票期权数

行权期股权支付成本＝（行权日股票公允价格－授予价格）× 股票期权数

因此，等待期股权支付成本为 200 万元，分三年分摊，行权期股权支付成本为 1 000 万元，1 000 万元可作税前抵扣。股票期权与限制性股票一样，需向主管税务机关报备，避免按“工资、薪金所得” 3% ~ 45% 的累进税率计算个人所得税。

总而言之，股份支付作为一种有效的员工激励机制，在平衡公司成本与员工激励之间扮演着重要角色。通过精准把握限制性股票与股票期权的会计及税务处理差异，并结合公司实际情况合理规划股权激励方案，上市公司不仅能合规控制成本，还能极大地激发员工潜能，促进企业的长远发展。

15

第 15 章 企业传承

我国有不少企业，是随着改革开放一直存续至今的，老一辈的企业家在渐渐老去，新一代的接班人也在逐步成长。无论新生代能否顺利接过交接棒，首先都要完成老一辈股权财产的分割。由于老一辈企业家比较保守，对股权或家庭的财富比较看重，而且自己强势了一辈子，生怕退休后失去企业的控制权，因此，总会选择在生前不立遗嘱、不做股权分配。

但是，要想真正实现家族企业的传承，企业必须要进行公司控制权的交接，而且还要培养家族接班人，传承家族文化。只有培养好传承人，这类家族企业才能真正实现一代又一代的传续。

15.1 股权继承规则

股权继承顺序和继承分配原则，在法律上均有明确的规定。只有了解股权继承规则，事先做好发生最坏结果的打算，才能设计出更好的企业传承机制。

15.1.1 股权继承顺序

法律上规定，财产继承的第一顺序是配偶（合法婚姻中的配偶）、子女（婚生子女、非婚生子女、养子女和有扶养关系的继子女）、父母（生父母、养父母和有扶养关系的继父母），第二顺序是兄弟姐妹、祖父母、外祖父母。继承开始，由第一顺序继承人继承，如果没有第一顺序继承人，则由第二顺序继承人继承。在特殊情况下，如被继承人立有遗嘱，或者遗嘱无效等情况，遗产的处理方式会有所不同。例如，如果遗嘱中指定了继承人，那么按照遗嘱执行；如果没有第一顺序继承人，或者第一顺序继承人放弃继承权，那么第二顺序继承人可以继承。

15.1.2 股权继承分配原则

根据《中华人民共和国民法典》（以下简称《民法典》）第一千一百三十条的规定，同一顺序的法定继承人在继承遗产时，一般情况下，应当按继承人的人数均等分配遗产数额。夫妻一方在立遗嘱时，可以处分属于自己的那一部分财产，即使这些财产是夫妻共同财产。此外，夫妻双方也可以用共同遗嘱的形式来处分其共同财产。需要注意的是，一方死后，活着的一方没有权利代替死者立遗嘱。也就是说，夫妻两个人都在世时，写遗嘱时要么一起立，要么分开立。比如夫妻双方共同持有公司 60% 的股权，丈夫有 30% 可以自由分配，另外 30% 的股权妻子可以自由分配，各自处分股权比例超过 30% 部分则无效。

15.1.3 不同情形下的股权继承

假如夫妻双方共同持有公司股权比例为 60%，而且他们均没有立遗嘱，也没有设立股权架构和股权传承机制，其中有一方离世后，股权分配该如何分配呢?

第一种情况：有子女可继承。

传统理解为，其中一方离世，应该由另一方继承其财产。实际上，离世方的 30% 股权由第一顺位继承，比如妻子离世，财产就由丈夫和子女均等分继承，而不是直接由丈夫全额继承。而且无论子女是婚生子女、非婚生子女、养子女或有扶养关系的继子女，继承权男女平等，除非个人自愿放弃。假设只有两个子女，股权继承分配完成后，丈夫（健在）持有公司 40% 的股权，子女各自 10% 的股权，丈夫由控股股东转变成为第一大股东。

第二种情况：有父母，也有子女继承。

离世一方的 30% 股权由夫妻另一方、子女、离世方父母第一顺序继承，假设有子女两人，则 30% 的股权均分为 5 份，每份为公司 6% 的股权。假设离世方为妻子，则丈母娘和老丈人有权继承公司 12% 的股权，除非丈母娘和老丈人自愿放弃，但是在人性和公司股权价值面临考验时，会放弃的人不多。

综上所述，股权继承深刻影响着企业的所有权结构和未来发展方向。一般而言，在没有预先规划股权传承机制的情况下，股权的分配将严格遵循法定继承顺序和分配原则，这可能导致企业控制权的变化、家族内部纷争，甚至影响企业的稳定运营。

因此，对于企业家而言，提前了解股权继承规则，根据自身家庭结构、企业现状及未来规划，合理设计股权架构和传承机制至关重要。这包括但不限于设立家族信托、制定遗嘱、进行股权赠与或出售等策略，以确保企业能够平稳过渡，维护家族和谐与企业长远发展。

15.2 立遗嘱的方式和效力

企业家将股权传承给子女，最好的方式就是立遗嘱。这样做不仅不需要承担较高的税负成本，也无须防范子女的婚姻关系的稳定性，更无须担心提前分家产导致晚年“自身难保”的情况。那么选择哪些立遗嘱的方式，既能有保密性又能不伤害亲人感情，还具有法律效力呢？

15.2.1 立遗嘱的方式

立遗嘱的主要方式包括自书遗嘱、代书遗嘱、打印遗嘱、录音录像遗嘱、口头遗嘱和公证遗嘱，每种立遗嘱的方式及其具体做法如表 15-1 所示。

表 15-1　立遗嘱的方式

方式	具体做法	备注
自书遗嘱	遗嘱人亲自书写遗嘱全文，并在每页签名，注明日期。自书遗嘱应当由遗嘱人亲笔签名，并在每页底部编号以防止篡改。如果遗嘱中有涂改、增删，应当在涂改、增删处另行签名	像写日记一样，便捷快速，还具有一定的隐蔽性
代书遗嘱	他人代笔书写的遗嘱。代书遗嘱应当有两个以上见证人在场见证，由其中一人代书，并由代书人、其他见证人和遗嘱人签名，注明日期	需见证人，如儿女长大要分家时，请母舅做证人
打印遗嘱	应当有两个以上见证人在场见证，并在每一页签名，注明日期。打印遗嘱的内容应当由遗嘱人亲笔签名	—
录音录像遗嘱	应当有两个以上见证人在场见证，并在录音录像中记录姓名、肖像和日期。录音录像遗嘱容易被伪造和剪辑，因此需要多个见证人来证明其真实性	—

续表

方式	具体做法	备注
口头遗嘱	在危急情况下可以立的一种遗嘱形式，但必须有两个以上见证人在场见证。危急情况解除后，应当用书面或录音形式重新立遗嘱	临近死亡时期所立
公证遗嘱	由遗嘱人经公证机构办理的一种形式，能确保遗嘱的真实性和法律效力。公证遗嘱是最严格的遗嘱方式，能防止纠纷	最严格也是最复杂的

目前，根据我们团队做股权咨询多年来的经验，自书遗嘱的方式是具有最佳优势的，企业家立完遗嘱后，不需要特意强调内容或子女，只要大家知道遗嘱在哪就行。正如清朝康熙皇帝将传位诏书放在正大光明匾后，待离世后再行宣布。

根据《股权转让所得个人所得税管理办法（试行）》第十三条的规定，继承或将股权转让给其能提供具有法律效力身份关系证明的配偶、父母、子女、祖父母、外祖父母、孙子女、外孙子女、兄弟姐妹以及对转让人承担直接抚养或者赡养义务的抚养人或者赡养人，股权转让收入明显偏低时，视为有正当理由，不需要缴纳个人所得税。

因此，确定好股权传承人后，并不直接进行工商注册变更，这也能够有效防止传承人离异产生股权财产分割问题。

15.2.2 立遗嘱的效力

根据《民法典》的相关规定，继承开始后，如果存在合法有效的遗嘱，应当优先按照遗嘱进行遗产分配，无须采用法定继承。

《民法典》第一千一百四十二条规定："遗嘱人可以撤回、变更自己所立的遗嘱。立遗嘱后，遗嘱人实施与遗嘱内容相反的民事法律行为的，视为对遗嘱相关内容的撤回。立有数份遗嘱，内容相抵触的，以最后的遗嘱为准。”该条款取消了公证遗嘱的优先效力，自书遗嘱、代书遗嘱、录音录像遗嘱和口头遗嘱在效力上具有同等地位。

也就是说，股权的持有者可以选择更加便捷、合理、隐秘的方式约定股权的继承者，也不限于法定继承人继承，更加尊重个人意志的选择。

15.3 股权传承架构设计

在第 4 章中，我们专门介绍过家族股权架构的设计，那么在本节，我们就针对家族股权架构中应用场景较多的股权架构设计进行详细讲解。

15.3.1 兄弟或姐妹间的股权传承

在家族企业的传承与规划中，兄弟或姐妹间的股权分配与传承是一个复杂而敏感的话题。为了确保家族企业的和谐发展与持续繁荣，合理的股权设计显得尤为重要。

在多年的实操经验中，我们发现，有一个方式可以使兄弟或姐妹间的股权分配做到合理有度，即兄弟或姐妹可以各自设立家庭公司，各自的家庭公司在股权继承前由父母持有 99% 的股权，家庭公司再与父母合资设立家族公司（父母自然人持有 10% 股权，兄弟姐妹公司各自 45%），再通过家族公司持有主体公司的股权，具体设计方案如图 15-1 所示。

在图 15-1 中的股权设计下，未来，兄弟或姐妹间投资理念一致的可以由家族公司进行投资，投资理念不一致的可以由各自的家庭公司进行投资。父母自然人持有的股权将由家族公司接班人持有，接班人通过家庭公司股权合并表决权有 55% 的股权，也能对家族公司进行实际控制。企业传承时，只需要在各自的家庭公司进行股权工商变更，传承人就能顺利控制主体公司。

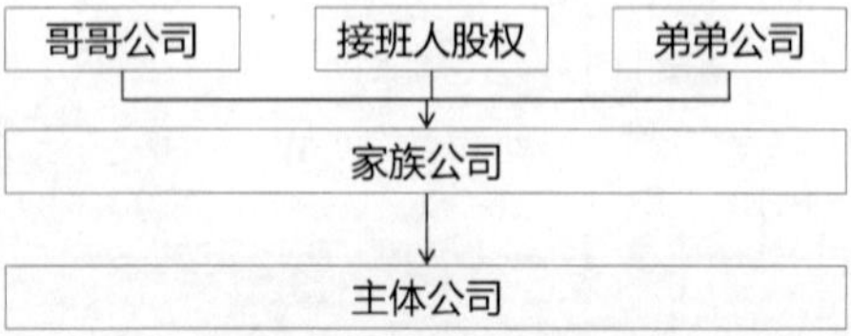

图 15–1　兄弟或姐妹间的股权传承

15.3.2 兄妹和姐弟间的股权传承

如果接班人是女性，我们建议按兄弟或姐妹间的股权传承设计；如果接班人是男性，我们建议股权由哥哥或弟弟持有，姐姐或妹妹获得等价值的金钱。如果公司的资产无法切割，则股权传承者每月可支付姐妹同等资产的利息，约定未来支付本金的方式。

为什么要做出如上分割？在接班人是男性的情况下，我们来对比一下姐姐或妹妹一次性获得股权资产和先获得资产利息未来再获取本金这两种方式，看哪种方式更好。

假如妹妹能够继承 30% 的股权，价值 3 000 万元。第一种，哥哥一次性给妹妹 3 000 万元，这笔钱由妹妹和妹夫共同持有；第二种，哥哥每年按 5% 的利息，给妹妹 150 万元利息费用，3 000 万元资产放在公司，待妹妹或其子女想创业时，可以从公司分期支取创业基金。

很明显，第二种方式对妹妹来说更加安全与理性，且其每年还能获得 150 万元的利息费用。

15.3.3 案例分析：子女众多的股权传承

林总有四个子女，林总希望兄弟姐妹都能有平等的机会和权利继承家业，也希望能够创立一个家庭和睦的家族公司，不希望因为股权分配不均，产生家庭矛盾。我们以此为原则，设计了以下股权传承架构，如图 15-2 所示。

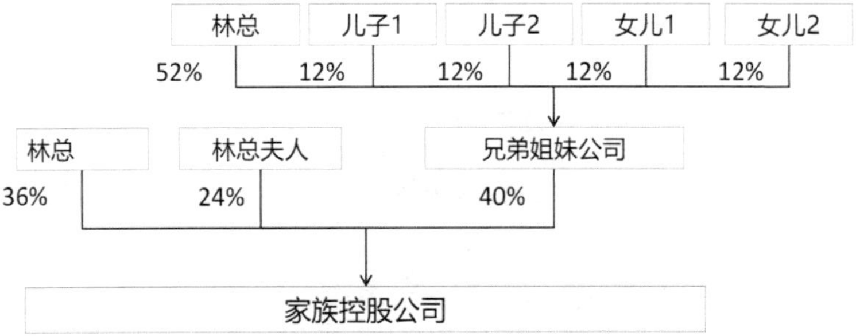

图 15-2　林总公司的股权传承架构

下面我们来看看该股权传承架构是怎样实现林总愿望的。

首先，林总与四个子女合资成立兄弟姐妹公司，林总在兄弟姐妹公司中持有 52% 的股权，兄弟姐妹均等分持有 12% 的股权。兄弟姐妹谁接班管理家族公司，谁就拥有 52% 股权的分红权和决策权，52% 的股权所有者由家族成员选举产生，也就意味着谁当选，谁就控股兄弟姐妹公司。

兄弟姐妹公司所获得的公司分红，在子女未成年之前将留存在公司，不分配给个人；待兄弟姐妹成家立业之后，公司分红款作为使用上限，可用于各自家庭支出和投资理财、再创业等项目；投资理念一致的由兄弟姐妹公司投资，投资理念若不一致，必要时，各个子女均可设立自己的有限公司持有兄弟姐妹公司的股权，进行各自投资理财。

其次，夫妻两人与兄弟姐妹公司共同设立家族公司，其中林总持有 36% 的股权，保持对家族企业一票否决权，该股权只有离世后方可转让。夫妻两人持有的 60% 的股权，平均分配给四位继承人，每人可以持有 15% 的股权。接班人通过兄弟姐妹公司持有 40% 股权，再加上个人持有的 15% 股权，合计具有 55% 的持股比例，对家族控股公司能够形成实质控制。而接班人为家族产业的生产经营效益负责，相较其他兄弟姐妹，接班人多了 20.8% 的分红权。这一具体分配结构如图 15-3 所示。

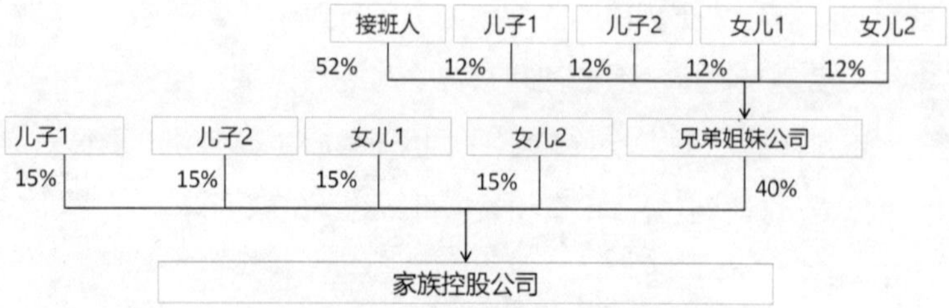

图 15-3　股权传承后的股权结构

最后，通过精心设计的股权传承架构，林总不仅确保了子女间平等的机会和权利，还促进了家族公司的和谐与持续发展，有效避免了因股权分配不均可能引发的家庭矛盾，为家族企业的长远稳定和繁荣奠定了坚实的基础。

15.4 家族企业传承机制

尽管在前文中我们分享了很多关于家族企业传承的遗嘱设立、股权设计等，但实际上，家族企业要想传承得久远，不是单纯依靠外部力量就能实现的。最重要的是要建立起内生力量，需要建立完善的家族企业传承体系，从制定家族接班人标准开始，到进行家族接班人的培养，再到建立起家族企业的治理体系。

下面我们就来探究一下，如何建立起一份完善的家族企业传承机制。

15.4.1 家族企业传承体系

1. 家族创始人或实际控制人组建家族委员会

家族委员会成员由一名族长和 4 名委员组成，成员总数为奇数。首批家族委员会成员可由实际控制人进行推荐组成，任期为三年，三年结束后具有血缘关系的成员可以参与委员选举，族长可连任，但任期不可超过三期。族长卸任后，担任家族委员会独立委员对族长和家族委员具有监督、审查和要求重新选举的权利。

2. 设定“家族宪法”

首期家族委员会共同商议并设定“家族宪法”，“家族宪法”是家族成员必须遵守的“根本制度”。包含且不限于“家族宪法”的修正规则、家族委员会的构成、会议制度、议事规则、族长的权利和义务、委员的权利和义务、家族文化的传承、家族成员的内部规范、家族传承人的基本素养和培养体系、家族成员的奖罚规则、家族成员家族财富的传承规则、家族成员退出制度等。此后，“家族宪法”的修正调整至少需要家族委员会 80% 的成员同意。

3. 家族委员会下设家族办事机构

家族委员会下设家族办公室、家族投资公司、家族学习与发展中心和家族主营业务管理者，具体设计层级如图 15-4 所示。每一位家族委员均可担任办事机构负责人，若无合格人选，可以由非家族委员担任，也可以外部聘请专业顾问或职业经理人。

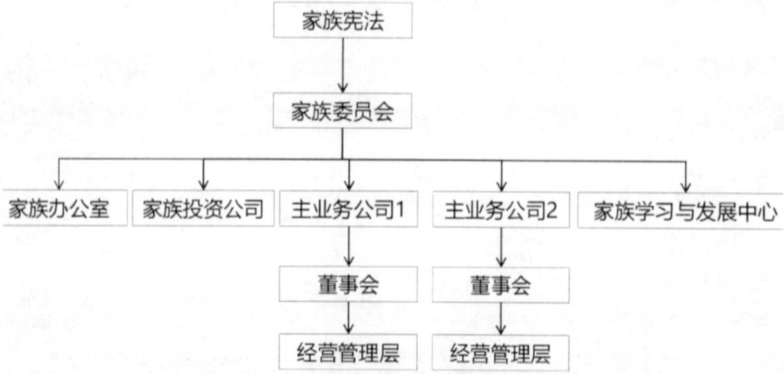

图 15-4　家族企业传承制度

家族办公室是行政机构，主要负责家族委员会和办事机构的正常运营，协助家族族长进行家族事务和人员的管理，负责家族会议召开、组织和记录工作，负责对家族产业的财务情况进行审计和监督。

家族投资公司是家族以自有资金进行产业投资或理财的投资机构。家族投资公司不仅负责公司投资策略的研究分析，还负责家族下属产业投资的风险控制和产业资金的募集和管理。

家族学习与发展中心是为家族企业培养源源不断的家族人才，不断加强和提升家族成员个人综合能力，培训涉及不同领域的核心人才，包括但不限于语言、商业、政界、娱乐体育、古玩字画、红酒等奢侈品品鉴等的能力培养。

家族公司业务管理者主要担任家族核心业务公司的董事长，负责董事会的组建构成和控制或关联公司的运营管理，遵守相关业务公司的董事会规章制度。家族公司股权的所有权归家族成员共同享有，决策权收归家族委员会。

4. 家族财富的分配

家族财富分配由家族成员各自家庭进行代代传承，具体传承比例需在家族办公室进行备案管理，严格按照家族办公室登记的家族财富分配比例进行分配。家族公司每年提取一定比例的家族可分配金额，其中 20% 的资金留存作为家族委员会及下属机构的运营费用，30% 资金用于家族再投资资金，50% 资金用于家族成员按比例分配。

15.4.2 接班人标准

家族企业接班人必须具备工作能力、道德品质、自我驱动力和坚韧的性格。表 15-2 是一份可供参考的家族企业接班人标准。

表 15-2　家族企业接班人标准

基本条件	基本要素	详情
身份特征	血缘	必须具备血缘关系
	性别	男女均可
	家族财富分配权	享有一定比例的家族财富分配权
能力	语言能力	熟练掌握两门以上外语
	学历水平	研究生学历
	经商能力	商业嗅觉敏锐，完成一个自主创业项目估值不低于 10 亿元
	投资能力	具备项目投资可行性分析能力，形成自己的投资策略，且投资操盘过项目不低于 10 亿元
	领导能力	组织领导过不低于 100 人的团队，其团队具备人才的复制和裂变，为企业发展作出特殊贡献
	组织系统认知	任职过人力资源岗位，主导过公司内部组织变革或提交人力资源规划的有效建议
	专业知识	掌握一定财务、法律、税务、品牌、营销、IT 信息知识，考取相关专业证书更佳

续表

基本条件	基本要素	详情
品德	敬业	干一行，爱一行，愿意从基础做起
	责任	责任心强，时时能站在企业利益的角度
	担当	自己的事全力做好，别人的事默默帮助
	真诚	把人多往好处想，真诚对待每个人
	厚道	吃亏不计较，付出不声张
	谦逊	能看到不同人的优点，并能不断提醒自己的不足
	感恩	感恩国家、感恩企业、感恩所有人
内驱力	热情	始终保持高昂的斗志，积极向上的心态
	目标感	有强烈的目标使命感，不达目标不罢休，且有明确的目标分解和规划能力
	自律	在生活、工作、学习中，严格要求自己
	荣誉感	以家族企业为荣，追求自我价值实现的荣誉感

值得注意的是，其实所有家族成员都具有接班的权利，关键就在于谁更优秀、更符合接班人的标准。并且，家族成员中不具备接班人标准的成员，也可以作为家族委员会成员协助接班人共同管理家族企业，或在家族企业中担任核心岗位为家族企业贡献自己的一份力量。

15.4.3 接班人的培养

对家族企业接班人有了一定的标准和人物画像后，我们又该如何培养出家族企业想要的人才呢？这就需要依靠家族学习与发展中心规划了，由家族学习与发展中心规划设计出接班人在不同年龄段接受培训和教育的内容和方式，并保证能做到理论与实际相结合，不以合乎标准为目的，而以人才培养为目标，这样才能培养出合格的接班人团队。表 15-3 是一份可供参考的家族企业接班人培养方案。

表 15-3 家族企业接班人培养方案

年龄	接班人角色	培养目标
0 ~ 18 岁	学生：K12 教育 + 家族教育	接受学校基础教育和家庭综合素质、兴趣爱好教育，培养优秀的学习品质和独立思考能力
18 ~ 28 岁	高等教育：大学教育 + 专业技能	基础知识和组织技能的培养，具备独立分析问题、解决问题的能力，掌握基本的专业知识（财务、税务、法律、工商等）
25 ~ 35 岁	职业管理者：在家族企业内部从基层开始学习，逐步晋升高层	熟悉家族企业，深入基层轮职各个部门，培养经营管理、培养团队、战略决策和解决问题的能力，独立承担重要核心业务板块
35 ~ 45 岁	产业公司领导者：独当一面的领导者	担任家族核心产业 CEO，学会战略布局和产业链投资，产业 + 金融的领导者
45 ~ 55 岁	家族委员会成员：参与家族委员会的运营和管理	全面熟悉家族产业和家族财富的管理，培养家族荣誉感，为家族选拔和培育优秀人才
55 ~ 70 岁	家族领导者：家族委员会委员长	正式成为家族接班人，全面协调家族内外部资源，保持家族基业长青

通过家族学习与发展中心的精心规划与实施，结合不同年龄段的具体培养目标，更能培养出既具备专业技能，又富有家族责任感的接班人了。

第 16 章
股权套现

公司上市后，随着财富的增长，公司原始股东将面临两种选择，一是继续持有公司股权享有公司分红，二是通过出售自己手中的股票获得现金。家族性公司肯定是长期持有公司股权，以做正、做大、做久为家族战略目标，实现家族战略目标过程中会通过资本运作的方式获得现金，而不是出让股权。而持股比例较低、股东结构较分散的企业，往往更倾向于选择股权套现获得现金。

上市公司股东获得现金的方式具有多样性，并不一定需要出售股权，也不一定要在二级市场上出售，他们可以选择股权质押、信托计划、融券出借等方式获取现金。

其实这就是股权套现，那如何在遵守相关法律法规的前提下，合情、合理、合规地进行股权套现，且不影响公司的生产经营，也不影响公司市值的波动呢？本章，我们就来一起探索。

16.1 解除限售流通股

限售流通股是指可流通，但转让受限制的股票。限售流通股在转让的时间和数量上均有明确的规定，符合解除限售条件的，可以向交易所和中国结算[1]申请解除限售上市流通。限售流通股存在的情形可以分为公开发行上市、非公开发行上市、股权激励限售股、重大资产重组。具体如16-1所示。

表16-1　限售流通股的分类

分类	限售情形	限售对象	限售时间
公开发行上市	沪深主板 创业板 科创板	控股股东和实际控制人	发行上市之日起36个月
		董事、监事、高级管理人员	发行上市之日起12个月；在任职期间每年转让的股份不得超过其所持有本公司股份总数的25%；离职后半年内，不得转让其所持有的本公司股份
	公司在创业板、科创板上市时未盈利的，在公司实现盈利前	控股股东、实际控制人	上市之日起3个完整会计年度；第4个会计年度和第5个会计年度内，每年减持的首发前股份不得超过公司股份总数的2%，实现盈利后当年年度报告披露后次日可减持，需遵守其他规定
		董事、监事、高级管理人员及核心技术人员	上市之日起3个完整会计年度；实现盈利后当年年度报告披露后次日可减持，需遵守其他规定
	北交所上市时盈利	控股股东、实际控制人及其亲属，以及上市前直接持有10%以上股份的股东或虽未直接持有但可实际支配10%以上股份表决权的相关主体	发行上市之日起12个月

1　中国证券登记结算有限责任公司，简称为“中国结算”，是依据《中华人民共和国证券法》和《公司法》组建，为证券交易提供集中登记、存管与结算服务，不以营利为目的的法人。

续表

分类	限售情形	限售对象	限售时间
公开发行上市	北交所上市时未盈利	实际控制人、董事、监事、高级管理人员	公司股票上市之日起2个完整会计年度内；实现盈利后当年年度报告披露后次日可减持，需遵守其他规定
非公开发行上市（特定对象发行股票）	沪深主板创业板科创板	上市公司的控股股东、实际控制人或其控制的关联人；取得上市公司实际控制权的投资者；董事会拟引入的境内外战略投资者	非公开发行股份自发行结束之日起18个月内
	北交所	特定对象	自发行结束之日起6个月内不得转让
		成为上市公司控股股东或实际控制人的投资者	认购的股票自发行结束之日起12个月内不得转让
股权激励限制股	沪深主板创业板科创板	第一类限制性股票持有者	上市公司应当规定分期解除限售，每期时限不得少于12个月
		股票期权持有者	上市公司应当规定激励对象分期行权，每期时限不得少于12个月
	创业板科创板	第二类限制性股票持有者	不设限售期
	员工持股计划	非公开发行方式实施员工持股计划	不得低于36个月

续表

分类	限售情形	限售对象	限售时间
重大资产重组（购买、出售的资产占总额的 50% 以上的、营业收入占合并营业收入比例达到 50% 以上的、净资产额达到 50% 以上且超过 5 000 万的）	沪深主板 创业板 科创板	特定对象为上市公司控股股东、实际控制人或者其控制的关联人	36 个月内不得转让；除收购人及其关联人以外的特定对象 24 个月内不得转让；重大重组完成后 6 个月内，如上市公司股票连续 20 个交易日的收盘价低于发行价，或者交易完成后 6 个月期末收盘价低于发行价的，其持有公司股票的锁定期自动延长至少 6 个月
		特定对象通过认购本次发行的股份取得上市公司的实际控制权	
		特定对象取得本次发行的股份时，对其用于认购股份的资产持续拥有权益的时间不足 12 个月	

以上便是关于限售流通股的分类及其限售情形的详细说明。不同的限售情形对应着不同的限售对象和限售时间，这些规定旨在保护市场秩序、维护投资者利益以及促进公司的稳定发展。

详细了解上述表格，可以帮助企业实时监控解售条件，实现股权套现，当然，这一流程需要遵循相关法规和规定，确保限售股的解除限售过程合法合规。

16.2 减持套现

减持是指投资者卖出持有的股份，减少持股数量。而股权套现是指通过卖出股份将持有的股权价值转化为现金的行为。减持是股权套现的一种常见手段，投资者通过减持来实现股权套现，从而获得现金回报。

为了稳定股票市场的稳定性和股民的利益，对上市公司控股股东、实际控制人和高管进行减持股票具有明确的规定。

16.2.1 控股股东、实际控制人减持规定

上市公司最近三年没有实施现金分红或者累计现金分红低于近三年年均净利润的 30%、最近 20 个交易日中任何一天的股票价格低于最近一年每股净资产、最近 20 个交易日中任何一天的股票价格低于公司发行价格时，公司的控股股东或实际控制人及其一致行动人不可以通过交易所集中竞价或大宗交易的方式进行减持股份。

若上市公司首次公开发行披露信息中无控股股东或实际控制人的，那么公司 5% 以上的第一大股东及其一致行动人同样要遵守减持规定。另外，针对实际控制人离异、出让股权、解除一致行动人等情形做出了特殊约定（见表 16-2）。

表 16-2 实控人特殊情形下减持的特殊约定

特殊情形	处理办法
大股东离婚	股份出让方和受让方继续遵守实际控制人减持股份的相关限制
法人股东或非法人组织终止	
法人公司分立	
解除一致行动人	所有一致行动人在解除后 6 个月内继续遵守大股东股份减持的限制
大股东协议转让	受让方和丧失大股东身份的出让方在 6 个月内继续遵守大股东股份减持的限制
限售股股东融券卖出	严令禁止这些行为
本公司股票为标的物的衍生品交易	
限售股转融通出借	

不遵守上市公司减持规定，违规减持者，证监会可以采取责令减持方回购减持股票，同时上缴减持股票产生的价差收益，并增加监管谈话、出具警示函等监管措施，有权加大对违规减持的打击追责力度。

16.2.2 上市公司高管减持规定

上市公司董事、监事和高级管理人员解售之后，在职期间每年转让的股份不得超过所持股份总数的 25%，但所持股份总数不足 1 000 股的，可一次全部转让；董、监、高离职后半年内不得减持股份，半年内增持的股份也将限售锁定；董、监、高离职半年后减持股票将不再受限，深圳证券交易所规定离职 6~12 个月内出售股份不得超过个人持有股票总额的 50%，余额不足 1 000 股的可以一次性全部转让。

此外，解除限售期后，董、监、高也不得从事股票的短期交易，其个人股票交易行为不得影响股票价格的公允性（见表 16–3）。

表 16–3 董、监、高股票交易禁止行为

各种情形	行为处理
买入自家股票 6 个月内再卖出股票	禁止
卖出自家股票 6 个月内再买入股票	禁止
上市公司定期报告公告前 30 日内	禁止股票买卖窗口期
上市公司业绩预告、业绩快报公告前 10 日内	禁止股票买卖窗口期
对公司股票交易价格产生重大影响的重大事项发生之日或在决策过程中，以及依法披露后 2 个交易日内	禁止股票买卖窗口期
中小企业板上市公司高管配偶买卖公司股票	禁止股票买卖窗口期买卖股票

各种情形	行为处理
公司内幕信息公开前	不得买卖本公司股票，或者泄露该信息，或者建议他人买卖本公司股票；应当确保其配偶、父母、子女、兄弟姐妹，其控制的法人或其他组织，不发生因获知内幕信息而买卖本公司股票的行为

如果上市公司高管通过公司股权激励获得限售股，限售股设定特别限售条件、限售期限的，高管需遵守相关规定，通常限售股通过有限合伙企业间接持有，限售条件在合伙协议中补充约定。如为了防止上市后出现高管离职潮，可以约定条款保障公司和股民的利益（见表 16-4）。

表 16-4 如何防止公司上市后的高管离职潮

要点	条款
限售期	自公司发行上市之日起，36 个月内不得出售公司股票，若在此期间离职，则按本金加持股期间活期利息退出
离职即退	无论任何时候、任何原因，激励对象离职，则按本金加持股期间活期利息退出。激励对象在职期间，可以按照相关法律法规进行套现退出
申请制	无论任何时候、任何原因，激励对象离职，需向公司股东会申请保留个人股权，股东会批准则可以继续持有，若股东会否定则公司有权按本金加持股期间活期利息回购其股权
离职限售	激励对象离职后，可以继续持有股权，每年出售股权不得超过其个人当年度持有股权的 25%

从减持作为一种重要的股权套现手段，不仅关乎投资者个人的资金回流与资产配置，更与股票市场的稳定和广大股民的利益紧密相连。因此，无论是上市公司的控股股东、实际控制人，还是高管人员，在进行减持操作时，都必须严格遵守相关法律法规和减持规定，

确保减持行为合法合规，避免对市场造成不必要的冲击和负面影响。

16.3 股权质押

上市公司股东有资金需求时，不一定非要出让公司股权，可以将其手中的股票抵押给银行、保险、信托、证券等金融机构以获取资金。

截至 2024 年 9 月 6 日，A 股市场共有 2 322 家上市公司存在股权质押，占 A 股上市公司总数的 45.54%，股权质押总市值为 2.20 万亿元，累计质押股权数量为 3 382.25 亿股，其中无限售股份质押数量为 3 092.50 亿股，占质押股份数量的 91.43%，限售股份质押占比为 8.57%。可以说，股权质押是上市公司股东最常用的股权融资工具。

股票质押存在一定的风险，当质押物市值下跌导致质押率下降时，借款人需要追加抵押物或者还款；当质押人无法按时还款或者回购股票时，金融机构有权对所质押的股票采取强制清仓措施。

16.3.1 股权质押条件

公开发行上市的股份，上市交易之日起一年内不得质押，公司董、监、高同样受限，而离职后半年内也不能质押。通常，金融机构会选择业绩优良、流通股本规模适中、股票流动性好、交易量适中的上市公司，保障质押股票在最差情形下能够有效降低风险。

那些持续亏损、股票价格波动幅度超过 200%、流通股本过于集中、被证券交易所停牌或除牌或警示的上市公司，将不被金融机构认可，较难通过股权质押获得资金。

16.3.2 股权质押机构和费用

股权质押对企业方而言是一种融资工具，对金融机构而言是一项贷款业务，也是与上市公司建立合作的一种契机，只要做好风险控制就能够创收。因此，愿意参与股权质押的金融机构种类繁多，包括各大银行、担保公司、小贷公司、投资管理公司、信托公司、农村信用社、商业银行、国有控股银行、国家政策性银行、券商等，这些机构通过提供资金支持，促进了股权质押市场的发展。

金融机构会根据上市公司股票的市值、流动性等因素确定可出借金额，以及需质押股票的价值，一般质押率为 30% ~ 70%，具体计算公式为：

质押率 = 借款金额 ÷ 质押股票价值 ×100%

金融机构一般收取股权质押利率为年度 8.5% ~ 9%，利率取决于市场利率、抵押物质押率、借款期限等因素。

16.3.3 股权质押登记及限制

根据公司的性质，金融机构开展股权质押业务时，需在不同的机构进行质押登记，不同类型公司股权质押登记机构如表 16-5 所示，质押人违约时方便及时处理股权，保障金融机构利益。

表 16-5　不同类型公司股权质押登记机构

公司性质	登记机构
已上市的股份有限公司	证券登记机构
未上市的内资股份有限公司	工商行政管理机关
未上市的内资有限责任公司	工商行政管理机关
外商投资企业	审批机关办理审批及向工商行政管理机关办理登记

监管机构明确规定单只上市公司股票质押比例不得超过 50%，

也就是最多可以将上市公司 50% 的股票进行质押，就是为了防止单只股票质押率过度集中，从而降低市场风险。而且，为了保护投资者的利益，单一证券公司接受质押股权比例不得超过 30%，单一资管产品接受质押股权比例不得超过 15%，这样做不仅降低了质押人的风险，也降低了金融机构投资人和上市公司股民的投资风险。

股权质押为上市公司股东提供了一种灵活的资金获取方式，而无须直接出售其持有的股份，从而保持了股东对企业的所有权和控制权。然而，这种融资方式也伴随着一定的风险，特别是当市场波动导致质押物价值下降时，股东可能需要追加抵押物或面临强制清仓的风险。

因此，对于上市公司股东而言，在选择股权质押作为套现手段时，应充分评估自身的资金需求、风险承受能力和市场状况，确保在获取资金的同时，不会对企业的稳定运营和自身的股东地位造成不利影响。

16.4 信托计划

实际控制人或董、监、高通过家族信托减持或增持上市公司股票，不仅可以实现税务筹划和成本控制，还可以通过资产隔离和财富传承保护家族财富。那么，实际控制人具体可以怎么做呢？

实际控制人或董、监、高设立家族信托后，将其委托给信托公司，实际控制人或董、监、高可以将自己持有的股权转入信托计划，或者通过信托计划增持上市公司股权，具体方式如图 16-1 所示。

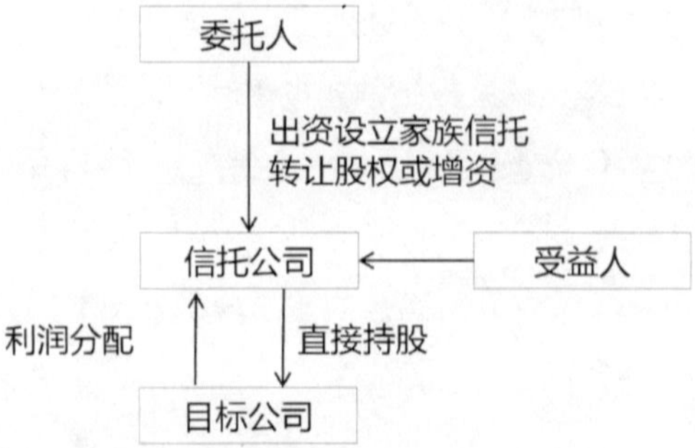

图 16-1　家族信托减持上市公司股票

上市公司股价较低时，大股东及董、监、高难以下定决心进行股票减持，倒不如将个人股票转让至家族信托计划中，待上市公司股价到合理价位时，再通过信托计划进行减持。

在这个过程中，大股东及董、监、高消除了减持的负面影响，而且家族信托所持股票数量控制在上市公司股票总股数 5% 以内，家族信托卖出股票时无须进行信息披露，也不受大股东和董、监、高的减持限制，具有较强的减持灵活性。

16.5 大宗交易

在交易的股票数额或金额较大的情况下，上市公司股票买卖双方为了降低对股价产生的冲击，在证券交易所进行协议买卖股票的交易方式，称为大宗交易。

国内 A 股市场规定，单笔交易数量等于或者超过 30 万股，或者交易金额超过 200 万元（含）人民币的，均需要通过大宗交易完成股票所有权转让。北交所规定，单笔买卖申报数量不低于 10 万股，或者交易金额不低于 100 万元人民币的，需要通过大宗交易。

大股东或实际控制人预通过大宗交易进行减持套现的，需提前 15 个交易日向证券交易所报告预先披露减持计划，而且在 3 个月内减持股份的总数不得超过公司股份总数的 2%；股份受让方在受让后 6 个月内不得减持其所受让的股份。虽然大宗交易是买卖双方进行协商，但是也要参考交易所确定的定价规则，交易所定价规则具体如表 16–6 所示。

表 16–6　大宗交易定价上限与下限

交易所	大宗交易定价
上海证券交易所、深圳证券交易所	价格上限：不高于当日竞价交易实时成交均价的 120% 和已成交最高价的孰低值； 价格下限：不低于当日竞价交易实时成交均价的 80% 和已成交最低价的孰高值
北京证券交易所	价格上限：不高于前收盘价的 130% 或当日已成交的最高价格中的较高者； 价格下限：不低于前收盘价的 70% 或当日已成交的最低价格中的较低者

总的来说，大宗交易为上市公司大股东或实际控制人提供了一种相对温和且受监管的方式来实现减持套现，既能在一定程度上减少对二级市场的股价冲击，又需遵循严格的预披露和减持比例限制，确保了市场信息的透明度和公平性。

通过大宗交易，股东可以在符合交易所定价规则的前提下，与受让方协商确定一个相对合理的股价区间进行股份转让，从而有效管理自身的股权结构和财务安排。然而，这一过程中股东仍需谨慎行事，以避免因过度减持或不当操作而引发市场负面反应，影响公司形象和长期发展。

16.6 集中竞价交易

通过证券交易所公开竞价的方式买卖上市公司股票，确定股票成交价的，称为集中竞价交易。

在具体规则上，大股东通过证券交易所集中竞价交易减持股份，或者其他股东通过证券交易所集中竞价交易减持其持有的公司首次公开发行前发行的股份的，3 个月内减持股份的总数不得超过公司股份总数的 1%。

因此，大股东集中竞价减持具有降低减持成本、缩短减持周期和交易公开透明的优点，但也可能被市场解读为不看好公司发展前景，导致投资者信心下降和影响公司市场形象。

总体而言，大股东通过集中竞价交易减持股份提供了一种相对高效且成本较低的方式来实现资本回收。尽管这种方式在操作上具有诸多便利性，但它也可能影响市场信心和公司的整体市场形象。因此，大股东在采取集中竞价减持时，需权衡利弊，谨慎决策，以维护公司和所有股东的长远利益。

16.7 资本运作套现

资本运作套现是指企业或个人通过资本市场的各种交易手段，将持有的股权或其他资产转换为现金的过程。这种操作不仅涉及复杂的财务策略，还可能对公司的股价、市值以及股东的利益产生重大影响。以下是一些具体的资本运作套现案例，它们展示了不同的套现策略及其背后的逻辑。

16.7.1 借道股权并购，业绩对赌，老股套现

华谊兄弟传媒股份有限公司（以下简称“华谊兄弟”）是中国一家知名综合性民营娱乐集团，由王中军、王中磊兄弟在 1994 年创立，1998 年投资著名导演冯小刚的影片《没完没了》、姜文导演的影片《鬼子来了》正式进入电影行业。

上市后，华谊兄弟通过高溢价并购明星公司股权，一次次并购助推公司股价屡创新高，公司市值一度高达 900 亿元。其中最为经典的是与张国立的“股权并购 + 业绩对赌”案例。

在这起案例中，华谊兄弟以 2.52 亿元常升建设集团有限公司（以下简称“浙江常升”）70% 的股权，而浙江常升由南京弘立星恒文化传播有限公司（以下简称“弘立星恒”）和北京嘉木文化传媒有限公司（以下简称“嘉木文化”）两家影视公司合资控股，其中张国立作为独立法人运营的弘立星恒占股 90%。

从占股比例上看，简单来说就是华谊兄弟收购了张国立的公司。而 2.52 亿元的高价在当时业界也引起了不小的惊动，最终买卖后，张国立拿到了 6 400 万元现金，嘉木文化拿到了 3 600 万元现金，其他的 1.52 亿元换购成了张国立持有华谊兄弟的股票，其具体过程如图 16-2 所示。

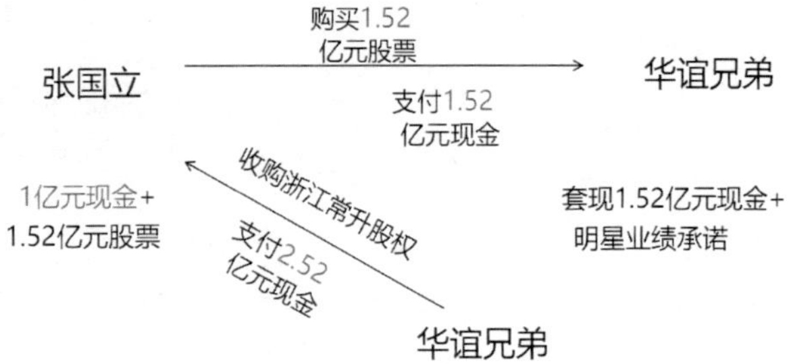

图 16-2 华谊兄弟股权并购与股权套现

从某种意义上看，这是一次华谊兄弟的股票套现事件，但是，这次套现中，华谊兄弟还与张国立有一条补充协议，就是框住张国立的对赌协议。当时，张国立觉得自己还很年轻，于是与华谊兄弟签下了为期 5 年的对赌协议。

此后，在很多公共场合，张国立也曾坦白说，自从签了对赌协议，就没有之前那么自在了，不能再由着本人的爱好选剧本，也不能像以前一样任性地回绝那些策划、综艺类的商务活动，其也不得不一次次地迎合资本市场的需求，进行演艺工作。

可以看出，华谊兄弟通过高溢价并购张国立控股的浙江常升，不仅实现了对明星资源的整合，还巧妙地利用"股权并购＋业绩对赌"的策略，让张国立等明星股东在获得即时现金回报的同时，将其部分收益转化为华谊兄弟的股票。

这一操作不仅为华谊兄弟带来了股价上涨和市值提升的正面效应，还通过业绩对赌机制确保了明星股东在一定期限内对公司的业绩贡献，从而实现了双赢。

16.7.2 回购股权稳定股价，收购关联公司

2023 年 8 月 23 日，云南恩捷新材料股份有限公司（以下简称"恩捷股份"）控股股东李晓明先生基于对公司未来发展前景的信心及长期投资价值的认可，自愿承诺 6 个月内不减持其个人所持有的恩捷股份所有的股票。

2023 年 9 月 28 日，恩捷股份公告拟以自有资金不低于人民币 30 000.00 万元（含）且不超过人民币 50 000.00 万元（含），以不超过人民币 101.00 元 / 股（含）的价格回购公司股份，回购的股份用于实施股权激励或员工持股计划。

2023 年 9 月 28 日，公告恩捷股份收购上海恩捷新材料科技有

限公司（以下简称“上海恩捷”）关联股东马燕、程跃持有的 3.25% 股权及 1.53% 股权的评估报告，上海恩捷全部净资产 122.075 2 亿元，归属恩捷股份 115.994 2 亿元，采用收益法评估后为 547 亿元，评估增值率 371.58%。而当天恩捷股份收盘价 58.36 元 / 股，市值 570.177 2 亿元。

最终，恩捷股份与转让方在评估值的基础上协商确定交易总金额为 26.134 5 亿元。自此，恩捷股份 100% 控股上海恩捷。图 16-3 为上海恩捷被收购前的股权结构。

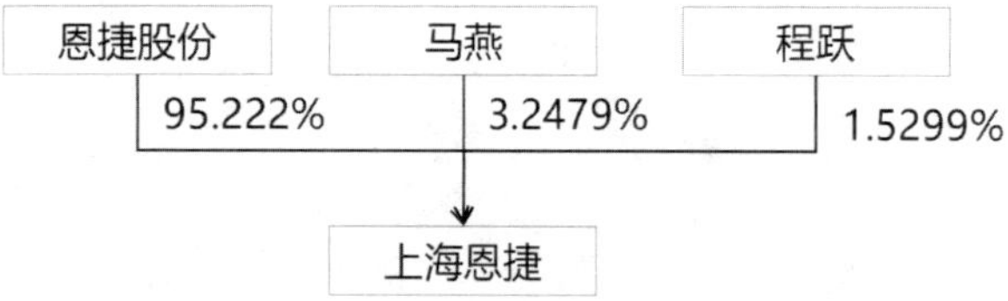

图 16-3　上海恩捷被收购前的股权结构

上海恩捷股东马燕是恩捷股份实际控制人李晓明的妻子，程跃曾任上海恩捷总经理、恩捷股份高级副总裁，两人均担任过恩捷股份董事，于披露该方案前两个月才离职。最终，由于恩捷股份战略需求，终止该关联公司的并购。

在此并购之前，恩捷股份于 2018 年 4 月 28 日公告恩捷股份收购上海恩捷，上海恩捷 100% 股权评估值为 550 095.24 万元，最终确定价格为 555 000 万元，评估增值率将超过 300%。2017 年预测净利润值为 3.78 亿元，市盈率倍数为 14.68 倍。最终支付方式采用恩捷股份向上海恩捷股东发行股份，购买其各自持有的上海恩捷的股权。上海恩捷被收购前的股权结构如图 16-4 所示。

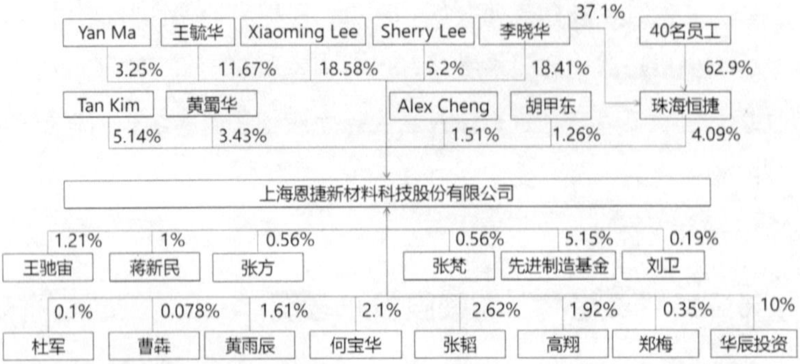

图 16–4　上海恩捷被收购前的股权结构

从股权套现的角度来看，恩捷股份的一系列操作，包括控股股东李晓明先生的不减持承诺、公司回购股份以及收购关联公司上海恩捷的股权，都蕴含了深层的财务策略与市场考量。

首先，李晓明先生的不减持承诺为市场传递了积极信号，增强了投资者对公司未来发展的信心，有助于稳定股价，减少因大股东减持可能带来的市场波动和负面影响。

其次，公司回购股份的行为不仅可以用于实施股权激励或员工持股计划，提升员工的归属感和工作积极性，还可能在未来通过股价上涨实现股权增值，为公司和股东创造更大的财富。同时，回购股份也是公司利用自有资金进行市值管理的一种方式，有助于提升公司的市场价值和竞争力。

然而，在收购关联公司上海恩捷的股权时，虽然最终由于战略需求终止了并购，但在此之前，恩捷股份已经通过收购行为大幅提升了上海恩捷的估值，并实现了股权的增值。对于关联股东马燕和程跃来说，他们通过转让所持有的上海恩捷股权，获得了可观的套现收益。而恩捷股份则通过这一系列的收购和整合，进一步巩固了对上海恩捷的控制权，提升了公司的整体实力和盈利能力。

总的来说，从股权套现的角度来看，恩捷股份的这些操作既体现了公司的战略眼光和财务智慧，也为相关股东创造了套现的机会和收益。但需要注意的是，股权套现行为应基于公司的长期发展和股东的整体利益，我们要避免过度套现，以防对公司的长远发展造成损害。

16.7.3 “类借壳”与控股股东套现

汉嘉设计集团股份有限公司（以下简称“汉嘉设计”）控股股东浙江城建集团股份有限公司（以下简称“城建集团”）于 2024 年 9 月 10 日与苏州泰联智信投资管理合伙企业（有限合伙）（以下简称“泰联智信”）签署了股权转让协议，泰联智信受让城建集团持有的公司 67 721 000 股股份，该部分股份为无限售条件流通股，转让对价总额为 7.125 亿元，转让股份合计占公司总股本的 29.9998%。汉嘉设计停牌重组时股价为 6.59 元/股，股权转让价格为 10.521 1 元/股，增值率为 59.65%。

股权转让完成后，城建集团仍持有 21.6021% 的股权，实际控制人变更为泰联智信，而泰联智信的执行事务合伙人为沈刚、程倬，双方约定无法形成一致意见时以沈刚的意见为准。

同时，汉嘉设计拟以现金支付的方式，向苏州市伏泰信息科技股份有限公司（以下简称“伏泰科技”）的 62 名股东收购其合计持有的目标公司 21 445 459 股股份（占伏泰科技总股本的 51%），合计对价人民币 5.813 99 亿元。其中，支付现金 3.183 2 亿元收购沈刚、程倬、范延军和泰联智信持有的伏泰科技 27.9184% 的股份，具体运作过程如图 16-5 所示。

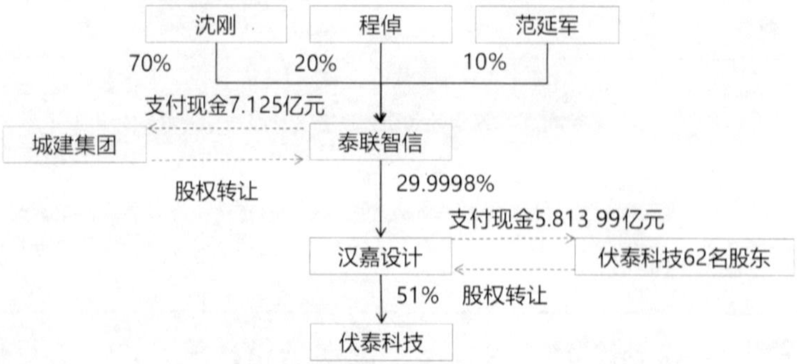

图 16-5　汉嘉设计资本运作路线

自此，汉嘉设计原实际控制人完成了 7.125 亿元股权套现，汉嘉设计支出 5.813 99 亿元收购伏泰科技优质资产，汉嘉设计的主营业务从城市规划扩展至软件领域，且上市公司盈利将主要来自伏泰科技。原实际控制人在不影响二级市场价格波动的情况下，实现股权溢价套现，虽然失去了控制权，但是汉嘉设计的整体市值得到有效提升，实现了原实际控制人、投资人和股民的多方共赢。

汉嘉设计收购伏泰科技 51% 股权交易对价为 5.81 亿元，占汉嘉设计资产净额的 47.36%；而伏泰科技 11.89 亿元的资产总额，也仅汉嘉设计资产总额的 44.65%，未构成重大资产重组，仅需通过股东会即可，无须证监会审核。上市公司重大资产重组财务指标如表 16-7 所示。

表 16-7　上市公司重大资产重组财务指标

财务指标	标准
资产总额	购买、出售的资产总额占上市公司最近一个会计年度经审计的合并财务会计报告期末资产总额的比例达到 50% 以上

续表

财务指标	标准
营业收入	购买、出售的资产在最近一个会计年度所产生的营业收入占上市公司同期经审计的合并财务会计报告营业收入的比例达到 50% 以上
净资产	购买、出售的资产净额占上市公司最近一个会计年度经审计的合并财务会计报告期末净资产额的比例达到 50% 以上，且超过 5000 万元人民币

从股权套现的角度来看，汉嘉设计的控股股东城建集团通过精心策划的股权转让，成功实现了高达 7.125 亿元的股权溢价套现。

这一操作不仅避免了二级市场的价格波动影响，还通过引入新的实际控制人泰联智信，为上市公司带来了伏泰科技这一优质资产，从而有效提升了汉嘉设计的整体市值。原实际控制人在失去控制权的同时，实现了个人财富的大幅增值，而上市公司则通过收购伏泰科技，成功拓展了业务范围，提升了盈利能力。

这种“类借壳”的资本运作方式，实现了原实际控制人、投资人和股民的多方共赢，为股权套现提供了一种新的思路和模式。

17

第 17 章 股权退出

公司上市后，融资渠道也变得更广泛、更丰富了，比如公司可以通过公开市场进行股票、债券等方式募集资金了。但此时，公司的股东结构也更加分散和复杂，比如需要引进基金、信托、战略投资人、投资公司、股民等；公司治理机制要求也变得更高，比如要搭建股东会、董事会、监事会、总经理和合伙人委员会的治理体系；股东权益的调整也变得更加频繁，比如实际控制人变更、并购产业链、实施股权激励、重大资产重组等资本运作；股权价值溢价也变得更高，股东更加看重股权的价值，哪怕千分之一的股权都会争取。

因此，上市公司股权的纠纷更复杂，更加难以调整，往往需要更加严密的治理体系和监管机构，否则只能通过法律程序进行解决了。

自 2019 年 1 月 1 日至 2024 年 2 月 1 日，与公司有关纠纷的 402 419 篇裁判文书统计，有关股权转让纠纷事项占比 35%，公司清算案件占比 9%，股东资格确认纠纷案件占比 6%，股东知情权、损害公司利益责任、股东出资纠纷案件占比 4%……这些纠纷案件共占据了 54%，而这些案件的发生大多数是因为在股东间的退出机制上未约定清晰，当公司做大做强后，再商议股东的利益和退出便变得尤其困难。

因此，在本章中，我们将重点介绍公司上市前、上市后的股权退出要点、股权退出机制的设计、股权退出工具的运用，避免公司做大后产生不必要的股权纠纷。

17.1 上市前的退出

非上市公司与上市公司在退出机制设计上，最大的差异点在于，上市公司有公开市场的参考股价，能够实时反映公司股权的价值，而非上市公司只能设定内部股价机制，最公允的价格就是参考非上市公司当年度的每股账面净资产。

而退出机制的价格约定，也是在不同情形下触发的，有按原始投资额收回、按净资产收回、按内部股价收回、零元收回、按原始投资额与净资产或内部股价孰高为原则收回、按原始投资额与净资产或内部股价孰高为原则收回等多种方式，在方案设计过程中，需要大胆假设、小心求证不同退出情形下，退出机制对于公司或激励对象的公平性与合理性。

目前，比较常见的股东退出方式有以下几种。

17.1.1 在职退出

非上市公司股东在职期间的退出，取决于公司预留股权池的多少。若公司预留股权池较充沛，则期望合伙人长期持有股权；若公司预留股权池较少，则需要快速回购股权再授予新的激励对象，保持股权池的流动性。非上市公司股东在职期间退出设计时，需根据不同情形，选择工商注册、锁定期、分期退出、退出价格、回购方、支付方式等设计因素，表 17-1 是一份可供参考的非上市公司股东在职期间退出设计方案。

表 17-1　非上市公司股东在职期间退出设计

序号	是否允许退出	是否工商注册	锁定期	分期退出	退出价格	回购方	支付方式	适用情形
1	允许	否	有	分期	内部股价	公司或指定对象	一次性支付	成长型企业的期股
2	允许	否	有	分期	内部股价	公司或指定对象	分三年支付	成长型企业的期股
3	允许	否	有	分期	账面净资产	公司或指定对象	一次性支付	成熟型企业的期股
4	允许	否	有	分期	账面净资产	公司或指定对象	分三年支付	成熟型企业的期股
5	允许	是	有	分期	账面净资产	普通合伙人或其指定对象	一次性支付	成熟型企业的限制性实股

续表

序号	是否允许退出	是否工商注册	锁定期	分期退出	退出价格	回购方	支付方式	适用情形
6	允许	是	有	分期	账面净资产	普通合伙人或其指定对象	分三年支付	成熟型企业的限制性实股
7	允许	是	有	分期	外部投资人估值	外部投资人	一次性支付	解锁后的限制性实股
8	允许	是	无	分期	账面净资产	普通合伙人或其指定对象	一次性支付	退休股
9	允许	是	无	分期	外部投资人估值	外部投资人	一次性支付	外部投资股东
10	允许	是	有	不分期	账面净资产	普通合伙人或其指定对象	一次性支付	公司内部投资股东
11	允许	是	有	不分期	外部投资人估值	外部投资人	一次性支付	解锁后的限制性实股一次性被并购

续表

序号	是否允许退出	是否工商注册	锁定期	分期退出	退出价格	回购方	支付方式	适用情形
12	允许	是	有	不分期	协商定价	原有股东优先认购	协商支付方式	兄弟姐妹间投资股东
13	不允许	在职期间只允许享有分红权，不享有增值权						—

需要注意的是，在锁定期内，合伙人在职期间不得退出，除非离职退出；锁定期后，可以分三期进行兑现退出，每期退出的比例可自行设计，通常采用每期 1/3 或每期按持股总数的 30% ：30% ：40% 进行退出；股权回购款分三年支付，以约束退出股东，使其不得做出不利于公司发展的事情。

总之，非上市公司在设计股东退出机制时，需综合考虑公司发展阶段、股权池规模、股东类型等因素，通过合理设定工商注册要求、锁定期、分期退出比例、退出价格、回购方和支付方式等关键要素，以确保退出机制既能满足公司长期发展需求，又能保障股东的合理权益，实现公司与股东之间的共赢。

17.1.2 离职退出

非上市公司股东离职时，一般情况下其个人股权最好能被 100% 收回，特殊情况下，可以允许股东向公司股东会申请继续持有，在实操中，有很多公司股东的继续持有时限很长，可以继续持有至过世，甚至还可以由指定继承人继承持有。

当股东属于离职退出时，企业需考虑合伙人过错行为离职、非恶意行为离职和正常离职三大情形，设计不同的股权退出方案。而不同退出情形下，退出的价格、是否享有当年度利益、是否要求赔偿、是否分期支付购股款、是否允许继续持有均有所不同，需要根据企业的实际情况设计。表 17-2 中列举了一些非上市公司股东离职退出的设计方案。

表 17-2　非上市公司股东离职退出设计

序号	离职情形	是否工商注册	退出价格	当年度收益是否享有	是否赔偿	回购方	支付方式	是否继续持有
1	触碰高压线的行为或与其他单位建立事实劳动合同关系或公司认定的过错行为	否	退还原始出资额	否	是	公司	一年内两次支付	否
2		否	不退还原始出资额	否	是	公司	一年内两次支付	否
3		是	退还原始出资额	否	是	普通合伙人或其指定对象	一年内两次支付	否
4	自身原因提前解除劳动合同或违反国家法律无法正常工作或因公司人员调整被辞退	否	退还原始出资额	否	否	公司	一次性支付	否
5		否	退还原始出资额 + 已解锁的增值收益	否	否	公司	本金一次性支付，增值收益分三年支付	否
6		否	退还原始出资额 + 已解锁的增值收益	否	否	公司	本金一次性支付，增值收益分三年支付	否

续表

序号	离职情形	是否工商注册	退出价格	当年度收益是否享有	是否赔偿	回购方	支付方式	是否继续持有
7	自身原因提前解除劳动合同或违反国家法律无法正常工作或因公司人员调整被辞退	否	原始出资额的60%，若当期股价低于入股价，则按当期股价60%	否	是	公司	一次性支付	否
8		是	原始出资额	否	是	普通合伙人或其指定对象	一次性支付	否
9		是	协商价格	否	是	普通合伙人许可的合伙人	双方协商	否
		是	账面净资产与近两年平均净利润的2倍估值孰高为原则	否	是	普通合伙人许可的合伙人	双方协商	否
10	合同到期，双方友好协商不再续约；丧失劳动能力而离职	否	退还原始出资额	享有在职期间的利益	否	公司	一次性支付	否
11		否	当期内部股价	享有在职期间的利益	否	公司	本金一次性支付，增值收益分三年支付	否

续表

序号	离职情形	是否工商注册	退出价格	当年度收益是否享有	是否赔偿	回购方	支付方式	是否继续持有
12	合同到期，双方友好协商不再续约；丧失劳动能力而离职	否	当期内部股价与原始购买价的孰高者	享有在职期间的利益	否	公司	本金一次性支付，增值收益分三年支付	否
13		否	当期内部股价与原始购买价的孰高者	享有在职期间的利益	否	公司	本金一次性支付，增值收益分三年支付	否
14		是	当期内部股价	享有在职期间的利益	否	普通合伙人或其指定对象	本金一次性支付，增值收益分三年支付	可申请
15		是	协商价格	享有在职期间的利益	否	普通合伙人或其指定对象	双方协商	可申请
16		是	账面净资产与近两年平均净利润的 3 倍估值孰高为原则	享有在职期间的利益	否	普通合伙人或其指定对象	双方协商	可申请

通过对合伙人过错行为离职、非恶意行为离职和正常离职三大情形对比分析，可以看出，合伙人过错行为退出是最严格、代价最高的，甚至还会要求赔偿（赔偿金额可以自行约定，或以投资额为上限额度）；正常离职情形下合伙人的权益能得到充分的保障，甚至允许相互协商定价，这种协商定价是基于公司或普通合伙人不愿

意认购其股权的情况下才会进行的。

17.1.3 离婚退出

2023年时，A股上市公司的实控人以及股东们掀起了“离婚潮”。据统计，2024年以来，仅人工智能类型的公司中就有富邦股份、三六零、彤程新材、科信技术、天地数码、通合科技、回天新材、赛腾股份、卓胜微、国光股份、邦彦技术和上海沪工等10家上市公司董事长选择与配偶离婚，“分手费”总计高达288亿元。

这些离婚案例中，虽然财产分割手段五花八门，但是女方们都拿到巨额股票，甚至还有男方“净身出户”，女方最终拿着股票的案例。这一系列的操作难免让股民产生一些猜想——这些老板可能离婚是假，减持是真。

上市公司高管减持股票是不能一次性减持的，每年只能减持其持有股权的25%，直至达到1 000股才能一次性减持。试想，一家上市公司市值100亿元，实际控制人持有价值51亿元的股权，每天波动一个点就是上下5 000万元，看着巨额财富的起落，却不能将其装进口袋，是多么痛苦的事情。

为此，上市公司套现减持的手段层出不穷，有融券的，有抵押的，有资本并购的，也有离婚的。那么，上市公司的高管们到底是真离婚，还是假离婚呢？我们就要看国家法律法规是否有强制要求离婚时必须分割股权，或者说是否有必须把股权给另一半的约定了。

根据《民法典》第一千零六十二条的规定，夫妻双方在婚姻关系存续期间持有的上市公司股票、有限责任公司股权、个人独资企业股权及合伙企业份额，均属于夫妻共同财产，在离婚时应当予以分割。而具体到个案，不同类型的股权，份额的分割方法也有所区别。

首先，无论公司股权是非上市公司，还是上市公司，男女双方都可以自行协商，将股权、股份全部归一方所有，支付另一方对价款即可。也就是说，离婚不一定要进行股权转让，付现金也是可以的。有限公司当中，夫妻双方协商一致将出资额部分或者全部转让给该股东的配偶，其他股东过半数同意，并且其他股东均明确表示放弃优先购买权的，该股东的配偶可以成为该公司股东，也就是妻子要想成为有限公司股东还是需要第三者同意的，第三方有优先受让权。

其次，男女双方自行协商不一致的情况下，根据不同公司的情况采用不同的方式，核心在于能不能把股权价值评估出来。

1. 上市公司

上市公司股票因其可以在市场上公开交易，且其价值也可根据交易日的公允价值确定，所以，在离婚财产分割过程中，分割的难度较低，且操作简便。对于双方协商不成或按市价分配有困难的，法院也可以根据数量按比例进行分配。也就是说，双方谈不好付多少现金，法院就可以分股票了。

2. 有限责任公司

有限责任公司的人合性较高，在实务中，其股权价值往往较难认定。如果有限公司只有夫妻双方股东，且协商不一致时，法院可以判决股权平均分割。要想规避分割后 50% ：50% 的股权结构，一方面，可以设立控股公司；另一方面，夫妻双方有一方不参与公司的经营。对夫妻公司中一方仅是挂名，不参与经营，也无经营能力，双方离婚后无法共同经营，可将公司股权绝大部分归有经营能力的一方所有，另一方挂 5% 以下股权，分得绝大部分股权的一方可给对方适当补偿（可按其应分得的股权份额）。

如补偿数额较大，为保护企业正常运转，应采取较长时间的分期支付方式；对公司账目齐全、经营状况不好、双方同意清算解散公司的，可在清算后分配公司剩余财产。

3. 个人独资企业

如一方主张经营个人独资企业的，对企业资产进行评估后，由取得个人独立企业资产所有权一方向另一方进行折价补偿；如双方均主张经营该企业的，在双方竞价基础上，由取得个人独立企业资产所有权的一方向另一方进行折价补偿。

4. 合伙企业

若夫妻双方无法协商一致，或未参与合伙企业的一方不想参与合伙企业，则一般是由有合伙份额的一方对另一方进行折价补偿。补偿的标准可以根据该合伙企业的运营情况进行判断，运营一般的合伙企业，可将出资额作为标准；运营良好的合伙企业，其价值一般高于出资额，此时，可对该合伙企业进行评估，按评估标准进行折价。

概括而言，企业实际控制人应该提前做好股权架构设计，设立控股公司，加强自身经营决策权，提升对企业的管理权。同时，在股权合伙协议或股权授予协议中，需强调持有股权的必须是直接持有人，合伙人的配偶不能作为股权的持有人。合伙人与配偶解除婚姻关系，非经实际控制人事先同意，合伙人不可擅自向其配偶或原配偶转让、赠予或分割其所持有的股权。

公司股权相关财产利益被认定为夫妻共同财产的，由合伙人直接向其配偶或原配偶支付对应的财产利益补偿；合伙人不补偿或不愿补偿，导致相关股权存在被分割的风险的，则触发公司对该部分股权的回购权。

届时，公司有权选择要求合伙人将被法定或根据任何契约分配给其配偶或原配偶的那部分激励股权进行退出，由公司安排回购，公司有权指定主体根据当期内部股权价格全部或部分进行购买，并将回购款打至合伙人指定的账户。

17.1.4 离世退出

无论是虚拟股，还是工商注册股东，签署股权合伙协议前，都需签署指定传承人声明，强调其个人因意外身故时，个人所持有的股权可由指定传承人受让、继承或享有股权权益。事先约定，能够有效避免事后纠纷，许多公司就是因为没有事先约定，合伙人离世后股权归属不清晰，导致无法进行工商变更，最终影响公司的正常经营。甚至，如果在公司上市的关键时间点股东离世，且股权传承人未明确，将直接影响企业的上市进度。

股东离世后，由公司或指定对象进行回购股权时，通常是按照公司内部股价进行退出，且股权支付款是一次性支付给传承人。

传承人由合伙人在其配偶、父母或子女中指定 1 人持有，公司仅对指定传承人负责；合伙人家庭内部可自行约定收益分配比例。传承人依传承取得的财产份额仅享有分红权及增值权，不享有表决权等其他权利。

变更（取消、增加或替换）传承人或另立遗嘱对财产份额做出其他处置的，必须经合伙企业普通合伙人书面确认，否则不发生效力。前述情形下，财产份额仍按本计划书载明的方式处分，传承人及其他继承人（如有）关于财产份额收益等争议由当事人另行解决。具体可见以下指定传承人声明模板。

指定传承人声明模板

本人____（身份证号：________）获授持有 AAAA 合伙企业（有限合伙）（以下简称“合伙企业”）财产份额。关于财产份额的传承事宜，本人声明如下：

1. 符合《AAAA 有限公司股权激励计划》等相关文件载明的传

承条件时，财产份额由以下人员传承：

姓名:______（身份证号:___________）。传承人联系电话及地址:_________________。

发送到上述联系电话及地址的短信、微信、函件等即视为传承人（或其监护人）收到。联系电话及地址发生变更的，本人于变更后 3 日内告知合伙企业执行事务合伙人。

2. 本人变更（取消、增加或替换）传承人或另立遗嘱对财产份额做出其他处置的，必须经合伙企业执行事务合伙人书面确认，否则不发生效力。前述情形下，财产份额仍按《AAAA 有限公司股权激励计划》载明的方式处分，传承人及其他继承人（如有）关于财产份额收益等争议由当事人另行解决。

特此声明。

声明人：

日期：　　年　月　日

总之，上市公司高管在面对股权分割和传承问题时，需要遵循相关法律法规，并通过合理的股权架构设计和传承人指定，确保公司运营的稳定性和股权的合理流转。通过这些措施，可以最大限度地减少因个人婚姻或意外身故带来的公司运营风险，保障企业和股东的长远利益。

17.2 上市后的退出

上市公司的股票在二级市场可以自由买卖，当投资者持股比例达到 5% 时，才需要履行报告和信息的披露。在此之前，投资者可能通过多个法人主体进行股票增持，若不披露，则上市公司无法判断该行为是否为恶意收购、实际控制人的控股地位是否受威胁、实际控制人是否会被恶意清退等。因此，公司上市后至关重要的一件事情就是设计防范恶意收购的机制，其次才是设计防范董、监、高离职卖股机制。

17.2.1 防止恶意被清退

在资本市场日益活跃的今天，上市公司面临着被恶意收购的风险，这不仅关系公司的股权结构稳定，更直接影响公司的长远发展及股东利益。为了有效防范恶意收购行为，保护公司及股东的合法权益，上市公司需采取一系列策略性措施，从公司章程的制定到公司治理结构的优化，全面构建起反收购的防御体系。

1. 如何界定恶意收购行为

上市公司要防范被恶意收购，所采取的反收购措施必须符合国家法律法规，不得危害上市公司股东的利益。上市公司章程上可以界定清楚什么样的收购行为是恶意行为，如果发生这些恶意行为，则可以授权董事会进行相对应的反收购措施。在公司章程中可以列明反收购措施，后续采用非章程规定范围内的反收购措施，则需要上报股东会决议。

上市公司章程中界定恶意收购行为的有以下三种。

第一种：未经公司董事会允许的情况下，期望通过股权收购或与其他股东一致行动人等方式，获得上市公司控制权或达到对公司决策具有重大影响力的目的，所采取的一切收购行为均是恶意收购行为。该行为包括但不限于二级市场买入流通股、协议转让或大宗交易获得股份等。

第二种：收购方通过各种方式获得上市公司股权比例达到举牌线（上市公司股权比例达到 5%）时，未向证监会、交易所书面报告，并通知上市公司向社会公众公告的行为，董事会有权界定为恶意收购。

第三种：授予上市公司董事会自主裁量权，通过董事会决议认定收购方收购上市公司股份的行为是恶意收购行为，则界定为恶意收购行为。

2. 提高特别决议事项的表决通过比例

公司章程中特别决议事项主要包括修改公司章程的决议、增加注册资本、减少注册资本、公司合并、分立、解散、变更公司形式，需要2/3以上表决权股东同意。公司法规定单独持股3%或合并持股3%股东，具有向股东会提出审议内容的权利，为避免这些提案被通过，特别是反并购条款的修改，可以将反并购条款纳入特别决议事项中，并提高特别决议事项的表决通过比例，可以提高到3/4或4/5（公司法对通过比例设定了最低要求，并未否定不得提高通过比例）。

3. 限制改选董事

企业并购的成功取决于在董事会成员董事名额是否占据绝大多数，董事会是上市公司实际经营管理机构，实际控制人通过对董事会的控制实现对上市公司的实际控制。董事会任期为三年，会发生改选的情形有：当期董事任期到期、董事任期内辞职或其他原因导致董事会成员低于法定人数时。

当收购方通过收购达到一定股权比例，且董事会任期到期需重新选举董事，若收购方由此占据一定的董事名额时，将会对上市公司的经营管理产生一定的影响。因此，需要在董事改选上做出一定的限制，比如董事会候选人名单需由实际参与公司经营管理的董事联名推荐上报股东会批准、董事选举采用累积投票制的规则选举产生、董事会成员大多数成员必须是公司经营管理团队成员、股东会不得无故罢免任期内的董事。

甚至，有些上市公司会约定，每期改选董事会成员的比例不得超过 20% 或人数不得超过 2 人等，来规避恶意收购方对公司董事会的控制。

累积投票制的选举制度，对于中小股东来说是一种权益的保护，在选举董事时可以将其个人所有的合法票数（每个股份持有者按其有表决权的股份数与被选人数的乘积为其应有的票数）集中到某一董事上，有效防止大股东利用表决权优势操纵选举，矫正“一股一票”表决制度存在的弊端。

举例：某公司要选 5 名董事，公司股份共 1 000 股，股东共 10 人，其中 1 名大股东持有 510 股，即拥有公司 51% 股份；其他 9 名股东共计持有 490 股，合计拥有公司 49% 的股份。在累积投票制下，表决权的总数为 1 000×5=5 000（票），控股股东总计拥有的票数为 2 550 票，其他 9 名股东合计拥有 2 450 票。控股股东不会因为其个人拥有 51% 控制权而完全控制董事名额，因为控制股东需考虑如何将 2 550 票分配给合适的董事成员，进而保障董事会的控制权，而小股东则可以集中大多数票数抢占董事会名额。

累积投票制的选举规则，促使收购方持有的股权比例尽可能多，才能对董事会形成实际控制。当然，此种方法也会促使收购方尽早地以较小的持股比例进入董事会，这就需要在董事改选上作出更好的限制。

4. 提高董事任职资格

上市公司章程中对董事会成员的构成作出设计，对董事履行职责所必须具备的知识、工作年限、工作成就、工作背景和资格作出特殊约定，将有利于提升公司管理层的专业度，避免外行人指导内行人，排除野蛮人的入侵，维护公司和全体股东的利益，表 17-3 是一份可供参考的执行董事任职资格。

表 17-3　执行董事任职资格

基本要素	条件
学历	大学本科及以上学历
本公司年限	本公司就职年限不得低于 36 个月
本公司职龄	担任本公司高级管理岗位职龄不低于 12 个月且绩效考核优秀
工作经验	独立、全面负责过董事会下设委员会工作； 上市公司担任董、监、高一职的经验； 投资或创办过与本公司类似或相同的产业
婚姻关系	已婚，且夫妻关系稳定，家庭幸福美满
身体健康	身体和心理健康，无突发性疾病史。提供体检和心理测试报告
生活习惯	无不良嗜好，精神状态健康有活力
法律风险	没有违法犯罪记录

通过明确规定执行董事的任职资格，上市公司能够确保董事会成员具备必要的专业知识和经验，从而提高公司治理水平，保护公司及其股东的利益，同时促进公司的稳定发展。

5. 定向增资

在界定恶意收购行为发生时，上市公司向除并购方之外的投资人定向发行一定比例的股份数额，或者向董事会认可的多家战略投资机构发行与并购方等比例的股权，进一步地降低并购方在公司的股权比例和话语权。

当并购方持有股权比例达到 10% 时，上市公司可以向公司在职员工发行限制性股票，限制性股票价格可以参考市场价格的 50%，限制性股票采取增发的方式，且遵守上市公司股权激励管理办法规章制度。

6. 增加财务危机

上市公司面临被并购时，可以通过提前偿还债务、提前偿还贷款等方式降低资产负债率和现金流风险，以及战略性签署低利率合同、暂停研发投入、调整供应商等方式牺牲公司长期利益换取短期利益，增加了升上市公司财务风险。当然，对上市公司的资产、负债、权益或者经营成果造成重大影响，必须经股东大会的批准。

对于并购方而言，需要并购的是长期优质资产，而不是高价并购那些提前透支生命力的企业，当被并购方实施这些反并购措施时，并购方要么能够快速完成并购，整合资源调整财务风险，要么选择套现离场。

7. 公司管理层对抗恶意并购方

公司遇上恶意收购行为时，可以与管理层签订新的劳动合同并增加补充条款，公司控制权发生变更后，需提升管理层薪资待遇和补偿金。高级管理层在合同期内被辞退解雇的，需额外支付补偿性遣散费。董事会拟订高级管理层的薪酬方案，以及享有额外补偿和遣散费的人员名单和金额，并上报股东会批准。

为进一步保障高级管理层的权益，高级管理层可以共同签署协议，约定在收购完成后，高级管理层有人被降职或革职时，则全部管理人员集体辞职。当然，公司的高级管理层阵容越强大、越精干，对被收购方越重要，越能保障自己的权益，提升并购难度。

13.2.2 防范离职卖股机制

上市公司股权套现的方式是多样的，但是员工持股平台的套现方式就相对简单了。

自公司在证券交易所上市且符合法定减持条件后，经员工持股平台执行事务合伙人书面同意，可以减持通过合伙企业持有的上市公司股份。为了简化减持流程，执行事务合伙人将每年设定减持申请窗口期，并提前 5 个工作日通知有限合伙人。有限合伙人可以在每年窗口期内向执行事务合伙人提出书面申请，减持通过合伙企业间接持有的上市公司股份。执行事务合伙人汇总全部合伙人的减持申请后，统一决定合伙企业减持上市公司股份的时间并进行减持。

而且，通过有限合伙企业持股平台持有上市公司股权，在退出机制上更加灵活。为了规避公司上市后高管离职潮的出现，在有限合伙协议中约定好离职后上市公司股票的处理方式。具体有以下几种方式。

第一种：在职离职高管一视同仁。

上市公司股权激励对象无论在职，还是离职，均统一通过有限合伙企业减持，每年减持比例不超过其持有股票数额的25%。

第二种：设置上市后股票锁定期。

公司上市后，锁定期（5年）内任何时间离职的，均不得在二级市场减持套现，将由有限合伙企业执行事务合伙人或其指定对象回购激励对象所持有的财产份额，回购款按本金加约定利息的方式，计算公式为：

转让款项 = 退伙人的实缴出资额 ×(1 + 6% × n) − 合伙企业历年累计向其实际支付的股息、红利

其中，n= 出资年份，按照实际出资天数除以360计算，保留小数点后2位。

锁定期（5年）后，激励对象离职的，可以按证监法规进行减持套现。

第三种：设置离职禁售期。

公司上市后，激励对象离职后，仍有36个月的禁售期，不得通过有限合伙企业减持其个人股票，若禁售期内，激励对象存在违反公司竞业禁止协议的行为，则限合伙企业执行事务合伙人或其指定对象有权按本金加银行活期利息回购其股票。离职禁售期（36个月）

后，可以按证监法规进行减持套现。

第四种：根据不同离职情形，设置回购机制。

离职情形主要分为过错形为、客观但产生影响、正常离职三大类，不同情形下的股权回购款定价和支付方式略有差异，可以根据实际情况设计。表 17-4 是一份上市公司不同离职情形下的股权回购机制方案，仅供大家参考。

表 17-4　上市公司不同离职情形下的股权回购机制

<table>
<tr><th>特殊情况</th><th>上市后未满锁定期</th><th>上市后且满锁定期</th></tr>
<tr><td>1. 激励对象严重违反公司的规章制度而被停职或开除；
2. 公司有证据证明激励对象与其他单位建立事实劳动合同关系并严重损害公司利益或者影响其履行本职工作而被公司停职或者开除；
3. 公司有证据证明激励对象存在严重失职、索贿、受贿、贪污、盗窃、侵占公司财产、泄露公司经营和技术秘密、损害公司声誉或利益等情形而对其予以停职或开除</td><td colspan="2">普通合伙人或指定的第三方优先按照原始购股金额回购激励对象所持有的全部财产份额（激励对象行为造成公司发生损失的，应先扣除损失额）。回购款项于激励对象办完离职手续后 12 个月内支付 50%，24 个月内支付剩下的 50%。
若普通合伙人及其指定的第三方放弃受让激励对象的财产份额，则激励对象可将所持财产份额转让给员工持股平台内的其他有限合伙人，转让价格双方协商确定</td></tr>
<tr><td>4. 激励对象因自身原因与公司提前解除劳动合同而离职；
5. 激励对象因公司人员调整而被辞退</td><td>普通合伙人或指定的第三方优先按照原始购股价加年单利 6% 回购激励对象所持有的全部财产份额。回购款项于激励对象办完退股手续后 6 个月内支付 50%，12 个月内支付剩下的 50%。若普通合伙人及其指定的第三方放弃受让激励对象的财产份额，则激励对象可将所持财产份额转让给员工持股平台内的其他有限合伙人，转让价格双方协商确定</td><td>财产份额应转让给普通合伙人或普通合伙人指定的第三人，其他合伙人放弃优先购买权。
转让款项 = 退伙生效日前 60 个交易日平均股价 × 退伙人财产份额占合伙企业出资总额比例 × 合伙企业持有的股票数量 ×50%</td></tr>
</table>

续表

特殊情况	上市后未满锁定期	上市后且满锁定期
6. 合同到期，双方友好协商不再续约； 7. 激励对象因退休而离职； 8. 激励对象丧失劳动能力而离职	普通合伙人或指定的第三方优先按照原始购股价加年单利 6% 回购激励对象所持有的全部财产份额。回购款项于激励对象办完退股手续后 6 个月内支付 50%，12 个月内支付剩下的 50%。若普通合伙人及其指定的第三方放弃受让激励对象的财产份额，则激励对象可将所持财产份额转让给员工持股平台内的其他有限合伙人，转让价格双方协商确定	财产份额应转让给普通合伙人或普通合伙人指定的第三人，其他合伙人放弃优先购买权 转让款项 = 退伙生效日前 60 个交易日平均股价 × 退伙人财产份额占合伙企业出资总额比例 × 合伙企业持有的股票数量 ×90%
9. 激励对象去世	普通合伙人或指定的第三方优先按照原始购股价加年单利 6% 回购激励对象所持有的全部财产份额。回购款项一次性支付给法定继承人	财产份额应转让给普通合伙人或普通合伙人指定的第三人，其他合伙人放弃优先购买权。 转让款项 = 退伙生效日前 60 个交易日平均股价 × 退伙人财产份额占合伙企业出资总额比例 × 合伙企业持有的股票数量 ×90%。 款项一次性支付给法定继承人

总而言之，上市公司应综合考虑各种风险因素，制定并实施综合性的防范机制，以确保公司的稳定发展并保护股东的利益。

17.3 案例分析：股权纷争，始于退出漏洞

大多数企业较小的时候，忙于生存，无暇顾及股权的退出设计，

待到做大后，想进行个性化计让退出机制时，此时才发现对公司的控制权已无法达到修改章程的地步。

那么，企业上市后，应如何设计退出机制，防范被恶意收购，或防范高管离职纠纷，甚至防范企业家被赶出董事会呢？

17.3.1 正面案例：使用“毒丸计划”防范恶意收购

实际控制人为了企业的发展，会不断地增资扩股，此时，个人股权会不断被稀释。公司上市后，实际控制人的地位将受到资本方或产业投资方的威胁，资本方会想要收购上市公司的股票成为第一大股东，对公司董事会进行重组，变更实际控制人。

所以，如果没有提前设计好对抗外部资本的恶意收购行为，原实际控制人就会慢慢淡出公司管理层，为他人作了嫁衣。

那么股东该如何防范这种恶意行为，不至于被恶意清退呢？

上市公司为了防止被其他公司恶意收购，可以规定公司一旦发生收购行为，原股东可以行使特定的优先权利，如股东优先购股权或者大量增加公司负债，或者公司管理层有一人岗位异动则集体辞职，或者提前供应商还款或解除供应商、经销商合作等。

通过这些行为，降低收购价值，提升收购成本，收购方就像吞下毒丸一样，需要承受收购后的不利后果。“毒丸计划”一旦实施，就是“伤敌一千、自损八百”，对公司股价会产生较严重的冲击，将很难获得中小投资者的支持，国内上市公司成功采用“毒丸计划”的可能为 0，大多数是停留在提出相关措施但未经过股东会批准的阶段，但同样会给外资投资者敲响警钟。

使用“毒丸计划”较为成功的案例要数新浪公司反击上海盛大网络发展有限公司（以下简称“盛大网络”）并购的事件了，该事件的发展过程如下。

（1）协议收购遭婉拒。2004年10月，盛大网络董事长陈天桥与新浪管理层、董事会协商，通过协议收购方式控股新浪，但遭婉拒。

（2）秘密收购新浪股权。陈天桥为避开单一股东股权比例达5%需公告披露，通过四家关联公司购买新浪公司股票，截至2005年2月18日，陈天桥持有新浪公司19.5%的股权。

（3）毒丸计划。如果盛大网络及关联方再收购新浪0.5%或以上的股权，新浪原股东（盛大网络关联公司除外）将有权以半价购买新浪公司的普通股，普通股来源于定向增发，若该计划实施完成，则盛大持有新浪19.5%的股权将被稀释到2.28%。

（4）最终盛大网络放弃收购新浪公司。

“毒丸计划”作为一种有效的防御策略，不仅为上市公司原实际控制人及股东提供了在面临恶意收购时的保护机制，还确保了他们在必要时能够维护自身的股权利益，避免被强制清退。尽管这一策略可能对公司的股价造成短期冲击，并可能影响中小投资者的情绪，但从长远来看，它为公司管理层争取到了战略调整和时间缓冲，以应对潜在的敌意收购。

因此，对于可能面临类似威胁的上市公司而言，提前规划和实施有效的股权保护机制，如“毒丸计划”，是确保股权有序、安全退出的关键一步。

17.3.2 正面案例：寻找“白衣骑士”守护实际控制人

国美电器实际控制人黄光裕与职业经理人陈晓的股权之争，在众多股权纠纷案例之中尤其经典，其中涉及联合外部投资机构稀释控股股东股权、董事会特殊权利设计、员工股权激励绑定核心高管、“白衣骑士”借款增持股权等资本运作。

最终在多方利益的权衡之下，国美电器控制人成功避免了被清退的结局，其具体资本运作路径如下。

首先，国美电器并购上海永乐家用电器有限公司（以下简称“永乐电器”），强强联手。2006 年 11 月 15 日，国美电器收购上海永乐家用电器有限公司（以下简称“永乐电器”）大约 23 亿股份，占永乐电器已发行股份的 98.24%，并对 1.76% 股份进行强制收购，永乐电器成为国美电器全资子公司。国美电器采用“现金 + 股份”的方式进行并购，其中一股永乐电器的股权可以获得 0.3274 股国美股份和 0.1736 港元。并购后的国美电器的主要股东结构如图 17–1 所示。

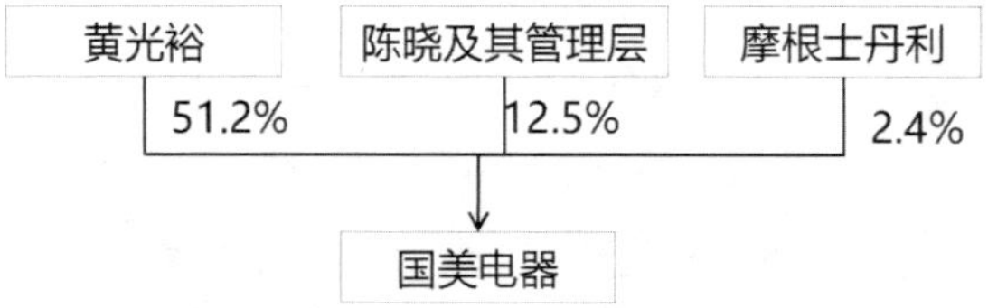

图 17–1　国美电器并购永乐电器后的主要股东结构

其次，董事长特殊机制，将为他人作嫁衣。2006 年黄光裕股权频繁减持，担心会威胁到他董事长的地位，在股权比例仍较大的情况下，推动股东大会同意修改公司章程。新修改的公司章程中约定，增加董事会权限：董事会可以随时进行董事任免、增减等董事会结构调整，且不受人数限制；股东大会赋予董事会进行设计并实施股权融资、定向增发以及对管理层、员工实施各种期权、股权激励等方案，且无须经过股东大会批准。

也就是说，黄光裕可以现在减持套现，将来发现有人收购公司股权时，国美董事长可以随时发起增资保持股权比例不变。但是，当黄光裕不再担任董事长一职时，新任董事长可以通过增资扩股和改组董事会等方式，降低其在国美电器的影响力。

再次，引进贝恩资本[1]，走出资金困境。2008年11月，黄光裕被捕，股价跌到1港元，银行授信额度一度下降到10亿元。危难时刻，黄晓担任董事长，并组建国美决策委员会和执行委员会，决策委员会由陈晓、王俊洲、魏秋立三人组成，执行委员会由黄光裕的妹妹、国美上海大区总经理黄秀虹等11位国美高管组成，负责公司日常经营与管理。

2009年6月，贝恩资本以15.9亿元购买国美电器七年期可转债，转为股权后约占国美电器10.8%的股权。同时，要求陈晓的董事局主席任期至少三年以上；国美电器的不良贷款率不能超过1亿元；国美执行董事中必须有陈晓、王俊洲、魏秋立三人中的一人；贝恩资本占国美董事会3个非执行董事席位。自此，贝恩资本在国美电器公司治理机构中，占据至关重要的地位。只持有2%股权的陈晓只需要获得贝恩资本的支持，就可以在董事会上与黄光裕具有分庭抗礼的资格了。

复次，实施股权激励，绑定董事会高管。引入贝恩资本后，国美电器实施了首次股权激励方案。国美电器发行3.83亿股股份，发行价格为1.90港元，授予国美电器董事及高管，受益人数达到105人，陈晓等11名高管共获其中的1.255亿股，其余将分配给其他管理人员。按照当时国美公司的治理规则来看，该股权激励并不需要事先经过股东大会的审议。自此，受益的高层管理和董事，全力支持陈晓。

又次，积极筹备资金以防股权被稀释。2009年年底，国美电器已发行总股本150亿股，其中黄光裕名下有51亿股股份。一旦国美增发20%即30亿股，总股本将达到180亿股，若黄光裕家族不参与

1　贝恩公司，又称贝恩资本、贝恩资本公司、Bain Capital。成立于1973年，总部设于马萨诸塞州波士顿。是一家全球领先的战略咨询公司，为客户提供战略、运营、技术、组织以及兼并购方面的咨询业务。

增发或无钱增发，其股权将被摊薄至 28.33%。为了保持 34% 的控制权，黄光裕家族积极寻找具有良好合作关系的商业伙伴筹备资金，防范董事会不通知大股东而自行增发的“突袭”。

最后，携手资本，重夺控制权。黄光裕以其收回其私人公司拥有的“国美电器”商标使用权和 370 多家非上市门店的管理权为条件，终止继续推进增发 20% 股份的计划。2010 年 9 月 28 日股东会最终决议，董事会免除了增发股份的权力，陈晓等管理层得以继续留任，黄光裕家族股权被稀释的警报解除。

国美股权之争中，国美电器寻找到的商业合作伙伴就扮演了“白衣骑士”的角色，出具资金支持国美对抗第三方，最终资本方在利益的平衡下，选择了黄光裕家族。

因此，为保持公司控制权的稳定，寻找一些长期合作的“白衣骑士”至关重要。

17.3.3 负面案例：顶层设计有问题，创始人丧失公司控制权

曾经，惠州雷士光电科技有限公司（以下简称“雷士照明”）市值高达 160 亿港元，是行业排名世界第五的企业，但自从雷士照明控股权之争落幕后，公司市值长期低于 5 亿港元。那么，是什么导致了这种结果呢？追本溯源，其实是雷士照明的历史股权结构，以及实际控制人吴长江“三进三出”公司的股权架构调整，没有从根本上解决股权架构问题，反而“驱虎吞狼”，一步步将公司带入绝境。最终，吴长江因挪用公款罪被判有期徒刑 10 年。雷士照明的股权结构步步调，步步错，值得我们深思。

下面是其具体过程。

首先，创始股权分散，随时被清退。

创业之初，吴长江联合高中同学杜刚、胡永宏共同设立惠州雷士照明有限公司，吴长江顾念兄弟情深，大手一挥，让两位同学各持有 27.5% 股权，两人合计持有雷士照明 55% 的股权，其股权占比如图 17–2 所示。

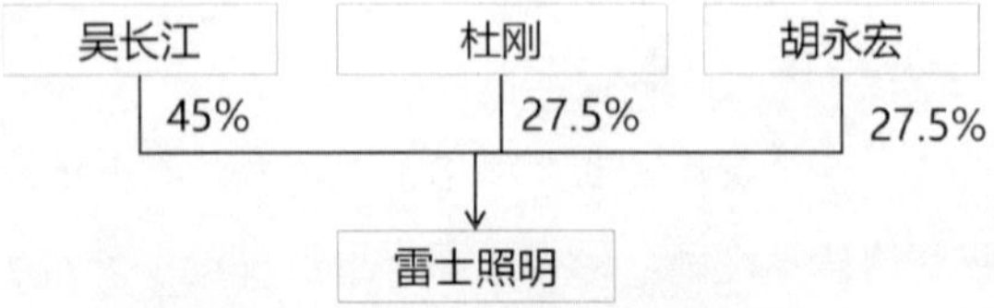

图 17–2　雷士照明创始股权结构

此时，如果杜刚和胡永宏联合在一起，持股比例达到 50% 以上，对公司一般事项具有决策权，创始人在公司决策权上处处受限制。事实也的确如此，2002 年吴长江为了兄弟情义，主动稀释个人股权，三位创始人每人 1/3 的股权，吴长江失去一票否决权。最终，吴长江于 2005 年被另外两位创始人劝退，吴长江拿着 8000 万元退出公司。

其次，联合“白衣骑士”，收回股权。

吴长江先退为进，之后找来多位“白衣骑士”，由供应商、经销商和中层管理干部投票表决留下吴长江，北京软银赛富投资顾问有限公司（以下简称“软银赛富”）还提供资金帮助吴长江收购两位创始人股权。软银赛富以 2 200 万美元购买了雷士照明约 55.5 万股股票，占雷士股权的 35.71%。经过这一系列资本操作，吴长江持股比例最终定格在 41.8%，但股东构成更加多元化，此时的股权占比如图 17–3 所示。

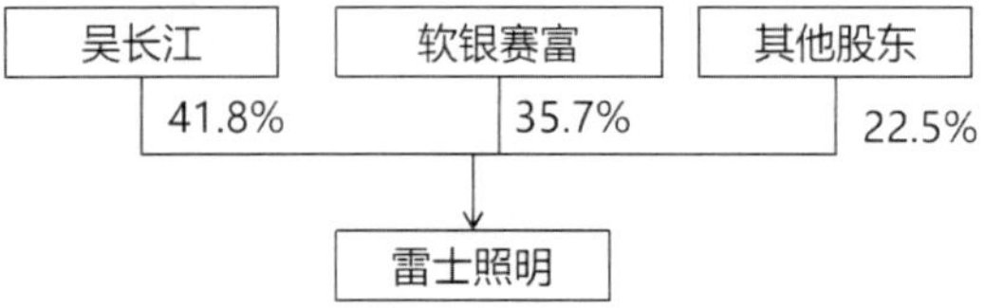

图 17-3　引进软银赛富后的股权结构

再次，持续增资，步步稀释。

吴长江由于与软银赛富经营理念不同，就开始引进高盛投资来降低软银赛富的持股比例，最终，高盛投资投资了 3 655 万美元获得雷士照明 9.39% 的股份，软银赛富也增资 1 000 万美元总持股比例达到 30.73%，反而是吴长江的股份降到了 29.33%，此时的股权占比如图 17-4 所示。

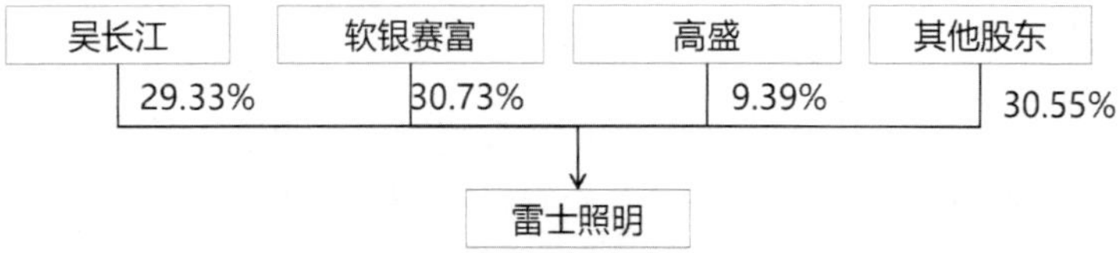

图 17-4　引进高盛后的股权结构

复次，公司上市，内忧外患，吴长江最终退出董事会。

2010 年，雷士照明在香港上市成功，市值最高达 160 亿港元。软银赛富引入照明行业的巨无霸施耐德电气有限公司（以下简称“施耐德”）占股 9.22%，成为公司第三大股东。吴长江的股权进一步稀释为 19.95%，对雷士照明失去控制力（见图 17-5）。2012 年 5 月，吴长江因为涉嫌关联交易，要求配合调查，在此情况下，被投资人要求其辞去董事长职务，退出雷士照明。

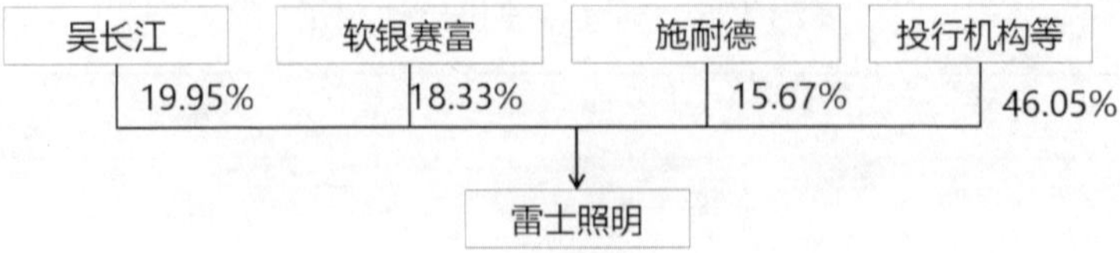

图 17-5　引进施耐德后的股权结构

最后，“白衣骑士”真假难辨，创始人锒铛入狱。

吴长江将雷士照明的股权置换持有广东德豪润达电气股份有限公司（以下简称“德豪润达”）的股权，成了德豪润达的第二大股东。德豪润达再从二级市场收购雷士照明的股权，一跃成为雷士照明的第一大股东，并任命吴长江再次担任CEO。仅仅两年后，身为“白衣骑士”的德豪润达反手举报吴长江挪用公款，后者锒铛入狱被判有期徒刑10年。

吴长江一次次被劝退出局，最主要的原因在于对公司股权控制权缺失，由始至终都不重视个人持股比例和公司治理体系的建设。

17.3.4 负面案例：股权激励难留人心，高管离职引发“连环官司”

无论是非上市公司，还是上市公司，都把股权激励作为吸引和留住核心人才的重要手段，然而，许多公司在股权激励计划的退出机制中设计并不合理和明确，很容易导致员工与企业间产生纠纷。只有设计合理的股权激励退出机制，才能将核心高管牢牢绑定在一起，否则极大概率会变成花钱办坏事，加速管理层的离职。

2002年10月，广东雪莱特光电科技股份有限公司（以下简称“雪莱特”）董事长柴国生为了加快企业的发展，授予公司副总裁李正辉38万股，约占雪莱特公司3.8%的股权。双方签署了《关于股份出让的有关规定》，这一规定的具体内容如表17-5所示。

表 17-5　雪莱特股份出让规定

要点	条款	备注
生效时间	2003 年 1 月 1 日起	—
分配权益	股东分红	是否享有净资产增值收益
责任	公司利益至上，承担相应风险	是按持股比例承担风险，还是按确权的股权比例承担风险
服务时间	无论雪莱特上市与否，在公司服务时间不得少于 5 年	—
服务年限内退出	无论股权价值多少，均按照股权原值 38 万元计算，即以 38 万元股权原值除以服务年限支付股权	是全部股权退出，还是部分股权退出；是否按已服务年限对股权进行确权
服务满 5 年后	可按公司实有资产（不含无形资产）转让或上市出售，公司有优先认购权	实有资产的定义，是按账面净资产，还是按评估后净资产

正是这份股份出让协议上模棱两可的约定，为后续股东争议埋下了伏笔。实际上，只要有以下约定就可以做到：

5 年工作年限，5 年内不论任何时刻、任何原因离职，柴国生均有权按原始出资额回购所授予的全部股权；5 年后公司未上市，李正辉要出让股权，只能按公司账面净资产估值出售给柴国生；5 年后公司上市，李正辉按相关上市法规减持股权。

2004 年 7 月 15 日，柴国生赠送李正辉 96 万股，约占雪莱特公司 0.7% 的股权，李正辉承诺自 2004 年 7 月 15 日起 5 年内，不得以任何理由从公司主动离职，否则将按约定向柴国生给予经济赔偿，并签署了股权受赠承诺书，承诺条款如表 17-6 所示。

表 17-6 股权受赠承诺条款

<table>
<tr><th>情形</th><th>赔偿金额</th><th>备注</th></tr>
<tr><td>离职之日，受赠股份未上市流通</td><td>赔偿金额 = 赠股份数 × 公司最近一期经审计的每股净资产值</td><td rowspan="3">误区一：支付赔偿后，受赠股份由受赠人处理，当股权价值大于赔偿金额时具有套利空间；
误区二：零元收回受赠股，并支付赔偿</td></tr>
<tr><td>离职之日，受赠股份已上市流通</td><td>赔偿金额 = 受赠股份数 × 离职之日雪莱特股票交易收盘价</td></tr>
<tr><td>离职之日起 3 年内，从事与公司相同或者相近的业务，以及其他与公司构成同业竞争的商业活动</td><td>再次赔偿，赔偿金额 = 赠股份数 × 公司最近一期经审计的每股净资产值</td></tr>
<tr><td colspan="3">注：受赠股份数是指雪莱特改制为股份公司后形成的股份数，且包含持股期间送股及公积金转增股本的股数</td></tr>
</table>

2007 年 7 月 25 日，公司上市不到一年时间，李正辉向雪莱特辞去董事和副总经理职务。李正辉两次获赠股权后，服务期限均未到 5 年，其中第一次获赠股权仍有 4 个月服务期，第二次获赠股权有 16 个月服务期。

最终，李正辉退还首次授予的股份数 348 259 股，首期授予股数 5 223 886 股按未服务期限进行退还股数（首期授予股数 ×4÷60）。第二次授予的 962 294 股已上市流通，合计赔偿金额为 19 294 014.75 元。

总而言之，企业无论处于哪个发展阶段，都应未雨绸缪，精心构建合理的股权结构与退出机制。通过正面案例中的“毒丸计划”与“白衣骑士”策略，可以看出，在面临恶意收购或内部权力更迭时，灵活运用股权工具能够有效保障企业控制权的稳定。而反面案例则警示我们，忽视股权顶层设计与股权激励退出机制的完善，可能导致企业陷入治理困境，甚至引发法律纠纷，严重损害企业价值与长远发展。

因此，对于企业家和管理层而言，深刻理解股权结构的复杂性，合理设计并不断优化股权退出机制，是维护企业稳定、促进可持续发展的关键。这要求企业在追求业务增长的同时，也要注重法律合规与治理结构的完善，确保在风云变幻的市场环境中，能够稳健前行，避免重蹈覆辙。

附　录
股询询操作指南

在24年的股权咨询生涯里，我辅导过数千家企业进行股改咨询，线下向数万家企业传播股权知识，线上向数百万粉丝传播过股权观点。可是，仍有源源不断的企业家不懂设计股权退出方案，对合伙人股权价值落地不到位，面临失去控制权、公司被贱卖等后果。

“人力终有穷尽时”，于是，我开始思考，是否能够研制一款只需要输入简单的企业基本信息，就能自动为企业家诊断股权问题的工具呢？

最终，我联合上海众学楷科技有限公司，共同研发设计了一款集股权架构诊断、股权融资、股权并购、合伙人管理平台、定制股权合伙协议等多项股权应用工具的小程序——股询询。

通过股询询这款工具，企业家能够查看竞争对手的股权架构、能够自己估值、能够演变自己企业的股权转让或增资、能够与合伙人面对面设计股权合伙协议、能够让合伙人时时查看企业的股权价值、能够学习最新的股权资讯，甚至也能够找到最优秀的股权咨询师和股权法律顾问！

股询询核心功能

1. 权架构诊断：填写企业调查问卷，一键生成股权架构诊断报告，外加股权架构重组的框架方案。

2. 股权课堂：零基础学习股权，全面听取专家解读股权，全面提升企业股权价值。

3. 协议模版：股权合伙、股权转让、股权增资、股权并购、股权激励、薪酬绩效和财务管理等不同场景下的股权协议模版，以及面对面量身定制股权协议，防范股权纠纷。

4. 股权架构图：查看工商注册公司的股权结构，自动生成股权架构图，看看它背后的老板到底是谁。

5. 股权估值：输入企业基本信息，多种估值方式，综合评估企业股权价值。

6. 股权转让：模拟股权转让后股权架构的变化，后续将设计股权模拟器，模拟产生的税收成本。

7. 股权融资：自主设计股权释放比例，演练股权融资场景，提交股权融资需求。

8. 股权并购：演练被并购后置换成并购方股东的情形，提交股权并购需求。

9. 资本运作：基于企业的股权战略，进行资本运作演练，把控股权控制权。

10. 合伙人管理平台：随时随地查看个人持股情况，股权分红、公司股价、股权价值，塑造合伙人的股权价值认同感。

具体操作指引

微信搜一搜“股询询”，直接登陆小程序。

第一步：点击“股权诊断”，输入自己要诊断的企业名称，后台抓取相关企业的股东信息。

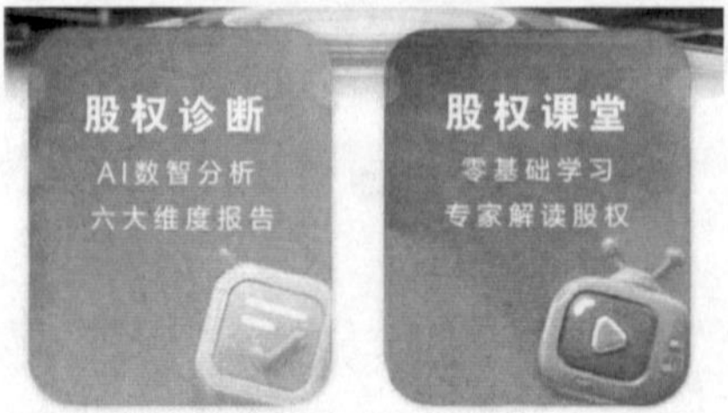

第二步：输入需要诊断的企业名称，点击“开始股权诊断”进行调整问卷填写，生成初步股权架构诊断报告和股权建议报告，还可以选择人工一对一微咨询。

第三步：在股权工具平台中，选择“股权协议”“股权架构图”“股权估值”“股权转让”“股权融资”“股权并购”“资本运作”“合伙人管理”等运用工具。

第四步：点击“微咨询”，可选择全面股权架构诊断（名下所有企业全面诊断微咨询），可选择梁慧老师一对一线上咨询、可选择股权顾问和股权律师一对一咨询股权问题。

第五步：进入“我的界面”，点击“我的推荐码”，向其他用户推荐可获得推广积分，积分可提现。

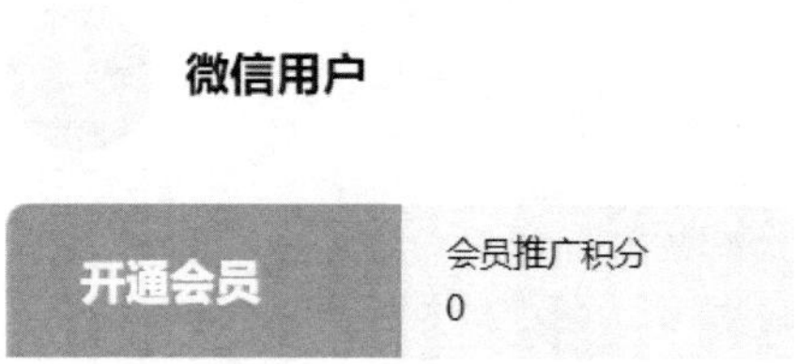

第六步：点击小程序客服（红色小气泡），可咨询，可预约线上咨询沟通。

希望这款小程序能够真正帮助到每一位需要做股权设计的企业家。

（梁慧）